les villes en France

au XIXᵉ siècle

Florence Bourillon

Maître de conférences à l'Université de Paris XII

les villes
en France

au XIXe siècle

SYNTHÈSE Σ HISTOIRE

OPHRYS

Collection SYNTHESE Σ HISTOIRE

animée par Didier POTON et Benoît GARNOT

Benoît GARNOT : *La population française aux XVIe, XVIIe et XVIIIe siècles.*
Jean-Claude GÉGOT : *La population française aux XIXe et XXe siècles.*
Benoît GARNOT : *Les villes en France aux XVIe, XVIIe et XVIIIe siècles.*
Patrick LAGOUEYTE : *La vie politique en France au XIXe siècle.*
Geneviève GAVIGNAUD : *Les campagnes en France au XIXe siècle.*
Geneviève GAVIGNAUD : *Les campagnes en France au XXe siècle.*
Monique COTTRET : *La vie politique en France aux XVIe, XVIIe et XVIIIe siècles.*
Françoise BAYARD et Philippe GUIGNET : *L'économie française aux XVIe, XVIIe et XVIIIe siècles.*

A paraître :
Paul CALVANI, Jean-François DUNEAU : *Les villes en France des origines à la fin du Moyen-Age.*
Albert BRODER : *L'économie française au XIXe siècle.*
Alain MOLINIER : *Les campagnes en France aux XVIe, XVIIe et XVIIIe siècles.*
Gilles DEREGNAUCOURT et Didier POTON : *La vie religieuse en France aux XVIe, XVIIe et XVIIIe siècles.*

Collection DOCUMENTS Σ HISTOIRE

Benoît GARNOT, Didier POTON : *La France et les Français de 1715 à 1788. Société et pouvoirs.*

ISBN : 2-7080-0657-6

© Editions Ophrys, 1992

OPHRYS, 6, avenue Jean-Jaurès, 05002 GAP CEDEX
OPHRYS, 10, rue de Nesle, 75006 PARIS

Première partie :

le point sur le sujet

Introduction

Il peut paraître présomptueux de traiter des villes en France au XIXᵉ siècle dans les limites de ce petit ouvrage. L'ampleur du sujet et des débats qui le concernent est, en effet, considérable. Le but de ce travail est seulement de tenter une synthèse rapide. Dans le bouleversement majeur que les villes ont connu au cours du XIXᵉ siècle, trois points ont attiré notre attention : la croissance des villes, leur genèse spatiale et morphologique et le modèle culturel qu'elles représentent.

Il convient d'abord de préciser la portée du fait urbain au XIXᵉ siècle. La croissance urbaine est sans doute le phénomène majeur. La Révolution et l'Empire ont été marqués par un recul de l'urbanisation et par une véritable régression pour les grandes villes. La reprise a lieu dès la Restauration. De 1811 à 1851, la population urbaine, comptée dans les communes ayant plus de 3 000 habitants «agglomérés» au chef-lieu, a augmenté de moitié, passant de 4 200 000 à 6 400 000 habitants. Le taux d'urbanisation s'est ainsi élevé de 14 à 18%. Cette progression concerne à la fois les petites villes qui forment la trame du réseau français et les grandes villes, en particulier Paris. La progression urbaine au cours du premier XIXᵉ siècle n'est donc pas négligeable et tend à renforcer et à renouveler une tradition urbaine plus ancienne. Le rythme de la progression s'accélère au cours du demi-siècle suivant. La population urbaine fait plus que doubler : 6 400 000 habitants à 14 000 000 à la veille de la Guerre de 1914. Le taux d'urbanisation est alors de 35%. Ce chiffre est, sans doute, moins élevé que dans d'autres pays européens. La France «reste une nation de paysans» selon l'expression de John Merriman. Cependant, d'après le même auteur «l'impact de l'urbanisation est aussi important en France que dans d'autres nations plus urbanisées». Elle a de la même manière «changé profondément l'économie, la société et la politique pour l'ensemble de la population». La croissance urbaine française se fait donc plus lentement qu'ailleurs et conserve des éléments du réseau urbain ancien, mais son impact reste tout aussi considérable.

La progression démographique a, de plus, profondément transformé le paysage urbain. Dès la fin du XVIIIᵉ siècle, la plupart des villes avaient détruit leurs murs d'enceinte. L'augmentation du nombre de leurs habitants a eu pour effet de changer leur aspect. Les nouveaux citadins s'installent dans les centre-villes ou au delà des anciennes fortifications, dans les faubourgs ou la campagne environnante. Vers le milieu du XIXᵉ siècle, le cadre urbain ancien paraît inadapté. La crise urbaine est évidente pour les contemporains. Tout le monde se plaint de l'entassement dans des logements exigus, de l'encombrement des voies, des difficultés de circulation. La «question urbaine» est à la mode. Les autorités publiques interviennent dès le début du Second Empire à Lyon et surtout à Paris pour éviter l'asphyxie des villes. L'urbanisme de «régularisation» appliqué par le baron Haussmann à Paris, s'impose aux villes grandes et moyennes jusqu'à la fin du siècle.

La ville, c'est aussi un monde de bruit, de cris, d'odeurs, d'entassement, de travail, de vie dans la rue... Lieu de contact et d'échanges, elle est aussi caractérisée par la spécificité de ses fonctions commerciales, industrielles ou administratives. Pour l'immigrant venu de la campagne, c'est un monde bien différent de celui qu'il connaît. Le modèle culturel de la ville se modifie, de ce fait, sous le poids de l'intégration rapide des migrants qu'elle accueille et du rôle croissant qu'elle joue dans la société française. Dans les années 1880, lorsque le choix des migrants se fait plus volontiers en faveur de la grande ville, elle est devenue une référence et représente en quelque sorte la modernité.

Chapitre 1 :
Le premier XIXᵉ siècle

Le poids démographique des villes

Les sources

Trois sources pemettent de connaître la population urbaine au XIXᵉ siécle : les recensements, les enquêtes sur la population agglomérée et les registres sur les naissances, décès et mariages tenus par les maires des communes.

Le premier recensement date de 1801. Cependant les définitions des catégories d'individus manquent de précision et les estimations des maires sont approximatives. Il est, de ce fait, difficilement utilisable. Une circulaire du 12 Brumaire an XIV (3 Nov. 1805) prescrit donc un nouveau dénombrement. On recense non pas la population présente dans les communes, mais la population légale, c'est-à-dire l'ensemble des habitants qui y sont officiellement domiciliés. Il y a 29 731 551 habitants dans les frontières actuelles de la France.

En 1809, deux enquêtes sur la «population agglomérée» complètent les renseignements du recensement. La première est réalisée sur instruction du Bureau d'administration générale du Ministère de l'Intérieur datant de septembre 1809 . Elle vise à établir la liste des communes ayant une population agglomérée de 2 000 habitants et plus. La seconde est effectuée, en 1809, à l'initiative du Bureau de la Statistique. Elle exige le même comptage de la part des préfets pour les communes dont la population agglomérée dépasse les 1 000 personnes. Pour Bernard Lepetit, cette seconde enquête précise tous les critères de définition de l'urbain : la définition d'un seuil de population agglomérée; la présence de catégories sociales spécifiques; l'appréciation locale sur la dimension de la commune. Il cite une lettre adressée au préfet de la Drôme, par le ministre de l'Intérieur, le 10 août 1809 : « Je vous prie donc, Monsieur, de m'envoyer un état des communes de votre département en marge duquel vous indiquerez si la commune a au moins 1 000 habitants réunis au chef-lieu, et pour celles dont le chef-lieu en refermerait un plus grand nombre, à combien ce nombre s'élève, quel est celui des maisons que ses habitants occupent et si, parmi eux, il se trouve des bourgeois, des marchands, des propriétaires vivant du produit de leurs revenus, enfin, si ce chef-lieu peut être regardé comme une ville, comme un bourg ou simplement comme un village.»

Sous la Monarchie Censitaire se met progressivement en place la périodicité des recensements. Ils ont lieu tous les cinq ans : 1821, 1826, 1831, 1836 etc. Le recensement de 1836 est le premier organisé et réalisé simultanément sur l'ensemble du royaume. La circulaire du 10 avril 1836 demande aux maires de recenser «la population de droit», c'est-à-dire «les individus de tout âge et de tout sexe, habitant ou domiciliés dans les communes, même ceux qui en seraient temporairement absents pour raison de service militaire ou tout autre motif». Le lieu d'enregistrement retenu est le domicile et non la résidence de fait, ce qui exclut les migrants temporaires même si les opérations de recensement sont menées au début du printemps, en dehors des périodes de gros travaux agricoles et de migrations saisonnières massives. On revient cependant à la définition de résidence de fait lors du recensement de 1841 : les maires doivent inscrire sur des listes nominatives tous les individus établis dans leur commune. La population des établissements publics (casernes, hôpitaux) est recensée à part. La référence à la résidence de fait est à nouveau précisée dans le recensement de 1846. Chaque individu est comptabilisé au lieu «où (il) est présumé devoir resté attaché par un séjour d'habitude, par un établissement, par des occupations, par une industrie, par des moyens d'existence notoire». La population des communautés est ainsi dénombrée en bloc, un jour fixe.

Par ailleurs, le mouvement naturel de la population est connu par les décomptes mensuels des naissances, mariages et décès faits par les maires et transmis au Ministère de l'Intérieur. Les résultats en sont régulièrement publiés à partir de 1837 par la *Statistique générale de la France*.

Il est difficile d'apprécier le degré d'exactitude des renseignements fournis par les statistiques du début du siècle. Les conditions de déroulement des opérations, les erreurs de comptage, l'évolution des critères retenus d'un recensement à l'autre, rendent les comparaisons difficiles. Les statistiques du mouvement naturel sont également sujettes à caution. La tenue des registres par les maires n'est pas toujours correcte. Certaines catégories de population sont comptabilisées plusieurs fois. Les enfants morts-nés, par exemple, figurent à la fois dans les naissances et les décès. A partir de la Monarchie de Juillet, l'état civil est cependant mieux tenu et les bilans sont opérés plus régulièrement.

Une autre difficulté vient de la définition de la notion de ville. La diversité des seuils retenus constitue le premier problème. Comme on l'a vu, les enquêtes de 1809 ne concordent pas. Bernard Lepetit définit comme «petite ville» toute agglomération comprenant entre 1 500 et 3 000 habitants. Pour Georges Dupeux, une ville commence au dessus de 5 000.

La complexité de la définition vient aussi de la diversité des rôles exercés par les villes. Certains bourgs peuvent localement exercer des fonctions urbaines par les services qu'ils offrent, marchés, foires, etc. Ailleurs, le titre de préfecture ou de sous-préfecture transforme le sort d'une commune par rapport à une autre de même poids démographique, dans la même région.

La dynamique de la population urbaine

La population urbaine s'est accrue tout au long de la première moitié du siècle. Si l'on retient le seuil de 2 000 habitants agglomérés, l'augmentation annuelle moyenne est de 1,3%. Cela représente une augmentation par décennie de 900 000 individus. En 1806, les citadins sont 5 150 000 et représentent 19% de la population totale. En 1831, ils sont 7 250 000, soit 21,3%. Quinze ans plus tard, au recensement de 1846, leur effectif atteint 8 770 000, soit un taux d'urbanisation de 24,3%.

L'augmentation de la population urbaine s'effectue dans un contexte de croissance démographique globale. Malgré les difficiles périodes de la Révolution et de l'Empire, la France connaît une période de transition démographique, entamée dès la fin du XVIII siècle. Le taux de mortalité baisse plus rapidement que le taux de natalité, dégageant ainsi des excédents naturels. Les taux de croissance les plus élevés du XIX siècle se situent dans les périodes 1816-1825 et 1841-1845. Cette croissance «à la française» est de courte durée et moins importante que celle des autres états européens. Son effet est cependant non négligeable puisque l'on a pu écrire que la moitié de l'augmentation de la population française entre 1801 et 1913 a été acquise pendant la Restauration et la Monarchie de Juillet.

La population urbaine augmente plus rapidement que la population totale. Que l'on adopte comme seuil de l'urbain 2 000 habitants agglomérés, ou la définition plus restrictive de 5 000, l'accélération du peuplement urbain est visible dans les années 1831-1836 et 1841-1846. Entre 1806 et 1856, la croissance s'établit au rythme de 1,2% par an (0,6 de 1806 à 1831; 1,54 de 1831 à 1856). La comparaison entre villes et campagnes est significative. Entre 1806 et 1831, la population rurale ne croît que de 0,29% par an, alors que le gain des villes est de 1,38% par an. Entre 1831 et 1846, le rythme d'accroissement diminue légèrement (0,24% pour les campagnes; 1,29% pour les villes). Ces chiffres permettent d'opposer dès le début du siècle une France urbaine dynamique à une France rurale qui s'essouffle.

Le mouvement naturel

La croissance urbaine doit peu au mouvement naturel. En effet, si la natalité reste importante en ville, la mortalité y est considérable. De 1831 à 1851, les villes chefs-lieux de département et d'arrondissement gagnent 731 000 habitants dont 200 000 seulement par excédent naturel. La population de Marseille s'est accrue de 77% entre 1821 et 1851 (109 483 habitants à 195 138). Pendant ces trente années, il ne naquit que 2 718 personnes de plus qu'il n'en mourut, alors que la population s'accroissait de 85 655 habitants. Ailleurs, le croît naturel est un peu plus important mais il reste modéré : en Bourgogne, par exemple, les villes ont pu bénéficier d'excédents naturels réguliers, surtout entre 1836 et 1845.

Dans les premières décennies du XIXe siècle, la fécondité des jeunes couples commence à diminuer. Cependant, la natalité reste élevée dans les grandes villes, à cause de la présence massive de jeunes adultes, qui sont les catégories les plus fécondes. En effet, la structure par âge de la population urbaine montre un déséquilibre : les adultes de 20 à 39 ans sont sur-représentés, les jeunes de moins de 20 ans et les adultes de plus de 60 ans sont sous-représentés. Le Creusot ou les villes minières situées entre l'Autunois et le Charollais ont une natalité record proche de 50 pour mille, qui s'explique à la fois par la persistance de comportements démographiques traditionnels et par l'importance de l'immigration de population jeune. La situation est un peu différente dans les petites villes non industrielles. La natalité y reste souvent proche de ce qu'elle est dans les campagnes voisines. Pierre Lévêque relève en 1841 en Bourgogne des taux de 30,3 ‰ à Charolles et de 21 ‰ à Beaune : ces taux correspondent bien aux comportements démographiques différenciés des Monts du Charollais d'une part et de la «côte» du vignoble d'autre part.

PYRAMIDES DES ÂGES À AUTUN ET AU CREUSOT EN 1851

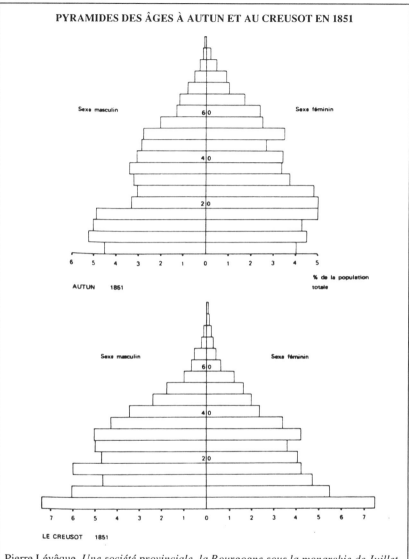

Pierre Lévêque, *Une société provinciale, la Bourgogne sous la monarchie de Juillet,*
Paris, Editions de l'Ecole des Hautes Etudes en Sciences Sociales,
1983, p. 603 et 605.
Copyright Ecole des Hautes Etudes en Sciences Sociales.

La mortalité en ville est considérable. Les contemporains ont été extrême-ment frappés par le grand nombre de morts dus au choléra. L'image terrifian-te du choléra de 1832 les a conduits à identifier l'épidémie au fait urbain, même si certaines régions rurales comme l'Ariège ont plus souffert que Paris... Dans certains cas, le nombre des décès dépasse celui des naissances : à Limoges dans les années 1820, pour une population d'environ 25 000 habi-tants, on compte en moyenne 1 136 naissances pour 1 206 décès. Il faut dire qu'on vient souvent mourir en ville dans les institutions charitables. C'est aussi et surtout l'époque de l'entassement maximum dans le centre ville dans des conditions sanitaires déplorables. En Bourgogne, la mortalité est supé-rieure en ville à ce qu'elle est dans les campagnes proches. En 1841-1845, la moyenne est de 20,9 ‰ en Côte d'or et 24,1 ‰ en Saône-et-Loire. Elle s'élève à 25,8 ‰ à Dijon, 26,7 à Chalon et plus encore à Mâcon, 29,6 ‰.

L'immigration

La croissance urbaine s'explique essentiellement par l'immigration, qui est considérable dans les grandes villes. Au milieu du siècle à Marseille, les immigrants constituent la majorité de la population adulte de la ville. D'après les actes de mariage de 1846, on compte 59% d'immigrants parmi les hommes adultes et 55% des femmes. A Lyon en 1851, un ouvrier sur deux et deux ouvrières sur trois sont nés hors de l'agglomération. L'afflux de popula-tion est plus limité dans les villes plus petites. L'augmentation de la popula-tion est de 18% pour les communes de 20 à 50 000 habitants, 21% pour celles de 10 à 20 000 et 19% pour celles de 5 à 10 000.

C'est dans les campagnes voisines que les villes puisent leur dynamisme. Saint-Etienne et les villes de la vallée attirent les populations rurales des monts du Forez et du Lyonnais. Les villages ont en effet des effectifs nom-breux souvent sous-employés par les travaux agricoles et déjà en partie for-més par les activités industrielles complémentaires. La plaine relativement fertile du Forez envoie, en revanche, peu d'ouvriers vers le Stéphanois. Plus la ville est petite, plus le recrutement est local. A Carmaux ou à Saint-Chamond les habitants viennent de cantons situés à moins de 25 Km. La zone d'attraction s'élargit pour les villes plus importantes. Mulhouse, dont la population passe de 9 300 habitants en 1815 à 29 000 en 1847, profite d'une immigration venue des Vosges, du Jura, des régions de montagne du Sud de l'Allemagne, etc. Vers Bordeaux qui fait figure de capitale régionale dans les années 1820, convergent des émigrants venus des départements limitrophes des Landes, de Gironde, Dordogne, Lot et Garonne, Charente et Charente-Maritime, et de plus loin, des Hautes et Basses-Pyrénées. Les immigrants lyonnais viennent du Jura, des Alpes, du Dauphiné et de la Savoie (encore étrangère), de la plaine de la Bresse, de la bordure Est du Massif Central. Ils suivent des circuits déjà connus au XVIIIe siècle. En 1846, à Marseille, 38% des immigrants masculins proviennent des départements du Var, du Vaucluse et des Basses-Alpes, ainsi que de la partie du département des Bouches-du-Rhône située en dehors de la commune; 34% viennent du reste de la France et les 28% restants de pays étrangers, surtout d'Italie.

Les processus de migration restent cependant encore mal connus. En Bourgogne, Pierre Lévêque met en valeur «l'excédent d'émigration» que connaît Semur dont la diminution de 1841 à 1846 dépasse de cinquante unités le nombre de décès, ou Charolles qui de 1836 à 1846 perd 275 personnes soit 8% de sa population. Les villes qui sont situées le long de la route royale 6 connaissent la même situation : Arnay où pourtant le nombre de naissances dépasse largement celui des décès ou Saulieu. C'est donc un «exode urbain» qui est ici mis en valeur et laisse supposer le passage par des petites villes proches avant l'installation dans une grande ville.

Le cas de Paris

Paris est un cas à part du fait de l'ampleur de la population concernée, mais les mécanismes de croissance et d'immigration sont semblables à ceux des autres grandes villes.

Sous la Monarchie de Juillet, la population passe en 1831 de 785 862 habitants à 1 053 897, soit un accroissement de 36%. Plus de la moitié de l'augmentation de l'agglomération se trouve ainsi réalisée pendant la première moitié du siècle. Pendant cette période, à l'exception de 1832, année du choléra, le nombre des naissances est supérieur à celui des décès. Le taux de natalité est plus élevé à Paris que dans l'ensemble du royaume (32,2 ‰ contre 27,28 ‰). La mortalité à Paris reste importante et baisse très lentement au cours du premier XIXe siècle. Elle s'élève à 27,28 ‰. La moyenne nationale se situe entre 23 et 25 ‰. En année normale, le croît naturel correspond donc à 4 ou 5 000 individus, soit une augmentation de 35 770 nouveaux habitants. Philippe Vigier évalue ainsi la part du croît naturel à 13% de l'augmentation globale. Le mouvement naturel ne représente donc qu'une faible part de la croissance.

L'immigration est particulièrement forte de 1831 à 1836. Elle est alors seule responsable de l'accroissement démographique. Plus ralentie entre 1836 et 1841, elle reprend entre 1841 et 1846 alors que le rythme de croissance est de 2,6% par an.

15

La provenance des nouveaux Parisiens est connue par les états des décès en 1833. La moitié des défunts est née à Paris. La majorité du reste vient de la banlieue ou des autres communes du département de la Seine. Puis, ce sont les environs immédiats : Seine-et-Oise (10%), Seine-et-Marne (5%). En tout 39% des disparus sont nés dans les douze départements du Bassin parisien, de la Picardie et du Nord. Pour le reste, 13% des décédés viennent des départements de Haute et Basse Normandie; 13% autres de la France du Nord-Est. A l'exception du Nord, les départements périphériques du Bassin Parisien sont en proportion moins bien représentés. La France septentrionale constitue donc le réservoir principal. De la France du Sud viennent deux groupes nettement individualisés, les Limousins et les Auvergnats. Les premiers, maçons, tailleurs de pierre, etc., venus des départements de la Creuse, de la Corrèze ou de la Haute-Vienne, ne représentent que 1,1% des défunts provinciaux. En réalité, leur présence à Paris est bien plus importante que ne le laissent supposer ces chiffres : ils quittent temporairement leurs villages en mars-avril pour venir travailler sur les chantiers puis repartent. Les seconds sont présents dans toutes les professions et mettent à profit les filières géographiques et familiales pour s'intégrer. Dans les deux cas, il s'agit de courants traditionnels venus de l'un des forts bassins de peuplement.

Le dernier ensemble des défunts de 1833 est constitué par les étrangers. Selon les données des états, ils ne représenteraient que 4% de l'ensemble. Cependant d'autres estimations indiquent un niveau beaucoup plus élevé et une forte progression sous la Monarchie de Juillet (Jacques Grandjonc). En 1831, ils sont 39 000, soit 4,5% de la population totale; en 1846, ils sont 159 000, soit 13%. La plus forte communauté est celle des Allemands, qui représentent 34% de l'ensemble des étrangers en 1846.

Grandes et petites villes

La taille des villes et leur répartition sur le territoire se modifient très lentement malgré les troubles et les réformes de la période de la Révolution et de l'Empire.

16

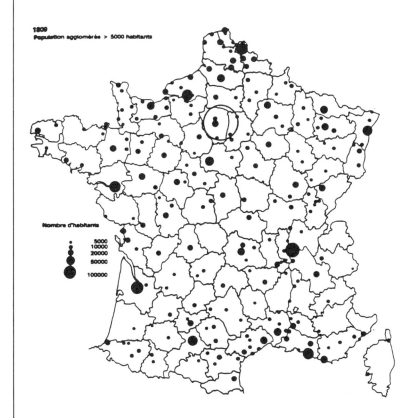

L'URBANISATION DE LA FRANCE
DANS LA PREMIÈRE MOITIÉ DU XIXᵉ SIÈCLE

1809
Population agglomérée > 5000 habitants

Nombre d'habitants

- 5000
- 10000
- 20000
- 50000
- 100000

Les villes françaises en 1809

Georges Dupeux. *Atlas historique de l'urbanisation en France.*
Editions du CNRS, 1981.

La répartition de la population urbaine

Les permanences...

La carte des villes de France établie par Georges Dupeux d'après les enquêtes sur la population agglomérée de 1809 illustre la permanence du réseau urbain hérité de la fin du XVIIIe siècle. Les régions où les villes sont à la fois plus nombreuses et plus grandes sont toujours le Bassin parisien et les départements du Nord-Ouest, l'Alsace et la Lorraine du Nord, les franges orientales du Massif central, l'axe Saône-Rhône, la vallée de la Garonne et la bordure méditerranéenne.

Cette répartition est confirmée par les calculs d'indices départementaux d'urbanisation effectués par Bernard Lepetit. A partir des enquêtes de 1809, la population urbaine de chaque département (définie comme la population vivant dans des communes de 1 500 habitants et plus) est rapportée à la population urbaine totale. L'échelle départementale permet la comparaison à différentes époques, mais elle a le défaut de brouiller les niveaux et les tailles des villes.

Une analyse plus fine autorise à mettre en corrélation les indices d'urbanisation et la taille des villes. Les petites villes (entre 1 500 et 3 000 habitants) sont particulièrement nombreuses dans le Midi méditerranéen du Roussillon à la Provence et dans la France du Nord-Est, au Nord d'une ligne Le Havre-Bâle. A l'opposé, les montagnes, l'Ouest, les pays de la Loire et le Bassin aquitain constituent des régions pauvres en petites villes.

La distribution des villes de niveau intermédiaire, entre 3 000 et 10 000 habitants, correspond également à des ensembles régionaux marqués : le Nord, l'Alsace, les bords de la Méditerranée, le Sud-Ouest du Bassin parisien, l'Ouest breton et le Bassin aquitain. Dans la plupart de ces régions, les villes moyennes, entre 3 000 et 5 000 habitants, coexistent avec des petites villes, sauf dans l'Ouest et le Sud-Ouest aquitain.

Vingt-deux départements ont des villes de plus de 10 000 habitants. Dix d'entre eux sont dominés par une seule grande ville, Lyon dans le Rhône, Nantes dans la Loire-Inférieure, etc.; sept autres par plusieurs villes de même importance (Nord, Pas-de-Calais). Paris représente un cas à part comme cela a été vu plus haut. En dehors des zones de forte urbanisation le long de la Manche et de la Méditerranée, on peut noter la localisation périphérique des métropoles provinciales.

... et les changements

Le recensement de 1836 reprend les mêmes définitions statistiques que les enquêtes de 1809. Une comparaison est donc possible selon le même calcul d'indice départemental d'urbanisation. Du fait de la croissance démographique générale, le nombre de communes dont la population agglomérée est supérieure à 1 500 personnes est passé de 1 201 à 1 379.

Dans l'ensemble du royaume, la géographie des villes françaises ne s'écarte guère sous la Monarchie de Juillet de ce qu'elle était sous l'Empire. Cependant cette stabilité d'ensemble s'accompagne de quelques changements.

Certains départements sont moins urbanisés en 1836 qu'en 1809. Les façades atlantiques sont en recul : Bordeaux qui comptait 110 000 habitants en 1790, n'en a plus que 93 000 en 1806 et 98 000 en 1836; Nantes en perd 10 000 pendant cette période. Dans le Sud-Ouest, plus l'on se rapproche de la vallée de la Garonne, moins le taux de croissance de la population urbaine est fort (55% en Haute Garonne; 8 à 10% dans le Lot et le Lot-et-Garonne). De même, les villes des dépressions du Massif Central, Le Puy, Clermont, Riom ou Thiers, stagnent. Ces régions d'urbanisation ancienne ont, en fait, perdu tout dynamisme avec la disparition du commerce triangulaire et la concurrence de régions agricoles plus fertiles.

Le second groupe de départements en recul s'organise en périphérie du Bassin parisien, de la Basse Normandie à la Champagne. Le gonflement de Paris explique en partie cette atonie des villes proches.

D'autres départements connaissent au contraire une urbanisation rapide pendant cette période.

Ce sont d'abord les départements de régions déjà notablement urbanisées en 1809 : la Région parisienne, les ensembles Rhône-Loire, Nord-Pas-de-Calais, Meurthe-et-Moselle-Moselle. Ces départements représentent 26% de la population urbaine du pays en 1806, 35% en 1856. Ils bénéficient en grande part de l'augmentation de la population urbaine totale et du poids de Paris qui représentait 13% de l'ensemble en 1806. Certaines villes connaissent une situation exceptionnelle. Saint-Quentin, Roubaix, Elbeuf doublent leurs effectifs. Dans les régions proches, des communes plus petites profitent également du développement général. Les progrès de la population urbaine dans les départements du Nord restent encore diffus. On assiste au contraire à un véritable pôle d'urbanisation dans la région lyonnaise élargie. En 1836, Lyon dépasse 150 000 habitants (200 000 si l'on ajoute les communes de l'agglomération). Son expansion entraîne celle des communes du reste de la région vers le département de la Loire, le Nord de l'Ardéche, l'Isère et même l'Ain.

Saint-Etienne qualifié quelquefois de «Manchester français» passe de 18 000 à 24 000 habitants. Bernard Lepetit fait cependant remarquer «des césures à l'intérieur des zones densément urbanisées» : au Nord-Ouest, de part et d'autre de la Seine; au Sud-Est entre les départements du Massif central ouverts sur l'axe rhodanien, d'une part, et le centre (Puy-de-Dôme; Haute-Loire) d'autre part.

Une autre catégorie de départements connaissent à la fois une forte croissance de leur population citadine et des indices d'urbanisation qui restent faibles en 1809 comme en 1836 : la Corrèze, les Hautes-Pyrénées, la Loire, etc. Ce sont des régions de moyenne montagne du Centre-Ouest et du Sud-Ouest dans lesquelles le plein urbain est atteint au cours de la première moitié du XIXe siècle. On assiste là à un rattrapage de réseaux urbains faibles ou affaiblis.

Le réseau urbain

La France des petites villes

Le réseau urbain du début du XIXe siècle reste très proche de celui de la fin du XVIIIe siècle. La Révolution et l'Empire ont pourtant modifié l'armature administrative et changé les circuits commerciaux traditionnels du fait du blocus et des guerres. Cependant, le recul provisoire de l'urbanisation par rapport aux dernières années de l'Ancien Régime a préservé les structures anciennes. Les grandes villes de 25 000 à 45 000 habitants, parmi lesquelles on retrouve d'anciens chefs-lieux de généralités mais aussi des villes comme

ÉVOLUTION DE LA POPULATION URBAINE PAR CATÉGORIE DE VILLES

	1811	1821	1831	1841	1851
3 000 - 5 000	699 651	739 984	886 552	918 322	1 117 657
5 000 - 10 000	980 371	1 051 497	1 103 196	988 125	1 088 951
10 000 - 20 000	672 072	735 525	746 259	752 018	933 458
20 000 - 50 000	710 624	737 803	822 192	920 996	977 860
50 000 et +	498 338	563 257	679 437	752 659	1 022 170
Aggl. parisienne	630 439	740 440	846 192	991 841	1 247 566
TOTAL	4 191 495	4 568 506	5 083 828	5 323 961	6 387 662

Georges Dupeux, *Atlas historique de l'urbanisation de la France,*
Editions du CNRS, 1981.

Troyes, Toulon, Saint-Etienne, Brest ou Dunkerque, ont eu une croissance très faible. Les villes plus petites qui comptaient de 5 800 à 11 000 habitants en ont au contraire profité. Chartres, par exemple, a connu un bond démographique qui correspondait à l'élargissement de son aire de recrutement. De ce fait, la France du début du XIXe siècle apparait «criblée de petites villes» héritées de l'Epoque Moderne (Bernard Lepetit).

Entre 1811 et 1851, cette tendance est confirmée par l'augmentation de leur nombre. En 1811, les villes de 3 000 à 10 000 habitants sont 330 et 459 en 1851. Leur progression est liée au rythme de l'expansion urbaine. Elle est plus rapide à la fin de la Restauration et de la Monarchie de Juillet. Pour les trois quarts, c'est la catégorie des très petites villes qui en est responsable. Ainsi le renouvellement se fait par la base.

Par ailleurs les villes de moins de 10 000 habitants représentent une part presque constante de la population urbaine entre 1811 et 1851 (39%). La décélération n'est visible qu'à partir du recensement de 1841 et reste peu importante (en 1841, 35,7% de la population urbaine totale et 34,4% en 1851) en moyenne. C'est cependant dans cette catégorie de villes que les écarts entre les rythmes de croissance sont les plus considérables. Selon l'expression de Marcel Roncayolo, les villes entre 3 000 et 10 000 habitants combinent des situations variées de «stagnation, recul et promotion».

La résistance des petites villes est donc remarquable pendant la première moitié du siècle. John Merriman a calculé que dans tout le royaume à l'exception de Paris et de sa région, la population totale des petites villes et des bourgs est supérieure à celle des grandes villes.

Celle des villes moyennes et des grandes villes

La répartition de la population par catégorie de villes indique que c'est au sommet que la croissance a été la plus rapide. Les quatorze grandes villes qui dépassent 50 000 habitants en 1851 ont eu un taux de croissance depuis le début du siècle de 1,2% par an. Elles ont ainsi plus que doublé. Trois d'entre elles seulement comptent plus de 100 000 habitants : Paris, Lyon et Marseille. En 1821, Paris dépasse de très loin la seconde, Lyon, qui n'en a que 149 171. En 1846, la disparité reste très forte. Paris dépasse le million d'habitants; Marseille remplace Lyon à la seconde place avec 183 181.

Les villes «moyennes» de 10 000 à 50 000 habitants ont un taux de croissance inférieur à 1% par an. Leur population n'a crû que de 38% en un demi-siècle.

Les changements sont peu nombreux dans la hiérarchie urbaine. Deux seulement, Nîmes et Orléans ont laissé le groupe des dix premières villes. Des vingt premières, seule Rennes fléchit et se classe dans la catégorie immédiatement inférieure. Enfin, dans le groupe suivant, cinq villes ont un recul limité si l'on excepte Montauban. Ce sont Arles, Arras, Saint-Omer et Valenciennes, qui progressent cependant légèrement en valeur absolue (Marcel Roncayolo). L'émergence dans les groupes de tête est plus significative de faits de nouveauté. Roubaix quintuple sa population; Le Havre la quadruple; Mulhouse, Tourcoing ou Saint-Etienne la triplent. Treize villes la doublent. Les apports de population nouvelle en nombre sont cependant très différents. Entre 1811 et 1851, Roubaix qui se situe en première place pour son coefficient multiplicateur (5,4) a vu sa population passer de 4 424 habitants en 1811 à 23 857 en 1851, soit un gain de 19 436 individus. Pendant la même période, Le Havre (coefficient multiplicateur, 4,2) en a gagné 60 930…

La domination parisienne reste une constante. Entre 1811 et 1851, la population de l'agglomération a plus que doublé. Le rythme de sa croissance est plus rapide que celui de la croissance des villes de province. Entre 1831 et 1851, en vingt ans, l'agglomération parisienne a une progression trois fois supérieure à celle de l'ensemble des autres villes (Georges Dupeux). En 1806, Paris représente 14% de la population des villes de plus de 5 000 habitants, 19% en 1846, 20% en 1851.

Des différences régionales qui restent importantes

Les variations régionales constituent un élément important des permanences observées. Localement, un ordre ancien hérité du XVIIIe siècle se maintient. En atténuant les différences hiérarchiques et en récupérant les retards d'urbanisation, la période révolutionnaire puis la Restauration ont contribué à diminuer les écarts régionaux sans les abolir.

Deux exemples opposés, la Bretagne et le Piémont pyrénéen, permettent d'illustrer cette diversité. Le premier XIXe siècle dans un cas voit le renforcement des villes moyennes; dans le second celui des petites villes.

En 1836, on compte dans les départements bretons vingt villes de plus de 5 000 habitants. Les cinq plus grandes, Nantes, Brest, Saint-Malo-Saint-Servan, Lorient, Rennes représentent 11% des villes françaises de plus de 20 000 habitants. A l'exception de Rennes, ce sont des ports dont l'expansion correspond peu au réseau urbain régional. C'est sur les villes moyennes que repose celui-ci. Vannes, Saint-Brieuc, Morlaix, Quimper, Fougères et Vitré ont une population comprise entre 8 900 et 11 200 habitants. Par la suite, la décroissance est rapide. Guérande, Ploermel sont de petites villes.

Dans le département des Basses-Pyrénées, la prééminence des petites villes est particulièrement notable. Vers le milieu du XIXᵉ siècle, on distingue trois niveaux d'urbanisation. Bayonne et Pau sont les grandes villes du département. Au second niveau figurent Oloron-Sainte-Marie et Orthez. A la suite, onze petites villes (cinq en Pays Basque et six en Béarn). Enfin vingt et un bourgs forment les entités intermédiaires entre les villages et les petites villes, mi-ville, mi-bourg. On assiste là à un «foisonnement micro-urbain» dû au cloisonnement des différents pays pyrénéens et à l'absence de grande métropole à faible distance. Le «plein urbain» s'opère au niveau le plus petit du réseau. En 1826 puis en 1841, Bayonne et Pau regroupent 1/5ᵉ puis 1/4 des citadins du département, les petites villes et les bourgs 3/5ᵉ (J.P. Jourdan).

De manière plus générale, cherchant à préciser ces variations régionales pour 1836, Bernard Lepetit oppose une France du Nord dans laquelle le réseau de communications est important et diversifié, à une France du Sud moins bien équipée. La séparation passe le long d'une ligne Nantes-Genève. L'auteur étudie les cinquante plus grandes villes d'après les recensements de 1806 et 1836.

La France du Nord connaît une relative atonie de ses grandes villes. On peut s'en rendre compte en comparant l'effectif de la population atteint en 1836 et un effectif théorique qui correspondrait à l'augmentation moyenne pendant la période. Caen, Orléans, Reims, Angers, Rennes, Nancy et Brest connaissent un déficit théorique moyen de 10%. A Nantes, Lille, Strasbourg, Amiens et Metz, il s'élève à 25%. A Rouen, l'écart est encore plus considérable. La ville compte 92 000 habitants en 1836 (sans la banlieue), alors que son effectif théorique aurait pu atteindre 195 000. Le bassin migratoire de Paris ne cesse de s'élargir et absorbe une partie de l'excédent de population. A l'inverse, les villes comprises entre 10 000 et 30 000 habitants, c'est-à-dire les villes moyennes, souffrent moins de cette concurrence.

La situation est très différente dans le Sud de la France. En 1836, l'agglomération lyonnaise, Marseille, Bordeaux ou Toulouse, connaissent des croissances réelles supérieures aux croissances théoriques. L'écart le plus élevé est à Marseille de 39%; le plus bas à Lyon, 14%. Les villes suivantes, Nîmes, Saint-Etienne, Montpellier, Toulon, Clermont et Avignon sont en déficit. Les quatre grandes villes exercent donc une sorte de «primatie collective» dans le Midi. Paris est plus loin, les espaces régionaux plus distincts les uns des autres.

La même analyse portant sur les villes moyennes conduit aux mêmes remarques. Les écarts sont constants même s'ils se réduisent pour les villes plus petites. Ils restent plus importants en France du Nord qu'en France du Sud.

Le rôle des villes

Le mouvement d'urbanisation du début du XIXe siècle s'est effectué, comme on l'a vu, dans la continuité d'un schéma urbain plus ancien. Pour autant il ne s'agit pas d'immobilisme. Pour conserver leur place dans la hiérarchie urbaine, les villes ont dû s'adapter. S'il n'y a pas eu de mutations spatiales profondes, les fonctions urbaines, elles, ont évolué. Les grandes villes exercent des fonctions multiples. Paris en est un exemple sur lequel nous reviendrons. Les villes moyennes et petites ont des vocations secondaires ou tertiaires souvent plus spécialisées. Elles gardent des liens étroits avec l'économie et la société rurales, et jouent un rôle important dans le développement économique et social.

La ville, centre de services

Au cours du premier XIXe siècle, les services constituent une fonction importante des villes en plein essor. La croissance démographique et l'augmentation des richesses ont des répercussions sur les activités. La population sur place développe le marché local. Pour les campagnes proches, la ville représente un lieu d'échanges. Plus la production agricole augmente, plus le commerce se développe dans les petites villes. Les fonctions tertiaires constituent donc un aspect de la dynamique et de l'attraction urbaine. Il s'établit ainsi entre les villes une hiérarchie qui correspond à la variété et à l'importance des services dispensés. La Révolution a particulièrement marqué les villes par le renouvellement des armatures administratives. Les réformes introduites par la Constituante en 1790 peuvent-elles expliquer la croissance urbaine? Quels liens se sont établis avec les autres fonctions de services?

La ville, centre administratif

La mise en œuvre des réformes administratives répondait à quelques principes bien connus : uniformisation des ressorts, position centrale des chefs-lieux et accessibilité des institutions. C'est à une nouvelle organisation du territoire que se sont attachés les constituants. Les choix des attributions de fonctions aux villes correspondaient à deux logiques opposées. L'une centralisatrice confirme la position des villes déjà dominantes sous l'Ancien Régime; l'autre essaie de compenser les insuffisances du schéma ancien.

Les décrets de formation des départements datent de janvier-février 1790. Le Comité de division a dû tenir compte des prétentions souvent contradictoires des villes rivales. Cela a conduit à des situations complexes d'alternance du titre de chef de lieu dans dix sept départements, d'attente dans douze autres et de choix provisoire dans sept d'entre eux. Nîmes, par exemple, doit partager l'administration du Gard avec Alés et Uzés; Montpellier celle de l'Hérault avec Lodève et Saint-Pons. Pour le Rhône-et-Loire, le siège de l'administration aurait pu être aussi bien à Lyon qu'à Saint-Etienne, Montbrison ou Villefranche. Dans les années qui suivent, les choses se clarifient. L'alternance disparaît; certains départements sont redécoupés comme le Rhône-et-Loire. Des chefs-lieux de départements ont changé. Marseille a remplacé Aix dans les Bouches-du-Rhône, Aurillac Saint-Flour dans le Cantal, La Rochelle Saintes en Charente-Inférieure, Albi Castres dans le Tarn et La Roche-sur-Yon Fontenay en Vendée. Dans le nouveau Tarn-et-Garonne, Montauban devient chef-lieu. La Corse est regroupée en un seul département autour d'Ajaccio.

Le choix du chef-lieu répond à des logiques diverses : dans la plupart des départements, c'est la ville la mieux placée sous l'Ancien Régime qui devient le siège de l'administration locale, dans d'autres cas, c'est la ville la plus peuplée et la plus riche qui l'emporte : Mâcon contre Chalon, Auxerre contre Sens ou Versailles en Seine-et-Oise. Dans six départements, c'est la ville la mieux dotée sur le plan administratif qui est choisie, Montbrison contre Saint-Etienne, Coutances contre Granville, Vannes contre Lorient ou Pau contre Bayonne. Dans vingt-deux cas les décisions ne correspondent à aucune des logiques précédentes (Laon contre Soissons et Saint-Quentin, Châlons contre Reims, etc.) Certaines villes-ports situées trop en périphérie sont écartées : Calais, Lorient, Rochefort, Arles n'ont pas réussi à devenir chefs-lieux de départements.

Bernard Lepetit a tenté une analyse plus fine des choix effectués par le Comité. Avoir été en 1789 un centre administratif plus ou moins important compte dans la redistribution des fonctions. La prime à la position acquise existe au sommet de la hiérarchie. La compétition est ouverte entre les villes qui ont été le siège de deux, trois ou quatre institutions d'Ancien Régime. Elle est encore plus ouverte au niveau des chefs-lieux d'arrondissement : les villes qui n'abritaient qu'une seule institution ont autant de chances que celles qui en avaient plusieurs. Bernard Lepetit souligne ici «l'effet niveleur» que la Révolution a eu sur la hiérarchie administrative d'Ancien Régime. La redistribution institutionnelle joue en faveur des villes précédemment les plus mal loties en comparaison de leur poids démographique et de leur niveau de richesse. Pour les autres les attributions se sont faites de façon plus aléatoire. En résumé, on a laissé aux grandes villes les fonctions importantes qu'elles exerçaient auparavant. Des critères beaucoup plus variés ont joué pour les autres.

Les réformes ont modifié la géographie d'ensemble. Les villes «d'Ancien Régime» étaient très concentrées dans les limites approximatives du cœur du royaume capétien. Le reste du pays était plus démuni. Les cartes des villes déclassées ou promues montrent un renversement de la situation. Le Bassin parisien est vide de promotions à l'exception de la vallée de la Seine; le reste du pays profite au contraire des reclassements. Les villes nouvellement promues sont souvent importantes par leur poids démographique et leur richesse. On retrouve ainsi les villes du couloir rhodanien, les bordures Ouest et Est du Massif central, etc.

Les changements de la structure administrative ont-ils une influence importante sur la croissance des villes?

Pendant la Révolution et les débuts de l'Empire, il semble que l'effet ait été faible. La réforme des institutions était encore trop récente. La taille des villes constituait un élément plus déterminant.

La période suivante est marquée par une tendance différente. Les taux de croissance annuels moyens en donnent une illustration. Les villes qui connaissent les taux les plus élevés (0,61% et plus) sont les préfectures dont l'accession au rang de chef-lieu constitue une promotion. Il n'est que de 0,38% pour l'ensemble des villes déclassées par rapport à leurs situations sous l'Ancien Régime et de 0,32% pour les chefs-lieux de département qui appartiennent à ce groupe. La «promotion» administrative constitue donc un moteur de la croissance des villes anciennes. Cependant il s'agit souvent d'ajustements partiels et localisés. La nouvelle carte administrative ne correspond pas aux hiérarchies économiques ou démographiques. Cela permet de confirmer la solidité et la résistance des positions héritées dans la hiérarchie urbaine.

La ville centre d'échanges

Au cours du premier XIXe siècle, la reprise économique a provoqué la relance du commerce et l'augmentation des échanges. Les villes renforcent ainsi leur fonction commerciale.

La desserte routière

Pendant la Révolution et l'Empire, la construction routière s'arrête, sauf dans les départements qui représentent un enjeu militaire ou stratégique. Cela a pour effet de maintenir le réseau issu de l'Ancien Régime avec ses déséqui-

LES NIVEAUX DE DESSERTE ROUTIÈRE DES VILLES VERS 1820

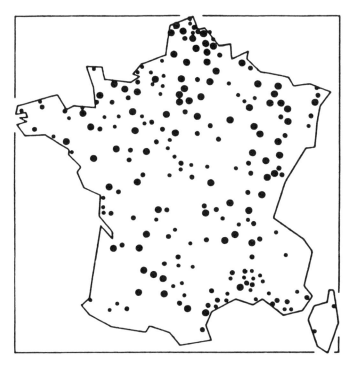

- ● Carrefours

- ● Étapes

- • Écarts et culs-de-sac

⌁ Limite Nord-Sud

Bernard Lepetit, *Les villes dans la France moderne*, Albin Michel, 1988, p. 284.

libres et ses insuffisances. Sous la Restauration, il y a une légère reprise des travaux. Au début des années 1780, l'ensemble du réseau représentait 26 000 km. Les enquêtes routières de 1824 et de 1836 en comptent 28 600 puis 30 500, ce qui représente une faible augmentation. On a, en fait, surtout amélioré les routes existantes. Le kilométrage des voies ouvertes ne progresse que de 7%, soit 820 km. Dans le même temps, on réparait 8 400 km de chemins. Cependant, ces aménagements du réseau permettent une augmentation et une accélération des flux.

La densité départementale routière est beaucoup plus importante dans le Nord-Ouest du pays en 1824 comme en 1836. Dans la France du Nord, la multiplicité des voies, leur qualité et leur entretien permettent une circulation aisée. Le réseau dense reste cependant organisé à l'échelle régionale. Le Bassin parisien, la Bretagne, l'Est sont mal reliés entre eux, si ce n'est par Paris. Le réseau de la France du Sud est peu développé et mal aménagé : peu de voies secondaires ou d'itinéraires de rechange; une forte proportion de routes de terre. Il reste des régions enclavées. Cette insuffisance de l'infrastructure limite les liaisons entre les villes et leur rayonnement.

La carte des dessertes routières tracée d'après l'enquête de 1824 distingue les villes-carrefours des villes-étapes, des écarts et des culs-de-sacs. Le niveau de la desserte dépendant du maillage routier, on retrouve l'avantage des villes du Nord du royaume. 39% d'entre elles sont des villes-carrefours contre 15% seulement dans le Sud. En revanche, les communes en position de cul-de-sac ou d'écarts sont beaucoup plus nombreuses dans le Midi.

Le réseau de la France du Nord respecte la hiérarchie urbaine existante. Les grandes villes sont des villes-carrefours. A un niveau inférieur, ce sont les agglomérations anciens sièges d'institutions et vivant de la rente foncière qui sont privilégiées. Il en est tout autrement dans la France du Sud. Les infrastructures lacunaires ne privilégient aucun type de ville en particulier. En dehors de quelques grands axes, Lyon-Beaucaire, Bordeaux-Narbonne, etc., les routes desservent inégalement les villes. Aix, Grenoble sont atteintes par des voies souvent tronçonnées, ce qui limite d'autant les facilités d'accès. Les travaux menés sous la Restauration ont tenté de modifier cette situation en adaptant à l'échelle du royaume le réseau des voies et l'armature urbaine. Dans le Loiret, par exemple, des routes départementales permettent d'améliorer la desserte des chefs-lieux de canton et des chefs-lieux d'arrondissement, Gien, Montargis, Phitiviers. Dans le Midi également, des efforts ont été faits pour faire coïncider le réseau routier et la hiérarchie administrative. Cependant la route apparaît comme un équipement supplémentaire qui vient s'ajouter aux autres. Faute d'une réflexion cohérente, l'armature routière dans le Sud correspond à une logique d'accumulation (Bernard Lepetit).

Les estimations d'utilisation des voies sont difficiles à faire. Il est cependant clair que l'amélioration du réseau a permis une plus grande rapidité de circulation. A la fin du XVIIIe siècle, il fallait aux voyageurs cinq jours pour aller de Paris à Lyon, six pour Bordeaux, trois pour Lille, quatre pour Strasbourg, onze pour Marseille. En 1847, le trajet met deux jours pour Bordeaux, vingt heures pour Lille, deux pour Strasbourg, etc.

Le trafic est connu par un *Tableau des routes nationales de la France... et la circulation qui s'y opère*, publié en 1853 à partir des comptages effectués en 1844. Cette enquête officielle a lieu avant l'extension du réseau ferroviaire. A l'été 1844, 170 000 chevaux attelés et 60 000 à 70 000 voitures circulent sur les routes du royaume. Les voies les mieux construites sont également les plus fréquentées. C'est au départ de Paris vers le Nord et la Normandie que le trafic est le plus important (4 500 colliers sur les routes royales 1 et 2; 3 000 sur les routes 13 et 14 par jour). Les passages sont moins nombreux vers le Sud et l'Est. En province, la voie la plus empruntée est la route 6 lors de la traversée du département du Rhône. Le développement du trafic est en relation avec la taille de la métropole proche. Plus de 20 000 chevaux attelés circulent sur les grandes routes autour de Paris chaque jour, 4 600 autour de Lyon, 2 700 autour de Lille et autant à Limoges qui ne dispose pas d'un port fluvial et remplit un rôle d'entrepôt pour les régions Ouest du Massif central. Ils sont encore 2 200 à Rouen, 1 800 à Aix, Caen, Toulouse, Metz, ou Bordeaux, mais à peine plus d'une centaine à Mamers, Aurillac, etc. Aux niveaux inférieurs, le volume du trafic correspond au niveau de la qualité de la desserte. Ainsi les villes-étapes sont plus actives que les villes-carrefours car elles sont placées sur les grands axes. Les villes-carrefours simples sont moins traversées que celles où se croisent plus de deux routes. L'opposition Nord-Sud perdure. Quel que soit le niveau de desserte, les villes du Sud sont moins traversées que celles du Nord. Dans le département des Basses-Alpes, particulièrement mal relié au reste du royaume, le chef-lieu de département n'est traversé que par une seule route royale (n° 85). En 1844, on n'y recense dans les limites du département que 53 chevaux attelés, soit 20 voitures... Les différences régionales s'ajoutent donc aux inégalités du réseau.

Au cours du premier XIXe siècle, la position routière des villes ne semble avoir que peu d'influence sur leur croissance démographique. Certaines villes-étapes ou écarts, qui connaissent une forte croissance démographique, sont des centres industriels nouveaux mal desservis par la route : Mulhouse, Bolbec, Roubaix, Tourcoing, Elbeuf, Ribeauvillé, Tarare...

	Densité des villes en 1861 (pour 10 000 km²)*	Marchés / villes**	Communes avec foires / villes***
Faibles densités urbaines			
Aquitaine	11	259 / 45 (5,8)	324 / 45 (7,2)
Auvergne	15	129 / 40 (3,2)	232/40 (5,8)
Bourgogne	16	162 / 49 (3,3)	331 / 49 (6,8)
Bretagne	14	199 / 54 (3,7)	216 / 54 (4,0)
Centre	14	199 / 54 (3,7)	216 / 54 (4,0)
Champagne	16	132 / 42 (3,1)	159 / 42 (3,8)
Franche Comté	15	68 / 24 (2,8)	167 / 24 (7,0)
Limousin	11	66 / 19 (3,5)	156 / 19 (8,2)
Midi Pyrénées	15	207 / 68 (3,1)	541 / 68 (8,0)
Pays de Loire	14	320 / 46 (7,0)	229 /46 (5,0)
Poitou Charentes	10	137 / 37 (3,7)	309 / 37 (8,4)
Densités urbaines moyennes			
Basse Normandie	21	144 / 38 (3,8)	101 / 38 (2,7)
Haute Normandie	34	131 / 40 (3,3)	84 / 40 (2,1)
Languedoc	29	96 / 81 (1,2)	130 / 81 (1,6)
Lorraine	20	112 / 47 (2,4)	104/47 (2,2)
Picardie	29	173 / 76 (3,1)	133 / 56 (2,4)
Provence	28	82 / 79 (1,0)	140 / 79 (1,8)
Rhône Alpes	26	221 / 83 (2,7)	440 / 83 (5,3)
Fortes densités urbaines			
Alsace	85	62 / 74 (0,8)	59 / 74 (0,8)
Nord	92	115 / 113 (1,0)	90 / 113 (0,8)
Paris région	63	98 / 75 (1,3)	58 / 75 (0,8)

Densités urbaines et importance des marchés et des foires

* Les villes sont des communes d'au moins 2 000 habitants en 1861.
** Les marchés sont des communes où se tient un marché par semaine ou deux fois par mois, dans les années 1850.
*** Les communes avec des foires sont des communes où se tiennent des foires d'au moins trois jours par an dans les années 1850.

Jonh Merriman, *French cities in the nineteenth Century,* Holmes and Meier Publishers, New York, 1985, p. 103.

Foires, marchés, boutiques

L'emplacement des foires, marché ou commerces de détail correspond à des situations particulières.

Les grandes villes au delà de 100 000 habitants sont, bien entendu, des lieux d'échange importants pour leur propre population et celle des régions proches. La situation des villes petites et moyennes est plus intéressante parce qu'elle dépend de plusieurs facteurs. La fréquence des foires et des marchés ne correspond pas à leur niveau démographique. A l'échelle du territoire national, leur place dans la hiérarchie administrative est déterminante. Les chefs-lieux de département ou d'arrondissement où il y a plusieurs institutions, sont des centres d'échange plus importants que les chefs-lieux ordinaires. Ceux-ci ont autant de chance d'avoir un marché ou une foire que des chefs-lieux de canton, des bourgs ou des villages sans fonction administrative particulière. Leur position à l'égard de la production agricole locale est un autre élément décisif. Le développement des petites villes s'accompagne de la multiplication des marchés ruraux et des foires. Vers 1850, les marchés hebdomadaires se tiennent dans 3 000 communes et les foires dans 7 000. C'est beaucoup plus que le nombre des communes urbaines, même petites. Les conseils municipaux financent des halles couvertes ou aménagent des champs de foire. Une sorte de complémentarité s'établit pendant la Monarchie de Juillet entre les marchés ruraux et les marchés urbains. Ceux-ci se tiennent les vendredis et samedis; ceux-là en début de semaine. Les gains recueillis par les paysans sont ainsi utilisés en ville en fin de semaine.

Toutes les villes n'arrivent pas ainsi à coordonner leurs activités commerciales. Les différences régionales restent considérables. Dans l'Ouest, dans les pays de bocage et dans les régions de montagne du Centre et du Sud, les foires rurales existent dans de nombreux petits bourgs ou villages. On y vend du bétail, du grain. On y trouve également ce que le colportage ne suffit pas toujours à fournir, vêtements, outils, etc. En Vendée ou en Mayenne, le rapport entre marché urbain et rural est de 1 à 10. Dans le département des Basses-Pyrénées, trente-trois localités vivent au rythme des foires annuelles ou pluri-annuelles. Celles-ci peuvent durer de deux à cinq ou six jours par an. Les marchés ont lieu deux fois par mois dans cinquante et une communes. Quelques-uns seulement sont spécialisés et correspondent à des sites de forte activité commerciale. Les foires de Pau, Orthez et Oloron sont les plus importantes. L'aire de rayonnement de celles de Pau correspond aux limites du Béarn. Celles d'Orthez et d'Oloron se partagent le Nord et le Sud du département. L'espace commercial des petites villes est très limité et ne dépasse pas un rayon d'une quinzaine de kilomètres. On retrouve là les effets du cloisonnement géographique et du morcellement des réseaux de communication (J.P. Jourdan).

La fréquentation des foires et des marchés urbains est surtout importante dans les grandes vallées, les plaines du Nord-Est et dans la France méditerranéenne, où les villages densément peuplés sont proches des grandes villes. Les foires urbaines durent trois ou quatre jours. A leur activité s'ajoutent des petits marchés ruraux comme en Picardie et en Haute Normandie. Le rôle de centre d'échanges pour les paysans se trouve ainsi renforcé. Dans le Midi, les villes déjà importantes ont une place particulière dans le réseau commercial. En Basse Provence et en Languedoc, les foires au grain hebdomadaires se tiennent dans des communes de plus de 1 500 habitants au recensement de 1841. Les paysans vivent dans des communes quelquefois qualifiées «d'agrovilles» ou de «villages urbanisés». Nombreux sont ceux qui veulent rapidement écouler leur production, vin, soie des rebords Sud-Est du Massif central. Les échanges à plus ou moins longue distance ne peuvent se faire qu'en ville (John Merriman).

La ville est aussi le lieu du commerce de détail. A l'échelle d'un «pays» ou d'un département, leur hiérarchie est significative. Dans les Basses-Pyrénées, Bayonne et Pau regroupent 120 des 178 «commerçants notables». A un niveau inférieur Orthez en a 18. En deçà on tombe à des niveaux inférieurs à 5 à Saint-Palais, Mauléon, Saint-Jean-Pied-de-Port, Tardets, mais aussi Nay, Sauveterre-de-Béarn, etc. Quelques commerces spécialisés ici et là, un marchand de denrées coloniales, un bijoutier à Nay, Saint-Palais…

Le rapprochement des localisations des foires, marchés et commerces de détail - connus par le montant des patentes dont ont été exclus les établissements industriels - permet de faire une typologie régionale des formes d'échange.

Dans l'Ouest du Bassin parisien se trouvent associés marchés et boutiques. Dans le Sud-Ouest et l'Ouest breton les marchés dominent. Dans l'Est et en Alsace, ce sont les boutiques.

Dans le Midi, les foires sont nombreuses mais associées à des formes différentes d'échange. Le long de la façade atlantique et dans les couloirs de la Saône et de l'Allier, la densité commerciale est forte. Aux foires s'ajoutent des marchés fréquents. Puis en bordure de ces zones, le nombre de manifestations commerciales diminue, et devient même très faible dans les régions montagneuses, les Alpes, les Pyrénées, le Sud-Est et le Nord-Est du Massif central. Enfin, le Midi méditerranéen est une zone boutiquière avec peu de foires et de marchés. L'opposition Nord-Sud que l'on a déjà observée se retrouve.

Les autres services

Dans l'étude sur le département des Basses-Pyrénées faite par J.P. Jourdan, la variété de l'offre de services constitue un élément essentiel de la définition de l'urbain. La distinction admise entre les petites villes et les bourgs correspond à trois critères : le niveau de l'encadrement médical - docteurs en médecine, pharmaciens, officiers de santé, sages-femmes -, la présence d'officiers ministériels et celle d'établissements d'enseignement secondaire. Ce dernier élément est particulièrement important, puisque le département des Basses-Pyrénées ne compte qu'un lycée à Pau. L'enseignement secondaire est donc dispensé par les frères du petit séminaire de Larressore en Pays basque et par une douzaine d'institutions et de pensions dispersées dans le département. La loi Guizot de 1833 impose l'ouverture d'Ecole Primaire Supérieure dans les chefs-lieux de départements et dans les communes dont la population dépasse 6 000 habitants. Cinq villes y sont obligées par la loi, Pau, Bayonne, Oloron, Orthez et Salies-de-Béarn. Une école congréganiste s'ouvre en 1846 à Salies. Nay, Bedoux, Navarrenx, Saint-Jean-de-Luz, Bidache en ouvrent une à l'initiative d'instituteurs zélés ou de notables. En 1840, le département compte dix écoles primaires supérieures. Il n'y en a plus que six en 1847 correspondant aux plus grandes villes. Celle d'Orthez ferme ses portes à cette date, faute d'élèves.

L'étude des circuits de diffusion de pratiques nouvelles constitue une autre approche. Après avoir été une activité réservée à un petit nombre de gens, l'usage des bains publics se développe et le nombre d'établissements augmente sous la Monarchie de Juillet. Les localisations sont connues par le *Bottin du commerce* de 1836. L'analyse ne concerne que les villes dont la population est comprise entre 4 500 et 10 000 habitants. La géographie des villes équipées ne révèle pas de variations régionales. Deux éléments entrent en compte, la taille des villes et leur niveau administratif. Ce sont les villes de taille intermédiaire, entre 6 000 et 8 000 habitants, qui sont les mieux pourvues. L'effet de nombre ne joue pas en faveur de l'extension de cette pratique. Quelle que soit leur population, les chefs-lieux de département sont toujours mieux pourvus. Mende, Vesoul (5 900 habitants), La Roche-sur-Yon (5 200), Guéret (4 800) et Mont-de-Marsan (4 100) sont équipées, malgré une population peu nombreuse. Deux préfectures sur trois sont pourvues de bains publics; deux sous-préfectures sur cinq. L'équipement suit donc la hiérarchie administrative.

ANGOULÊME

Angoulême est une vieille ville, bâtie au sommet d'une roche en pain de sucre qui domine les prairies où se roule la Charente. Ce rocher tient vers le Périgord à une longue colline qu'il termine brusquement sur la route de Paris à Bordeaux, en formant une sorte de promontoire dessiné par trois pittoresques vallées.

(...) Depuis longtemps, le bourg de l'Houmeau s'était agrandi comme une couche de champignons au pied du rocher et sur les bords de la rivière, le long de laquelle passe la grande route de Paris à Bordeaux. Personne n'ignore la célébrité des papeteries d'Angoulême, qui, depuis trois siècles, s'étaient forcément établies sur la Charente et sur ses affluents où elles trouvèrent des chutes d'eau. L'Etat avait fondé à Ruelle sa plus considérable fonderie de canons pour la marine. Le roulage, la poste, les auberges, le charronnage, les entreprises de voitures publiques, toutes les industries qui vivent par la route et par la rivière, se groupèrent au bas d'Angoulême pour éviter les difficultés que présentent ses abords. Naturellement les tanneries, les blanchisseries, tous les commerces aquatiques restèrent à la portée de la Charente ; puis les magasins d'eaux-de-vie, les dépôts de toutes les matières premières voiturées par la rivière, enfin tout le transit borda la Charente de ses établissements. Le faubourg de l'Houmeau devint donc une ville industrieuse et riche, une seconde Angoulême que jalousa la ville haute où restèrent le Gouvernement, l'Evêché, la Justice, l'aristocratie. Ainsi, l'Houmeau, malgré son active et croissante puissance, ne fut qu'une annexe d'Angoulême. En haut la Noblesse et le Pouvoir, en bas le Commerce et l'Argent ; deux zones sociales constamment ennemies en tous lieux ; aussi est-il difficile de deviner qui des deux villes hait le plus sa rivale. La Restauration avait depuis neuf ans aggravé cet état de choses assez calme sous l'Empire. La plupart des maisons du Haut-Angoulême sont habitées ou par des familles nobles ou par d'antiques familles bourgeoises qui vivent de leurs revenus, et composent une sorte de nation autochtone dans laquelle les étrangers ne sont jamais reçus. A peine si, après deux cents ans d'habitation, si après une alliance avec une des familles primordiales, une famille venue de quelque province voisine se voit adoptée ; aux yeux des indigènes elle semble être arrivée d'hier dans le pays.

Honoré de Balzac, *Les Illusions perdues*, Paris.

Services et croissance urbaine

A l'échelle des petites villes et des villes moyennes provinciales, c'est la multiplicité et la diversité des services offerts qui constituent l'élément principal du dynamisme urbain.

Comparons deux villes normandes de taille similaire et proches l'une de l'autre : Bayeux (9 300 habitants en 1820), Honfleur (9 600). Bayeux est sous-préfecture, siège épiscopal, marché rural, carrefour routier et centre de commerce du beurre du Bessin. Honfleur est un port de pêche et premier port de commerce du Calvados. La liste des éligibles de 1819 comprend un effectif plus important à Bayeux qu'à Honfleur : 125 noms pour un cens électoral moyen de 970 F; 72 seulement à Honfleur pour un cens moyen de 790 F. «L'aisance et la richesse sont plus répandues dans la cité administrative que dans la ville portuaire.» A Bayeux dominent les rentiers du sol, les propriétaires, les membres des professions libérales et les fonctionnaires. Ces notables possèdent souvent des biens dans les campagnes voisines. Jusqu'au début du Second Empire, avant que la croissance économique ne favorise les activités portuaires, la ville administrative est la plus dynamique. Elle ressemble à une ville rentière de l'Ancien Régime, renouvelée par la responsabilité du pouvoir, l'essor des échanges, l'élargissement des marchés de consommation. Elle concentre également les activités tertiaires au service de sa population. La demande des habitants riches attire médecins, avocats, établissements scolaires, etc., ou des activités proches de l'artisanat, modiste, couturière, etc. Les services s'y regroupent par capillarité. Le dynamisme urbain y est lié aux activités tertiaires.

La ville industrielle

Les travaux de Marcel Roncayolo et de son équipe, reproduits dans l'*Histoire de la France urbaine*, mettent particulièrement en valeur l'incidence de l'industrialisation sur la croissance urbaine. Cette approche se fonde sur le volume de la population par ville et le taux de croissance moyen (1,14% par an). Les transformations les plus importantes concernant moins les grandes villes, l'analyse porte sur les villes de moins de 50 000 habitants.

Parmi les villes de 20 à 50 000 habitants, les croissances les plus fortes (au delà du taux de croissance moyen) concernent les villes-ports et les villes industrielles. Brest, Toulon, Cherbourg bénéficient de l'investissement public. L'Etat agrandit les installations portuaires et y crée des arsenaux. Rochefort appartient à la même logique d'investissement public à des fins militaires. Roubaix, Tourcoing sont des villes industrielles nouvelles. Mulhouse et Saint-Quentin sont dynamisées par le renouvellement de leurs activités industrielles. Perpignan est la seule ville-préfecture dont la progression soit importante.

Dans la catégorie des villes de 10 à 20 000 habitants, 40% de celles qui connaissent une croissance supérieure à la moyenne sont des villes industrielles de localisation et de structure très variées. Quelques exemples : Elbeuf, ville drapière, Cholet, ville distributrice de travail dans un système de manufacture dispersée, Alès, au centre d'un petit bassin houiller en cours de mise en valeur, ou Châteauroux, ville de manufacture d'Etat. D'autres villes qui appartiennent aux régions lyonnaises et stéphanoises connaissent la même évolution.

Il en est de même pour les villes de 5 à 10 000 habitants. Si l'on met à part la banlieue parisienne, 63% des villes dont la progression est importante sont des petits centres industriels, annexes de grandes villes, centres miniers ou industriels de la bordure du Massif Central (Le Creusot, Decazeville ou Commentry) ou dans la mouvance de la région lyonnaise (Privas ou Aubenas).

Telle qu'elle est présentée, cette analyse valorise particulièrement l'incidence de l'industrialisation sur la croissance urbaine. Cependant ce phénomène, aussi frappant qu'il soit, ne touche qu'une minorité de villes et n'explique pas le développement urbain dans son ensemble. Comme le raisonnement se fonde sur une observation des taux de croissance, il tend à privilégier les situations nouvelles. Dans les grandes villes qui ne sont pas abordées dans ces calculs, l'expansion n'est pas liée uniquement à l'industrialisation : les structures professionnelles sont très variées et concernent l'ensemble des activités. Par ailleurs, on a déjà noté le dynamisme des petites villes, réserve de population urbaine. Or, la France des petites villes n'est pas forcément une France industrielle.

De plus, l'industrialisation française a des caractères bien spécifiques au cours du premier XIXe siècle. Elle conserve des processus de fabrication anciens avec une large part à la production artisanale et à un type modernisé de la «fabrique» associant travail en ville et à la campagne. La lenteur du développement industriel et la diversité des secteurs d'entraînement ont évité les bouleversements urbains que l'on constate en Angleterre.

Industrialisation et urbanisation

Différents exemples permettent d'analyser les relations entre urbanisation et industrialisation.

L'industrie à l'origine du développement urbain : Toulon

Les villes-arsenaux ou ports militaires sont un exemple de villes nées de l'industrie. L'investissement de l'Etat en fait des villes industrielles très spécialisées dans un type de production. Des activités annexes ou complémentaires viennent s'y ajouter.

A Toulon, Maurice Agulhon décrit «une population ouvrière proprement urbaine» qui travaille sur les chantiers navals et dans les arsenaux. Les effectifs employés varient selon les besoins de l'armée. Dans la première moitié du siècle, un noyau permanent d'ouvriers et de maîtres dits «entretenus» compte 2 330 personnes. Selon les commandes, des effectifs complémentaires sont engagés parmi les habitants du littoral. C'est la seule relation qui existe entre la ville et la campagne.

En 1801, Toulon a 20 500 habitants; 28 419 en 1831. La période de plus forte croissance se situe dans les quinze années suivantes. Le recensement de 1846 compte 62 031 habitants, soit une croissance de 60% environ par rapport à celui de 1831. D'après le même recensement, 17 507 individus appartiennent à une population flottante. L'instabilité de la population est donc particulièrement notoire. Elle s'accompagne d'un changement de la composition professionnelle de l'ensemble de la ville. En 1848, Toulon est plus spécialisée dans l'activité liée à l'arsenal et plus ouvrière qu'à la fin de l'Ancien Régime. Les à-coups du recrutement pour l'arsenal entraînent un renouvellement rapide de la population. Les zones d'attraction varient selon les niveaux de qualification. Les ouvriers les plus expérimentés viennent souvent de loin, des régions où il y a une tradition de travail du métal. L'appel aux travailleurs sans qualification se fait soit dans les régions très proches, soit au-delà des frontières. En 1848, la population la plus misérable de Toulon est sarde. Il y a donc un brassage de population : dans le prolétariat industriel, des Français de toute origine se mêlent à un fond encore largement provençal; dans le sous-prolétariat des manœuvres, on trouve des immigrants proches et lointains.

Saint-Etienne

Plus que toute autre ville française, Saint-Etienne semble reproduire le modèle de la ville industrielle britannique. En 1801, elle comptait 16 000 habitants, 33 000 en 1831, 56 000 en 1851. Pour les contemporains, la croissance urbaine a été si rapide que Saint-Etienne semble ne pas avoir de passé. En une génération, la petite ville est devenue une grande cité comptant près de 76 000 habitants, si l'on ajoute la banlieue.

Pendant des siècles, la ville a été un petit centre de manufacture de quincaillerie et d'armes profitant de la localisation des dépôts ferreux de la Loire.

C'est le transfert des activités de fabrication de rubans de Montbrison, à la fin du XVIIIᵉ siècle, qui entraîne la croissance démographique. Au XIXᵉ siècle, la modernisation de la production a provoqué une très forte concentration industrielle. Dans le canton de Saint-Etienne en 1848, il y a 10 000 métiers à tisser. On dénombre par ailleurs 13 000 rubanniers, plus de 3 000 ouvriers en métal, 3 500 mineurs et plus de 3 000 ouvriers en bâtiment (John Merriman). L'industrie a envahi la ville ancienne et la vallée étroite dans laquelle elle est construite et entraîne une dégradation de l'habitat.

Cependant Saint-Etienne est au centre d'une région industrielle plus importante. Dans ses abords Firminy, Le Chambon-Feugerolles, Rive-de-Gier et Saint-Chamond sont installés le long des cours d'eau qui traversent le bassin houiller et participent à la croissance démographique et industrielle. Le Chambon-Feugerolles et Rive-de-Gier sont des centres de filature et de souffleries de verre. Jusqu'aux années 1840 à Saint-Chamond, les industries les plus importantes sont la clouterie, la rubannerie, le moulinage et la passementerie. Ces activités sont faites dans le cadre d'ateliers domestiques et familiaux. Au début du siècle, la population de Saint-Chamond est d'environ 5 000 habitants dont 1 sur 10 se déclare propriétaire ou chef d'entreprise. Le reste est composé d'ouvriers de la soie et de la métallurgie. Dans les années 1860, la rubannerie, la passementerie, le moulinage sont en déclin. A leur place s'est développée la grande industrie mécanisée de la tresse et du lacet et les activités complémentaires, construction mécanique et teinture. Cette mutation technologique a imposé une forte immigration. En 1866, la population de Saint-Chamond dépasse 12 000 habitants. La main-d'œuvre vient des régions montagneuses qui entourent le bassin houiller. Avant de se déplacer vers la ville, elle participait déjà largement à la production industrielle de la région, travail de la soie, fabrication de couteaux, etc. (Elinor Accampo). Le modèle à l'anglaise de Saint-Etienne est donc à nuancer.

Villes au centre d'une industrie dispersée : Mulhouse

Dans la première moitié du siècle, la plupart des villes industrielles associent travail en ville et à la campagne. L'industrie textile en particulier modernise des formes d'organisation anciennes dans la plupart de ses branches. Le travail du coton, qui est plus facile, renforce encore ce type de fabrication dispersée.

Jusqu'en 1798, Mulhouse est une ville-Etat, petite république helvétique calviniste enclavée dans les terres royales autrichiennes et françaises. Au cours de la seconde moitié du XVIIIᵉ siècle, elle connaît un premier décollage industriel qui s'accompagne d'une poussée démographique de 130%. En

1798, elle est déjà une ville industrielle avec un trentaine de fabriques employant 8 000 travailleurs dont de nombreux «étrangers».

Le second décollage industriel marque la jonction de l'espace industriel mulhousien avec celui de la France. Le vieux Mulhouse surdensifié explose. La nouvelle stratégie est celle du développement de l'industrie à l'échelle de l'agglomération puis de l'ensemble de la région. Le recensement de 1851 trouve à la ville de Mulhouse 32 600 habitants. C'est sans compter la population ouvrière flottante, nomade et étrangère, qui peut atteindre 20% de l'ensemble. La ville est le centre d'une plus vaste conurbation. Dans la région industrielle de Mulhouse travaillent 30 à 35 000 ouvriers dont la moitié en zone périurbaine ou à la campagne. L'annexion à la France a donc permis de profiter de la main-d'œuvre des vallées vosgiennes, prête à s'adapter au travail à domicile. Les industriels associent deux types d'organisation différente. Ils suivent en ville les transformations de l'industrie anglaise, principale concurrente, avec l'introduction de la filature et du tissage mécaniques en 1809, la première machine à vapeur en 1812, etc., et une production concentrée en unité groupée de fabrication; en zone rurale, ils favorisent le travail à domicile et en ateliers. La diversification de la production, l'équilibre du capital fixe par le faible coût du capital variable expliquent le maintien du travail à bras (Stefan Jonas).

Lyon

Certains secteurs de la production lyonnaise fonctionnent de la même manière. A la fin de l'Ancien Régime, Lyon apparaissait comme une des rares villes françaises qui soit «industrielle» (Pierre Cayez). La Fabrique de soieries était totalement urbaine. Le recours au travail rural concernait le travail du coton et la chapellerie. L'élan de la Fabrique explique la rapide progression de la population lyonnaise. De 1801 à 1851, l'augmentation a été de 61,8%.

Dès le début du XIXe siècle commencent la stagnation puis le lent reflux des métiers implantés dans la ville elle-même. De 20 000 sous la Restauration, ils passent à 17 000 sous la Monarchie de Juillet. Beaucoup se déplacent vers les faubourgs; 1 400 en 1810 (dont 500 à la Croix Rousse), 3 500 en 1822, 8 973 en 1834. Le développement de la Fabrique a donc entraîné les communes suburbaines, en particulier la Croix-Rousse qui a doublé de 1806 à 1831 et s'est accrue d'un tiers entre 1831 et 1846. En 1847, on peut estimer à 20 000 les actifs dans la soierie, en ville. Il faut y ajouter la Croix-Rousse avec ses 14 987 salariés du textile en 1851 et les 5 961 de La Guillotière. Au total 40 000 ouvriers.

Au cours du Premier Empire commence la diffusion dans les villages périphériques et proches de Lyon, puis vers le Sud dans une zone dépourvue d'activités textiles et vers l'Ouest et le Nord où le travail du coton est déjà présent. La grande poussée a lieu après 1840. L'expansion bascule vers l'Est. On peut alors suggérer la répartition suivante des métiers à tisser dans la mouvance lyonnaise :

Lyon	17 000
faubourgs	12 000
campagne rhodanienne	13 000
départements voisins	15 000
en tout	57 000 métiers.

Un partage des tâches s'établit entre les métiers urbains (ville et faubourgs) et les métiers ruraux. En ville, un fort pourcentage de métiers Jacquard pour le tissage des tissus façonnés ou de «haute nouveauté», ou de métiers coûteux spécialisés dans la fabrication du velours et du tulle; à la campagne le travail des tissus unis. Les fabricants jouent ainsi sur les deux types de production. La fabrication reste cependant dans le cadre de petits ateliers traditionnels. Les usines sont très peu nombreuses. La première est La Sauvagerie, créée dans la banlieue lyonnaise en 1817. Plus souvent elles sont établies en zone rurale près d'un site hydraulique favorable. La main-d'œuvre est composée de jeunes, voire de très jeunes femmes, encadrées et formées, qui sortent à leur majorité pour se marier et continuent à travailler pour le «pensionnat» qui les avait employées. La ville maîtrise l'ensemble de l'activité industrielle. Le coût moindre de la main-d'œuvre, l'augmentation très rapide des besoins - la production de soie augmente de 4% par an entre 1815 et 1849, l'évolution de la demande en faveur des soies noires favorisent ce développement sous contrôle hors-les-murs. La ville a ainsi assuré sa propre croissance économique sur l'éveil ou le réveil industriel des campagnes qu'elle a suscité et dirigé à son profit.

La fabrique au cœur de la ville : Paris

Dans ce troisième cas, l'industrie s'insère dans un cadre urbain ancien et profite d'un acquis, espace, capitaux, marché, savoir-faire, qu'elle ne peut modeler à sa convenance.

Sous l'Empire et la Restauration, Paris cesse d'être «une ville d'appointements» telle que le rapporte Philippe Vigier, pour devenir un centre d'industrie manufacturière. L'accélération de la révolution industrielle amplifie le mouvement après 1840. La ville est perçue par les contemporains comme une «immense ruche au travail».

Elle met à profit l'existence d'un vaste marché de main-d'œuvre immigrée dont la disponibilité correspond aux rythmes de la conjoncture économique. Cette population est plus chère qu'en province mais souvent déjà hautement qualifiée ou capable de se former rapidement sur place. De plus, la concentration démographique en fait un marché de consommation en pleine expansion jusqu'au milieu des années 1840. Elle est aussi un centre d'innovations techniques. En 1834, 1839 et 1844, elle accueille les «Expositions générales des produits de l'industrie» et fait reconnaître un nombre considérable de brevets d'invention. Enfin, l'établissement en étoile des premiers chemins de fer favorise la capitale.

La grande enquête sur l'industrie menée par la Chambre de commerce de Paris en 1847 et 1848, donne les caractéristiques essentielles de la fabrique parisienne : petites entreprises (ateliers ou boutiques) et grands établissements concentrés avec des formes de coopération entre les deux secteurs. Elle compte 65 000 entreprises employant 342 530 ouvriers.

Paris reste un grand centre d'industries textiles. La fabrication se spécialise au cours de la Monarchie de Juillet en produits de qualité (châles, passementerie…). Cette activité se déplace de plus en plus d'établissements concentrés vers des ateliers souvent très spécialisés dans un type de travail. Le travail du coton et de la laine subit en effet la concurrence de plus en plus forte de la province.

La grande industrie reste surtout la métallurgie. D'après l'enquête de 1847, le département de la Seine est au troisième rang après ceux de la Loire et du Nord, pour la valeur de la production. L'activité concerne surtout la construction de machines à vapeur et de matériel ferroviaire. La concentration est plus poussée que dans les autres secteurs. Dans Paris, en deçà de l'octroi se trouvent de grands établissements employant plusieurs centaines d'ouvriers : Saulnier, Decoster, Farcot rue Stanislas, Calla faubourg Poissonnière ou Cavé faubourg Saint-Denis; au delà, les deux plus grosses entreprises : Derosne-Cail à Grenelle et Gouin aux Batignolles.

La petite entreprise reste majoritaire en ville. A la structure en petits ateliers familiaux ou employant quelques ouvriers correspond l'extrême diversité de la production fournie. L'ancienne industrie du vêtement décline face à la modernisation des techniques et à la concurrence de la production de province en usine. Les secteurs les plus florissants sont liés à l'enrichissement de la société parisienne et au renom international du savoir-faire parisien. Il s'agit de la fabrique d'articles de Paris et du travail des métaux précieux. Les activités liées à l'alimentation tiennent une place considérable, car il faut nourrir une population croissante.

Une évolution des fonctions accompagne la croissance urbaine. On retrouve le mélange «d'archaïsmes et de modernités» caractéristique du premier XIXe siècle. Petites et grandes villes restent des lieux d'échange et de service pour les régions qui les entourent comme à la fin de l'Epoque Moderne, et renforcent leurs fonctions tertiaires liées aux modifications des structures administratives et aux améliorations des conditions de circulation. L'industrialisation intervient comme élément nouveau. Cependant elle n'explique qu'en partie la croissance urbaine et se développe souvent sur des fondements plus anciens. Les changements les plus considérables vont intervenir sous l'Empire et la Troisième République.

Chapitre 2 :
Sociétés urbaines

Au cours de la première moitié du siècle, la ville est un lieu de richesse et d'enrichissement. A la fin de la Monarchie de Juillet, la carte des plus gros censitaires du royaume coïncide avec celle des villes. A Lyon, les successions après décès sont cinq fois plus importantes en 1869 qu'en 1822. A Rouen, la bourgeoisie recueille après 1830 les bénéfices du «décollage» du coton qu'elle avait elle-même provoqué.

Mais la ville est aussi le lieu d'inégalités considérables. Une petite élite de possédants côtoie le nombre important de ceux qui n'ont rien. Deux Rouennais sur trois ne possédent rien à leur mort. A Paris, 80,6% des successions sont inexistantes ou s'élèvent à moins de 500 F. La concentration de la richesse est forte. A Toulouse, en 1825, 1,5% des successions concerne 30% de la fortune déclarée. A Lille, au milieu du siècle, 8,1% des habitants possèdent 90% des successions déclarées. A Rouen, J.P. Chaline décrit une «société urbaine ternaire aux inégalités très prononcée» : 55% au moins d'éléments populaires avant tout ouvriers; 30% de «classes moyennes» comprenant boutiquiers, employés, petits rentiers; 15% au maximum de bourgeois. Or, la bourgeoisie rouennaise détient 80% de la fortune déclarée. Le reste se partage entre quelques nobles (5%), des boutiquiers ou petits rentiers (15%) et divers salariés (1%). Tout au long du siècle, les inégalités se renforcent.

La ville est également un lieu d'affrontement d'intérêts. Il est souvent difficile, en particulier pour les grandes villes, de faire la distinction entre les débats pour le sort de la ville elle-même et ceux qui concernent les affaires nationales. Les conflits sont souvent plus perceptibles dans les villes moyennes ou petites.

Notables et bourgeois

On définit comme notable une personne à laquelle sa situation sociale confère une certaine autorité dans les affaires publiques. La notabilité est liée à la reconnaissance par la plupart des habitants d'une influence personnelle. Celle-ci peut s'appuyer sur une action individuelle dans les domaines économiques et politiques, une présence dans la municipalité, les chambres de commerce, les associations de charité... Elle peut s'élaborer grâce à un réseau familial ou relationnel. Le notable est celui qui semble avoir un rôle important dans les choix locaux, régionaux, voire nationaux. Quoi de commun cependant entre le grand notable parisien et le «coq de village» de la petite ville de La Réole dans le Bordelais?

Il n'y a pas conformité entre notabilité et bourgeoisie, bien que souvent ces deux termes se recoupent. Niveaux de vie, occupations permettent de distinguer les notables du peuple, mais ne tiennent pas compte de la variété à l'intérieur du groupe. Ainsi à Paris, malgré l'expression contemporaine de «classe moyenne» pour qualifier l'ensemble de la bourgeoisie, la noblesse se situe non au dessus, mais bien souvent à côté par les niveaux de revenus et de patrimoine. En province, elle garde une influence importante même si elle partage son temps entre la vie en hiver en ville et dans ses domaines d'avril à octobre.

Les critères de notabilité

La possession de quelques biens constitue un premier critère de notabilité. Cependant, on connaît l'influence que peuvent avoir certaines «capacités», hommes de loi, médecins, journalistes dont les revenus sont infimes, ou même dans les petites villes, le curé et confesseur. Jusqu'en 1848, les listes électorales censitaires servent de référence aux historiens. Comme le système fiscal frappe plus lourdement les biens fonciers que l'industrie et le commerce (y compris sous la Monarchie de Juillet, malgré l'abaissement du cens de 300 à 200 F), une partie de la richesse échappe à l'observation. Il faut donc recouper les renseignements des listes censitaires par d'autres sources, déclarations de succession, apports aux contrats de mariage, etc.

Le genre de vie est un autre élément discriminant, car il concerne non seulement les niveaux de revenus mais les choix dans l'organisation du mode de vie et l'affectation des dépenses. A. Daumard à Paris et J.P. Chaline à Rouen utilisent comme signes du train de vie la domesticité, le montant des loyers, l'aspect et la nature du logement. L'affectation précise des pièces dans l'appartement ou l'hôtel particulier, les nombreux domestiques, l'aménagement du salon en meubles «du temps», la possession d'une bibliothèque, la jouissance d'une propriété à la campagne constituent les indices du luxe et du confort de la bourgeoisie. Cependant, du sommet à la base du groupe des notables les caractéristiques du genre de vie subissent une infinité de nuances.

Le dernier critère de la notabilité est plus subjectif : c'est le sentiment d'appartenance au groupe, qui suppose d'une part une similitude de vues en son sein et d'autre part une conscience d'altérité par rapport aux autres catégories sociales. Le contenu de ce sentiment varie selon les niveaux dans l'échelle de la notoriété et suivant l'horizon géographique d'influence. Mais il reste un élément essentiel de la définition.

Notables et bourgeois dans les grandes villes

Il n'y a pas «une» mais «des» bourgeoisies urbaines. Les contours de chaque groupe sont flous, les différentes catégories se recouvrant partiellement. Toute classification, en partie arbitraire, ne recouvre donc qu'en partie la réalité sociale.

Aristocratie financière et haute bourgeoisie

A Paris résident 12% des plus gros censitaires du royaume : ils payent plus de 1 000 F en 1842. A cette date, la ville ne représente que 2,7% de la population française. Il y a donc une surreprésentation des grands notables.

Au sommet se place l'aristocratie financière qui, sous la Monarchie de Juillet, profite du développement des affaires. Banquiers, grands négociants ou grands industriels, ils assument des responsabilités au niveau national et ont un pouvoir de décision en matière économique et financière. La haute finance est représentée par James de Rothschild. Casimir Périer et Jacques Laffitte, qui sont à la tête des deux premiers gouvernements de Louis-Philippe, sont caractéristiques de cette notabilité qui a des ambitions nationales.

Quelques représentants de la haute bourgeoisie sont proches de cette aristocratie financière. Ils possèdent cependant moins de pouvoir de décision. Leurs fortunes sont importantes et solides, mais leur homogénéité professionnelle est moins marquée. De riches entrepreneurs ou négociants côtoient des

UN GRAND NOTABLE PARISIEN, HYPPOLYTE GANNERON

Le plus parisien des banquiers résidant dans la capitale est un notable de moindre surface que les précédents: Hyppolyte Ganneron, celui-là même que nous avons vu succéder à Benjamin Delessert comme rapporteur de la Commisson parlementaire discutant du statut de Paris, et dont Thiers dira lors de ses obsèques, qu'«il était , dans sa simplicité, dans son indépendance, le véritable représentant de cette bourgeoisie de Paris, sensée, fière, courageuse...». Aussi mérite-t-il de figurer en bonne place dans cette histoire de Paris au temps de la «Monarchie bourgeoise».

Car c'est la Révolution de Juillet qui a fait connaître Ganneron de l'ensemble des Parisiens. Né à Paris en 1792, élève du collège Sainte-Barbe, il débute au barreau en 1823, mais doit l'année suivante «dépouiller la toge pour se faire négociant», à la demande de son père , qui souhaite qu'il succède à la tête de la fabrique de chandelle et de suif qu'il avait fondée et fait prospérer. Trés vite, Victor-Hyppolyte gagne l'estime des négociants parisiens qui l'envoient siéger au tribunal de commerce de la Seine. Président l'une des sections du Tribunal lors des Trois Glorieuses, il refuse de condamner Le Courrier français qui était paru en enfreignant les ordonnances de Charles X, et rend un jugement déclarant celles-ci illégales. Du jour au lendemain, sa popularité est assurée auprés du peuple de Paris - des gardes nationaux du IIè arrondissement (où il est domicilié, 15 rue Bleue, dans le quartier du faubourg Montmartre) qui en font leur colonel, aux électeurs du même IIè , qui l'envoient siéger continûment au Conseil municipal, tandis que ceux du IVè, beaucoup moins «aristocratique», qui l'élisent et le réelisent , à la Chambre. Il est vrai que les petits bourgeois de la boutique et de l'atelier qui composent avant tout le corps électoral du IVè ont vu leur fidélité à leur député bien renforcée avec la création en 1842 de la «Caisse Ganneron», comptoir d'escompte qui, de l'avis général, sera «particulièrement utile au petit et au moyen commerce de Paris». Aussi les obsèques de Ganneron, le 27 Mai 1847, en la toute neuve église Notre Dame de Lorette, symbole de ce «nouveau IIe» dont il avait beaucoup contribué à faciliter la croissance rapide, sont-elles une grande manifestation parisienne. Rambuteau se devait d'y rendre un dernier hommage à l'un de ses plus utiles auxiliaires dans l'administration de la cité, entouré de trés nombreux députés, du Conseil municipal au grand complet, et d' «un grand nombre de notables industriels et commerçants».

Philippe Vigier, *Paris pendant la Monarchie de Juillet*,
Association pour la publication d'une histoire de Paris.
Bibliothèque historique de la ville de Paris. 1991, p. 361-362.

hauts fonctionnaires, des magistrats, quelques représentants des professions libérales dont la fortune est associée à la fonction. Certains riches notables se déclarent propriétaires. Ils représentent deux tiers des électeurs parisiens payant plus de 3 000 F d'impôts directs et 48% de ceux qui paient entre 1 000 et 3 000 F. Les deux plus gros imposés de la liste de 1842 appartiennent à cette catégorie, essentiellement par la possession d'immeubles dans le troisième arrondissement. L.A. Marchoux, 74 ans, résidant rue Neuve-des-Capucines, et Edmond Adam, 33 ans, domicilié rue Neuve-des-Petits-Champs, paient respectivement un cens de 16 131 F et de 13 628 F...

Dans l'ensemble, les intérêts de l'aristocratie financière et de la haute bourgeoisie ne sont pas spécifiquement parisiens, à l'exception sans doute des deux exemples précédents. A Rouen, la haute bourgeoisie a un sort plus local. Elle représente 1% de la population urbaine reconnaissable par son niveau de fortune (+ de 500 000F), le fait qu'elle possède les logements les plus confortables et prestigieux ainsi que de nombreux domestiques. S'y retrouvent des rentiers et propriétaires, des représentants de services publics et hauts magistrats, des professions libérales de tout premier plan comme la riche famille Flaubert. L'ancienneté de la famille compte également, sans doute plus qu'à Paris où une partie de la haute bourgeoisie a conservé une forte implantation provinciale. Les héritiers de la bourgeoisie d'Ancien Régime, par exemple, restée liée au négoce, souvent retirée dans ses terres ou dans des activités «libérales», gardent un prestige important, tels les Baudry, les Allard, etc. La bourgeoisie cotonnière, issue du monde des indienneurs du milieu du XVIIIe siècle, venus quelquefois de Rhénanie ou d'Angleterre ou d'une nouvelle génération de filateurs au début du XIXe siècle acquis à la mécanisation, a plus de mal à s'imposer. Dans la première moitié du siècle, les patrimoines rouennais restent très liés à la prospérité de la ville elle-même. Plus de la moitié des successions, y compris celles des hommes d'affaires négociants et entrepreneurs, est constituée d'immeubles urbains et ruraux. Pour le reste, on trouve des créances, du mobilier, quelques valeurs boursières, soit une structure «ancienne» de patrimoine.

La «bonne bourgeoisie» et la bourgeoisie moyenne

La bonne bourgeoisie se situe à un niveau intermédiaire. Sa richesse et son niveau de vie élevé n'atteignent pas ceux du groupe précédent. A Paris, ses occupations et les structures de sa fortune lui donnent des attaches locales. Son activité professionnelle est étroitement liée à celle de la capitale. Son patrimoine est généralement constitué d'immeubles parisiens souvent confondus avec son domicile. Elle regroupe les Parisiens riches dont la fortune peut être élevée mais les niveaux de responsabilité restreints - il ne faut

48

PYRAMIDE DES FORTUNES DES DIFFERENTS GROUPES SOCIO-PROFESSIONNELS
D'APRES L'ENREGISTREMENT DES SUCCESSIONS EN 1820 ET 1847

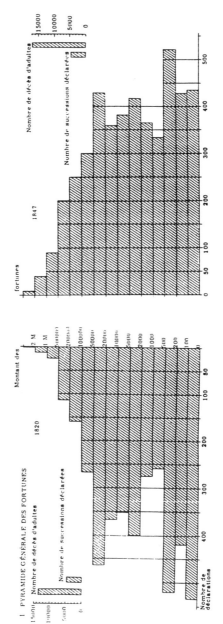

Adeline Daumard, *Les bourgeois de Paris au XIXᵉ siècle*, annexe, Flammarion, 1970.

pas cependant que la profession concerne un métier manuel - et les professions qui, selon l'expression d'Adeline Daumard, «assument les responsabilités nécessaires à la bonne marche de la société bourgeoise», officiers publics, fonctionnaires, magistrats, etc. Elle profite de la considération que l'on doit à des «notables de quartier». Son niveau de vie, en rapport avec ses revenus, lui permet de jouir d'une vie confortable en appartement - et non en hôtel particulier - et de profiter d'une propriété d'agrément souvent située dans la région proche.

Aux limites de la «bonne bourgeoisie», la bourgeoisie moyenne, dont elle se distingue surtout par les niveaux de fortune. Elle forme l'essentiel de la «bourgeoisie de quartier». Les boutiquiers en activité ou retirés sont les plus nombreux. S'y joignent la plupart des «capacités», fonctionnaires, professions libérales, et un milieu nouveau en voie de formation, les cadres d'entreprises privées.

A Rouen, la «bonne bourgeoisie» et la bourgeoisie moyenne concernent 2 à 4% et 6 à 8% des ménages. Elles se distinguent des catégories inférieures par des patrimoines supérieurs à 50 000 F, l'emploi d'un ou deux domestiques, des loyers compris entre 500 et 2 000 F. Comme à Paris, la «bonne bourgeoisie» exclue le monde de la boutique mais accepte celui du négoce, des talents et de la rente. La bourgeoisie moyenne comprend les employés, les petits fonctionnaires, les boutiquiers dont les affaires marchent bien. Ses intérêts concernent plus directement la vie de la ville que le monde du coton.

A Paris comme à Rouen, la bonne et la moyenne bourgeoisies forment l'encadrement du corps électoral de la société bourgeoise.

La «bourgeoisie populaire»

La petite bourgeoisie représente une catégorie-tampon très difficile à cerner, située aux franges du prolétariat. Elle s'en distingue cependant par les fonctions qu'elle exerce et par son niveau de vie. Les employés salariés, les petits fonctionnaires ou les rentiers ont des habitudes différentes de celles des milieux populaires. Les petits commerçants et artisans, dont l'atelier est aussi une boutique, sont des patrons et doivent leur inscription sur les listes électorales censitaires à la patente qu'ils paient. Leurs activités sont extrêmement variées. Le secteur de l'alimentation est particulièrement bien représenté, boulangers, bouchers, marchands de vin (ils représentent en 1844, 9% du corps électoral parisien…). Cependant leur sort est beaucoup plus précaire que celui des catégories bourgeoises vues plus haut. Ils ne savent pas toujours gérer leurs affaires et sont vulnérables aux crises économiques. A Rouen, cette petite bourgeoisie représente 16 à 18% de la population.

UNE PETITE VILLE LORRAINE AU MILIEU DU XIXᵉ SIÈCLE : PHALSBOURG

En 1846, Phalsbourg compte 2 000 habitants.

RECENSEMENT DE 1846

Groupes socio-professionnels	Représentants des catégories s.p.		Electeurs	Membres du Conseil Municipal
	Nombre	%		
Banquiers	1		0	0
Agents d'affaires	2	5,5 %	1	1
Négociants	5	(négoce et	2	1
Marchands	33	commerce)	0	3
Hôteliers	4	3,9 %	2	2
Cabaretiers	16	(services	1	1
Voituriers	9	commerciaux)	1	0
Patrons-artisans	43	5,8 %	3	4
Boutiquiers ayant personnel				
Propriétaires	28	7,8 %	0	4
Rentiers	30		0	1
Professions libérales	12	1,6 %	2	3
Employés de l'Etat	7	0,9 %	0	1
Officiers retraités	13	1,7 %	0	2

Catégories représentées en 1846 sur la liste des électeurs censitaires et au conseil municipal.

Catégories socio-professionnelles	% des familles ayant domestiques	% d'électeurs censitaires	% de conseillers municipaux
Banquiers, agents d'affaires	100	33,3	33,3
Négociants	100	40,0	20,0
Hôteliers	100	50,0	50,0
Officiers retraités	61		15,3
Professions libérales	58	16,6	25,0
Fonctionnaires	57		14,2
Propriétaires et rentiers	40	6,8	8,6
Patrons des métiers	37	7,0	9,3
Marchands	36		9,0
Clergé	33		
Cabaretiers	31	6,2	6,2
Voituriers	22	11,1	
Agriculteurs	16		
Etat-Major	12		
Sans profession	10		
Employés	8		

Phalsbourg est une ville de garnison et un relais sur la grand'route Paris-Strasbourg par Saverne. Elle est un grand centre urbain français dans une zone rurale de langue allemande.
Aussi joue-t-elle un rôle de contact commercial, linguistique, culturel - il y a un important collège - et même religieux puisqu'y vivent des communautés catholiques, protestantes et juives.
L'étude menée sur Phalsbourg a été faite à partir des mémoires du colonel Lahalle, mort en 1909, et qui a passé sa jeunesse à Phalsbourg entre 1844 et 1853, de onze à près de vingt ans, du recensement de 1846, des listes des électeurs censitaires, des conseillers municipaux, maires et adjoints, des propositions préfectorales pour la nomination des maires et adjoints du registre des délibérations du bureau d'administration du collège (1826-1873).

Suzanne Fiette, «Phalsbourg, une petite ville lorraine au milieu du XIXᵉ siècle». *Revue d'histoire économique et sociale*, 1974, n° 4, p. 501-525.

Notables et bourgeois dans les villes moyennes et petites

Durant toute la première partie du XIXe siècle, dans les villes moyennes et petites, la vie locale reste dominée par des groupes qui tirent leur prestige de la terre ou de leur niveau culturel. Il y a un lent élargissement des élites sous le règne de Louis-Philippe qui se fait par l'ouverture au monde de la boutique et aux marchands. Mais dans l'ensemble, les notables restent un milieu homogène. La notabilité varie selon le rayonnement de la ville sur la région, le département ou le canton.

Limoges sous la Restauration ou la Monarchie de Juillet a une population comprise entre 27 000 et 30 000 habitants. Son influence touche l'ensemble de la région car elle est peu concurrencée par d'autres villes moyennes. Elle fait figure de capitale provinciale. La société urbaine y est encore dominée par quelques familles nobles. Jusqu'en 1830, le maire est Martin de la Bastide. La noblesse limousine reste très proche du monde du négoce. Elle est cependant écartée du pouvoir local par la bourgeoisie après la révolution de 1830.

John Merriman prend comme critère d'appartenance à la bourgeoisie l'inscription sur les registres de la Garde Nationale (qui comprend également les maîtres-artisans). La Garde comptait 1 530 soldats sur une population de 19 650 personnes. Elle augmente peu par la suite. La liste censitaire pour les élections municipales de 1834 confirme ces chiffres. 1 083 contribuables atteignent le seuil minimal et 147 personnes votent à des titres divers, fonctionnaires en retraite ou officiers. Si l'on élargit à l'ensemble des familles, la bourgeoisie représente donc près de 20% de la population de Limoges. La structure de la bourgeoisie est similaire à celle de Paris.

Pourtant, c'est un groupe beaucoup plus restreint qui dirige la vie politique et économique de la ville. La liste censitaire de 1828 comptait 145 électeurs et Limoges n'avait que 37 éligibles (contribuables à plus de 1 000 F) parmi lesquels 13 fonctionnaires, 12 marchands de gros, 7 propriétaires, 3 avocats, 1 banquier et 1 pharmacien. Les fonctionnaires sont souvent issus de familles de l'aristocratie limousine et propriétaires de domaines dans la région. Le système censitaire écarte du pouvoir les fortunes du commerce et de l'industrie à l'époque où l'industrie de la porcelaine commence à prendre une grande extension. Le groupe dominant comporte donc près de 500 personnes, dont une partie est écartée du pouvoir politique.

La révolution de 1830 consacre l'éviction des anciens notables politiques : l'abaissement du cens élargit le corps électoral en incluant entrepreneurs et commerçants (il est cependant rare que la seule patente leur donne le droit de vote). La nouvelle municipalité orléaniste est dominée par les hommes de «capacité» définis par leurs revenus, leurs activités économiques et leur contribution à la renommée de la ville. Le maire est François Alluaud, fabricant de porcelaine, représentatif de ce milieu d'entrepreneurs acquis au libéralisme par le manque d'intérêts des autorités locales à l'égard des affaires.

Une étude porte sur la notabilité pendant la Monarchie de Juillet dans les petites villes du Bordelais Bazas, Blaye, La Réole, Lesparre, qui sont chefs-lieux d'arrondissement, Langon, Castillon et Bourg-sur-Gironde, chefs-lieux de canton (Michel Figeac). Elles comptent entre 2 000 et 4 000 habitants. Pour évaluer la notabilité locale, le critère du cens n'est pas pertinent, car «une situation qui serait médiocre à Bordeaux prend ici du relief». Cette source est donc complétée par les listes pour les élections municipales qui admettent quelques citoyens payant moins de 200 F d'impôt. On retrouverait les mêmes noms dans les conseils de fabrique, les associations de charité, etc. En 1832, cette élite locale représente entre 3 et 7,5% des habitants, ce pourcentage s'accroissant légèrement jusqu'en 1848. La tutelle des notables, hommes de loi, médecins, curé ou riches propriétaires est d'autant plus forte qu'ils sont des conseillers ou même des protecteurs. Le notable est un homme d'âge mûr, proche de la cinquantaine. Les propriétaires représentent 44% de l'ensemble. Cette expression recouvre ici comme ailleurs des activités souvent variées ou des fins de carrières. Quelques nobles en font partie comme le maire de Blaye, Beaupoil de Saint-Aulaire. Cependant leur nombre diminue. Ils ont quitté Bordeaux et se sont réfugiés dans leurs châteaux. La petite ville ne représente pas pour eux un relais. En 1831, les professions libérales représentent 21% des notables. Le plus souvent, ils sont issus de vieilles familles locales et possèdent des terres aux alentours. Notaires, médecins, avocats, leur rôle est plus important que leur fortune. En 1848, ce groupe est dépassé par celui des commerçants et marchands (28,4% soit 10% de plus qu'en 1831). Aucun entrepreneur ou artisan.

La ville, une chance de réussite?

De manière générale, la mobilité sociale d'un milieu populaire à la bourgeoisie est exceptionnelle. En 1820 et 1821, à Rouen, 80% des bourgeois sont des fils de bourgeois. Les chances de promotion sont donc limitées. Il en est de même à Paris.

Toutefois, dans la capitale, les bourgeoisies se renouvellent en intégrant l'immigration provinciale. La bourgeoisie moyenne ou la «bonne bourgeoisie» comprennent un nombre important - bien que toujours minoritaire - d'hommes nouveaux. 30% des boutiquiers par exemple sont provinciaux d'origine. Les fils de boutiquiers parisiens exerçant le même métier que leur père restent les plus nombreux. Les négociants pouvaient bénéficier d'un capital de départ, la plupart du temps fourni par la dot de leurs épouses - souvent de familles plus riches -, l'aide de leurs parents ou leurs héritages. Les gendres et les fils sont parfois associés aux entreprises de la famille. L'examen des successions rouennaises montre une ouverture plus grande lorsque les affaires marchent bien. L'enrichissement de la région et les succès de l'industrie cotonnière sous la Restauration et une partie de la Monarchie de Juillet permettent l'arrivée de quelques familles venues des villes et des campagnes normandes. La transmission entre les générations n'est pas la généralité. Il y a des passages d'une profession à une autre au sein du même groupe social. A Rouen, le prestige de la magistrature et du notariat explique que de nombreux fils d'industriels ou de commerçants choisissent cette voie. La «bonne bourgeoisie» reste donc un milieu ouvert à de nouveaux arrivants à condition qu'ils viennent d'horizons peu différents.

La société bourgeoise n'est cependant pas complètement fermée. A Rouen, l'étude des successions déjà citée montre que 10% des bourgeois sont issus de milieux populaires et 10 autres des «classes moyennes» : artisan, commerçant. Mais il s'agit des années 1820 et des effets des bouleversements sociaux de la période de la Révolution et de l'Empire. S'il y a quelques cas de promotion rapide d'ouvriers se mettant à leur compte ou de commerçants entreprenants, le plus souvent le processus est beaucoup plus lent. Il peut se faire au cours d'une vie : le provincial immigré travaille quelque temps dans une position modeste. Le mariage avec une femme ayant un peu plus d'aisance est souvent une étape de la réussite. L'ascension sociale peut aussi se faire sur plusieurs générations. De manière générale, il y a peu de percées fulgurantes : le passage se fait d'un niveau au niveau immédiatement supérieur. Il y a, pendant cette période, peu de déclassements grâce à la conjoncture économique qui est favorable. La particularité du premier XIXe siècle est donc le maintien des situations acquises.

La situation est différente dans les petites villes. Dans le Bordelais, 46% des noms mentionnés en 1831 sur les listes électorales ont disparu en 1848. Les gros censitaires sont moins nombreux, les nobles se sont retirés dans leurs terres. Le nombre de contribuables à 200 F a cependant augmenté, révélant un certain élargissement de la base sociale. Ce phénomène est révélateur des difficultés que les petites villes ont à retenir leurs élites lorsque celles-ci s'enrichissent.

Les chances de promotion sont liées pendant cette période au développement des villes. De plus la mobilité sociale semble bien passer par la mobilité résidentielle.

Les travailleurs urbains

Lieu d'enrichissement, la ville est aussi le lieu de la pauvreté. Ce phénomène bien connu à l'époque moderne est d'autant plus frappant qu'il y a un enrichissement général de la société. A Amiens, au milieu du siècle, 60% des

---

BUDGETS OUVRIERS À ROUEN DANS LES ANNÉES 1830

A moins d'une maladie, d'une gêne dans l'industrie, d'un chômage, les gains d'un ménage (il faut toujours excepter celui du simple tisserand) ne peuvent guère descendre au-desous :

	Par jour	Par an 300 jours de travail
Pour l'homme, de Pour la femme, de	1 F 87 c. 1 F	651 F 300 F
	2 F 87 c.	**861 F**

Mais très souvent aussi, ils peuvent s'élever beaucoup plus haut.

Voyons maintenant les dépenses.

De l'aveu même des ouvriers que j'ai consultés, un ménage sans enfant peut vivre en tout temps avec ses gains. Mais si la famille se compose, comme on l'observe communément en Normandie, du mari, de sa femme et de ses deux enfants, elle a *rigoureusement besoin pour vivre,* quand ces enfants sont complètement à charge, et quand le pain ne coûte pas plus de 3 sous la livre, de 50 sous par jour ou de 912 F 50 c. pour l'année. Elle ne peut donc pas subsister. Mais si l'un des enfants gagne seulement 30 centimes par jour, si le mari touche plus de 2 F par journée de travail, ou la femme plus de 25 sous, elle le peut ; et elle doit faire des épargnes si sa journée de travail lui rapporte plus de 3 F 7 ou 8 c., à plus forte raison quand le gain du mari seul est de 3 F et au-dessus, ce qui est rare.

Ecoutons, sur ce sujet, deux hommes bien à même d'avoir une opinion fondée. Ce sont M. Lelong, précédemment cité, et un filateur de Rouen que je regrette de ne pouvoir nommer ici, qui, témoins l'un et l'autre, lors de la crise de 1831, de la détresse de la classe ouvrière, dans le département de la Seine Inférieure, ont fait des recherches pour connaître le chiffre, réduit au taux le plus bas, des dépenses nécessaires à des ouvriers.

D'après M. C. pour les temps ordinaires, lorsque le pain blanc ne vaut pas plus de 15 c. la livre.

	A Rouen		Dans les campagnes environnantes	
	F	c.	F	c.
POUR UN HOMME				
365 jours de nourriture	339	45	273	75
52 semaines de blanchissage	14	04	11	44
Entretien de l'habillement	59	70	56	70
Logement - Eclairage	47	60	32	60
Chauffage				
Paille pour le lit				
Médicaments, savon, tabac, etc.	5		9	80
Façons de barde	4	60	4	60
POUR UNE FEMME AGÉE DE PLUS DE 16 ANS	323	10	388	89
Nourriture	215	35	189	80
Blanchissage	18	20	18	20
Entretien de l'habillement	49	70	48	20
Logement	32	60	27	60
Eclairage				
Chauffage				
Paille				
Médicaments, savon, etc.	7	25	7	75
POUR UN MÉNAGE SANS ENFANT	323	10	291	55
Pour avoir sa dépense totale, il faut additionner les dépenses de l'homme et de la femme, et ensuite, sur celle de la dernière, retrancher le logement, l'éclairage et le chauffage. On obtiendra alors	760	89	652	84
POUR UN ENFANT DE 6 ANS	164	65	143	08
Nourriture	120	45	102	20
Blanchissage	10	40	7	80
Entretien de l'habillement	16	20	15	92
Entretien du couchage	10		10	
Médicaments, savon, etc.	7	60	7	16

Il résulte de tous ces calculs, que quand le travail est continuel, le salaire ordinaire, et le prix du pain modéré, un ménage peut vivre avec une sorte d'aisance et même faire quelques économies, s'il n'a point d'enfant; que l'épargne, s'il en a un, lui devient difficile; impossible, s'il en a deux ou trois. Alors il ne peut vivre, si le bureau de bienfaisance ou la charité particulière ne vient à son secours aussi longtemps que ses enfants restent à sa charge.

L. R. VILLERME, *Tableau de l'état physique et moral des ouvriers employés dans les manufactures de coton, de laine et de soie*, Etudes et Documentation internationales, 1989, p. 176-180.

habitants n'ont rien laissé à leur mort; à Lyon 63%; à Rouen et Bordeaux 75 et 70%; à Lille 76%. Le milieu des travailleurs urbains est donc celui du dénuement et de la précarité : une existence difficile liée au rythme du travail, à l'embauche précoce et au chômage périodique et récurrent.

Enquêtes et témoignages

Le caractère contrasté des conditions de vie a conduit à la réflexion un certain nombre d'enquêteurs et de statisticiens. Les enquêtes générales les plus célèbres sont celle de Louis-René Villermé, *Tableau de l'état physique et moral des ouvriers employés dans les manufactures de coton, de laine et de soie,* qui date de 1840, et d'Adolphe-Jérôme Blanqui, *Des classes ouvrières en France pendant l'année 1848.* Celle de Villermé marque un tournant dans le propos des enquêtes sociales. Avant 1840, les réflexions sont faites par des auteurs appartenant au courant chrétien de «l'économie charitable». Elles rejoignent les préoccupations traditionnelles des élites sur les classes populaires et présentent l'expansion démographique des villes, de Paris en particulier, comme la source de tous les maux, misère, criminalité, agitation sociale et politique. Leur objectif est moins l'observation de la situation que la recherche d'arguments irréfutables contre la société libérale. Elles posent cependant le problème du «paupérisme», c'est-à-dire de l'appauvrissement des classes populaires. Louis-René Villermé reste proche des économistes chrétiens dans la mesure où, comme le précise Francis Démier, «la question sociale reste avant tout une question morale et non un problème collectif», mais en même temps, son expérience de médecin le conduit à mener sur le terrain une observation minutieuse, à multiplier les visites et les rencontres, outre l'utilisation des séries statistiques. Cette préoccupation était déjà présente dans les enquêtes locales menées par des médecins à l'occasion de l'épidémie de choléra en 1832, comme celle du docteur Guépin sur *Nantes au XIXᵉ siècle, Statistique topographique, industrielle et morale,* parue en 1835, ou celle du docteur Durand, *Topographie historique, statistique et médicale de Lille en 1833,* à compléter par les observations du docteur Binaut, *Situation des pauvres patronnés par la société Saint Vincent de Paul,* en 1843.

Le point de vue des travailleurs est lui aussi connu grâce à la publication de nombreux récits plus ou moins autobiographiques. Charles Noiret publie en 1836 *Mémoire d'un ouvrier rouennais*; Norbert Truquin, en 1888, *Mémoires et aventures d'un prolétaire à travers la révolution;* Martin Nadaud, *Mémoires de Léonard, ancien garçon maçon,* etc.

Le monde populaire urbain

La littérature du XIXe siècle, depuis Eugène Sue dans *Les mystères de Paris* jusqu'à Victor Hugo dans *Les misérables*, a laissé une image terrifiante de la ville en expansion démographique. Elle a ainsi nourri le mythe de l'enfer urbain, du Paris monstrueux et criminel. Louis Chevalier a montré comment s'est opérée la confusion entre *classes laborieuses* et *classes dangereuses*, qui repose sur l'observation de la marginalité persistante ou temporaire d'une partie de la population et de la précarité commune de la vie. Le peuple des villes est en réalité extrêmement divers. Une hiérarchie interne s'établit en fonction du niveau de qualification des travailleurs manuels à l'intérieur de chaque branche professionnelle et entre les différentes branches. Les gens de métiers, les ouvriers qualifiés ou les travailleurs dont l'activité professionnelle réclame force physique et savoir-faire (comme les fondeurs dans la métallurgie), se situent au dessus des travailleurs du textile ou des fabriques, moins bien lotis. En bas de l'échelle, les divers journaliers, manœuvres, hommes de peine, portefaix constituent un prolétariat mal fixé. Certains métiers proprement urbains sont d'ailleurs confondus avec eux comme les chiffonniers ou les crocheteurs ou encore les nombreux petits vendeurs d'oignons frits, de beignets, de boulettes de viande qui contribuent à alimenter les villes en constante augmentation et inquiètent tant les autorités.

Dans toutes les villes se retrouve l'opposition entre un noyau stable et une population fluctuante de travailleurs. A Rouen, dans les usines textiles en 1848, Adolphe Blanqui repère un groupe d'ouvriers «sédentaires» majoritaire et une marge d'ouvriers mobiles qui ne demeurent pas plus d'un an. Cette mobilité est inhérente au travail ouvrier : elle correspond au passage de l'atelier à la boutique, de l'échoppe à l'usine, du salariat à l'indépendance ou l'inverse. Elle est quelquefois liée à un itinéraire de formation - les «tours de France» existent encore - ou aux étapes d'une vie. Norbert Truquin raconte ainsi les emplois variés qu'il a exercés dans sa jeunesse avant de revenir à la soierie lyonnaise. La mobilité est liée aux aléas de l'offre et de la demande de main-d'œuvre. Les populations mal intégrées se déplacent en fonction d'une demande d'emploi présumée. Les recensements ou les enquêtes, qui font une coupe à un moment précis, rendent mal compte de l'ampleur de ces migrations.

Les travailleurs manuels

Le milieu des travailleurs manuels est extrêmement varié en ville jusque dans les années 1880. La distinction entre produire et vendre reste floue, ce qui explique la confusion de certaines données statistiques. Le vocabulaire employé par les écrivains contemporains témoigne lui aussi de la difficulté à définir les contours des diverses catégories. Lorsque Agricol Perdiguier parle de la «classe ouvrière», il évoque les gens des métiers. Les enquêteurs bourgeois sous le même terme ou celui de «prolétariat» parlent des travailleurs des manufactures.

Les gens de «métiers»

La petite industrie ou l'atelier occupent une place considérable dans la production industrielle urbaine. On se souvient qu'à Paris en 1847, la grande industrie ne représentait qu'un cinquième de la production parisienne. Le recensement de la *Statistique Générale de la France* en 1848 (publié en 1851) distingue les «grandes industries ou manufactures» - rassemblant les établissements de plus de dix ouvriers - et la petite industrie qu'il nomme «classe des Arts et Métiers». A cette date, la production artisanale et domestique représente 70 à 75% de la force de travail et 60% de la valeur industrielle. L'enquête ne distingue pas activité en ville et à la campagne. Or, on a vu que la Fabrique rassemble à la fois des établissements situés en ville et des unités de travail dispersées dans les campagnes.

Les «métiers» et la petite industrie proche de l'artisanat ont cependant des caractéristiques proprement urbaines. Les établissements de la Fabrique intramuros sont souvent de très petites unités. A la fin du 1er Empire, à Reims sur 234 fabricants habitant la ville, 200 ne possèdent qu'un métier. A Lyon, Yves Lequin décrit une structure de la Fabrique de soie largement héritée de la période d'Ancien Régime : elle est composée d'un grand nombre de petits ateliers indépendants dont les patrons travaillent pour des marchands-fabricants qui passent commande, livrent la matière première et assurent la commercialisation. Les «chefs d'ateliers» sont propriétaires de plusieurs métiers, ils emploient un petit nombre d'ouvriers et participent directement à la fabrication. Les «compagnons» sont salariés mais aussi quelquefois propriétaires d'un métier. Certains travaillent à leur compte et vendent leur production. Chaque «chef d'atelier» tient un livre de magasin sur lequel sont reportés les prix de façon, la quantité d'étoffes vendues, les déductions pour pliage des pièces, dévidage des trames, montage des métiers, usure et entretien du matériel... Il reste dépendant de la demande du marchand-fabricant et de ses offres de paiement. Un conflit de longue durée oppose les fabricants aux chefs d'atelier et aux compagnons. En 1831 comme en 1834, ils réclament l'établissement d'un «tarif», c'est-à-dire d'un salaire minimum. Le fonctionnement de la fabrique d'articles de Paris est légèrement différent. Des ateliers relativement importants produisent des nécessaires de toutes sortes, des parapluies, des portefeuilles, etc. en fonction de la demande de marchands-fabricants. Le «maître-artisan» travaille avec des ouvriers qualifiés souvent entourés d'aides ou de jeunes en cours d'apprentissage. En cas de crise, il renvoie le personnel non qualifié. Lors des périodes de surcharge il peut laisser un travail à faire aux ouvriers qui produisent «à façon» avec l'aide de leur famille. De tous petits ateliers trouvent ainsi leur place à côté de plus gros.

Ces secteurs s'adaptent aux nouvelles techniques et à l'augmentation de la demande. Les machines sont encore peu nombreuses. Dans les petits ateliers, on cherche d'abord une plus grande efficacité du procès de fabrication. Le maintien de la structure artisanale passe par une parcellisation de la tâche, une division du travail en opérations simplifiées confiées chacune à un ouvrier. Vers 1850, dans l'industrie de la chaussure par exemple, les modèles et les formes sont standardisées. L'ouvrier qui fait la coupe du dessus est incapable de monter ou de piquer une chaussure. Cependant on a toujours besoin du tour de main de celui qui la termine - même après l'introduction des machines à coudre. Les nombreuses plaintes sur la disparition de l'apprentissage évoquent cette organisation du travail qui multiplie les gens sans qualification à côté du compagnon formé.

Le monde des «métiers» comprend donc des gens de niveaux de qualification et de genres de vie très différents.

Les travailleurs des «manufactures»

D'après l'enquête de 1851, sur 4,4 millions d'ouvriers, 1,2 travaillent dans les «manufactures», c'est-à-dire les établissements de plus de 10 ouvriers. 700 000 d'entre eux travaillent dans le textile, soit 58% de l'ensemble; 120 000 dans la métallurgie soit 10%, 2% seulement dans les houillères. Les dimensions des établissements concentrés sont donc encore modestes. Vers 1840-44, la moyenne des filatures de coton en Alsace est de 230 ouvriers; 100 dans le Nord; 80 en Seine-Inférieure. Les grands établissements tels Dollfus-Mieg (3 000 ouvriers), Motte ou Bossut sont, en fait, des exceptions.

En ville, l'usine profite de la concentration de la main-d'œuvre. A Lille, en 1832, les fabriques emploient 22 000 personnes - y compris les secteurs textiles dépendants - sur les 30 000 ouvriers de la ville. Presque tous habitent dans la ville, qui est encore ceinturée par des remparts et fermée par des portes dont les heures d'ouverture et de fermeture ne coïncident pas avec celles du travail dans les fabriques. Beaucoup de ces manufactures sont en effet encore dans le centre. L'exclusion des usines vers la banlieue va se faire lentement dans la seconde moitié du siècle.

Jusqu'en 1850 dans la métallurgie et la mécanique, il y a peu de machines et le parc n'est pas très diversifié. Les outils sont en acier ordinaire, peu solides. L'ajustage à la main reste fondamental. De ce fait, la parcellisation du travail est nécessaire et définit un double marché d'emploi, celui des personnes disposant d'un savoir-faire et celui des journaliers et manœuvres, hommes et femmes. Les établissements conservent un petit nombre d'ouvriers salariés stables et embauchent en fonction de leurs besoins. Cette répartition du travail maintient dans certains cas une équipe familiale, le père formant puis associant ses enfants. La «manufacture» met également à profit l'environnement. Les produits sortis de fabrication sont terminés au dehors dans de petits ateliers. La fonderie de bronze de la rue Montgolfier dans le 6ème arrondissement de Paris produit des lustres qui sont polis et embellis par des ouvriers «à façon» installés dans les rues voisines.

En revanche, entre 1820 et 1860, dans le textile cotonnier puis lainier s'impose le machinisme, surtout dans les filatures. C'est dans ces usines que l'on emploie en grand nombre des femmes et des enfants. Ceux-ci sont capables de se glisser sous les métiers en marche pour rattacher les fils brisés ou nettoyer les bobines. Ils représentent un bon tiers de la main-d'œuvre affectée aux «mécaniques».

Le sort des travailleurs manuels dépend moins qu'on ne le pense de la taille de l'entreprise dans laquelle ils travaillent. Avant que le machinisme ne s'impose, les formes de coopération ou les procès de travail rapprochent les deux secteurs. De plus, les difficultés du genre de vie sont les mêmes. Louis-René Villermé précise vers 1840 que les ouvriers à domicile ne sont pas mieux lotis que ceux de la manufacture: «Les professions de maçons, cordonniers, tailleurs d'habits ne sont pas plus salutaires que ne l'est le travail dans les manufactures de laine et surtout de coton.»

La «classe inférieure»

Le monde populaire urbain ne comprend pas que des travailleurs intégrés dans des métiers ou dans des manufactures.

La commission de dix membres chargée d'étudier les effets de l'épidémie de choléra de 1832 à Paris et les conditions de sa propagation regroupe dans un seul ensemble cette population sous le nom de «classe inférieure». Le rapporteur est Benoiston de Chateauneuf. Le Docteur Villermé et le statisticien Parent-Duchâtelet en font partie. Le rapport analyse «les conditions économiques et sociales» de la population touchée. Il distingue en plus de quatre catégories professionnelles - libérales, commerciales, «mécaniques» (correspondant aux professions de la Fabrique parisienne), salariées (regroupant ceux qui «reçoivent un salaire pour un service rendu», journaliers, travailleurs des Halles...) - une cinquième, appelée «classe inférieure». Dans ses conclusions, la commission décrit ainsi cette population qu'elle situe aux marges de la vie urbaine : «Placée dans l'échelle sociale au niveau le plus bas, cette classe incessamment créée dans nos villes populeuses et manufacturières par les revers de l'industrie, les fautes de l'imprévoyance, les désordres de l'inconduite, cette classe n'est nulle part plus nombreuse qu'à Paris, où elle s'augmente encore de la foule de gens sans aveu qu'y attire sans cesse l'appât d'un gain quelconque. Sans domicile fixe, sans travail assuré, cette classe qui n'a rien en propre que sa misère et ses vices, après avoir erré le jour sur la voie publique, se retire pendant la nuit dans les maisons garnies des différents quartiers de la capitale.» On peut mesurer ici combien le propos sociologique des membres de la commission est proche d'un discours moral. La marginalité supposée de cette population a été d'ailleurs très contestée, car en fait elle ne lui est pas spécifique : une partie de la population de Paris, travailleurs manuels ou petits commerçants, connaissent la même précarité. De plus à cette cinquième classe correspondent tous les «petits métiers» urbains. Amuseurs publics, camelots, marchands ambulants, vendeurs de «prêt à manger», porteurs d'eau, «ravageurs»…, ils remplissent des rôles nécessaires au fonctionnement de la ville. Leurs activités ont pu être regroupées en trois grands ensembles, commerce, récupération et services. A son arrivée à la préfecture de police en 1831, Gisquet évalue leur nombre à 25 ou 30 000 «venus de tous les coins de France, (...) obstruant les quais, les ponts, les places publiques, les boulevards de la capitale» et portant tort «au commerce régulier de Paris». De nombreuses mesures de police sont prises pour tenter de contrôler cette population. Mais le fait que les autorités urbaines sont incapables d'entretenir et de nettoyer la ville ou de nourrir la population, les conduit à une certaine tolérance. D'autant que ces activités permettent de faire vivre une population qui autrement serait sans ressources.

De la précarité à la misère

La précarité est caractéristique du genre de vie des classes populaires urbaines. Yves Lequin évoque une «existence à cahots», faite d'alternance de temps forts et de «mortes-saisons», d'étapes difficiles dans la vie lorsque les enfants sont jeunes ou lorsque l'on atteint la vieillesse. Les revenus sont insuffisants et instables, les logements insalubres, l'alimentation carencée et le travail fatigant. La condition du travailleur manuel est donc fragile. Une crise et c'est la misère, dont rendent compte les listes d'indigence des bureaux de Bienfaisance. A Rouen lors des deux crises du textile, en 1835 et 1840, les 3/4 de la population ont vécu de la charité publique. A Lille, en 1832, la quasi-totalité de la population ouvrière profite à un titre ou à un autre de l'assistance.

Un indice : la mortalité différentielle

Dans toutes les villes, on constate des écarts dans les taux de mortalité entre les quartiers populaires et les quartiers bourgeois. Ceux-ci se retrouvent d'ailleurs lors des épidémies de choléra. Avant 1832, des médecins comme le docteur Dupond en 1826 ou le docteur Villermé un peu plus tard, soulignent le mauvais état physique de la population lilloise. Les filtiers et les dentellières constituent le population la plus fragile car dans ces professions, peu de postes nécessitent l'emploi d'hommes robustes. Le Docteur Binaut en 1843 dresse une statistique sur les 200 familles qu'il visite. 63% des hommes sont malades ou infirmes, ainsi que 47% des femmes et 25% des enfants.

A Caen, l'espérance de vie moyenne est de 40 ans. L'âge moyen au décès change selon les quartiers de 34 à 53 ans. Cette différence est surtout due aux variations des décès d'enfants en bas âge. Les taux de mortalité infantile varient de 9 à 21%, selon que l'on est dans un quartier bourgeois ou populaire. Il en est de même à Lille. Dans le *Bulletin médical du Nord*, Gosselet établit la moyenne des décès de 1842 à 1846 : 21% des enfants meurent avant 5 ans dans la rue Royale, quartier de riches propriétaires; 48, 51 et 58% dans les rues des Robleds, de la Vignette ou des Etaques, dans la paroisse Saint-Sauveur.

L'indigence du mode de vie

Les salaires, les aléas de l'emploi et le coût de la vie

Les difficultés du quotidien peuvent être évaluées par ce que l'on sait des revenus, du rythme de l'emploi et du coût de la vie. Jacques Rougerie utilise pour connaître les salaires l'enquête de 1847 commandée aux Prud'hommes du département de la Seine. Celle-ci révèle les salaires nominaux de 1847 et ceux de 1830 et permet donc une comparaison intéressante. On constate une stabilité d'ensemble pendant la Monarchie de Juillet aussi bien pour les salaires les plus élevés (bijoutier 4 F; mécanicien 4,50 F; typographe 4 F par jour) que pour les plus bas (boulanger 3,75 F; ébéniste 3,50 F, etc.). Les rares baisses de salaire sont dans des secteurs en difficulté (cordonnier pour dame 28 F par semaine en 1830, 16 F en 1847). Les cas exceptionnels de hausse concernent les métiers du bâtiment. Ces évaluations ne donnent qu'un aspect des revenus populaires. Rien n'est dit des paiements «à la tâche» ou de la rémunération du travail «à façon». Les salaires en province sont moins élevés. A Lille en 1845, dans le secteur cotonnier les salaires quotidiens sont situés entre 2,50 F et 3 F. En Normandie, un fileur gagne 2,70 F, 3 F en 1834, 2,40 F en 1839 et 1,75 F en 1846. Les salaires des femmes et des enfants sont beaucoup moins importants. Dans le textile mécanisé, en 1820, on paye 2 F par jour un ouvrier, la moitié une femme, 45 centimes un enfant de moins de 12 ans, 75 centimes entre 13 et 16 ans. En cas de crise économique, le manque de travail s'accompagne d'une chute des salaires. A Lille, dans l'industrie du coton, les salaires ont baissé de 20% environ en 1829 et de 15% en 1831. Il n'y eut pas de réajustement par la suite, les fabricants lillois prétendant «qu'ils n'avaient pas coutume de diminuer ou d'augmenter les salaires suivant l'activité plus ou moins grande de leur commerce»…

Le niveau de l'emploi constitue le second élément d'instabilité. La durée du temps de travail reste liée à la conjoncture économique générale. En période de travail, la journée est extrêmement longue. Pour les filtiers de lin et les fileurs de coton à Lille, elle dure 15 heures en 1828, sur lesquelles on se réserve 2 heures pour les repas. Louis-René Villermé, qui effectue son enquête à Lille en 1835 et 1837, donne des chiffres identiques. Dans la filature de coton mécanisée, les journées de 16 et 17 heures sont courantes. Cependant, lors de la crise économique de 1826, la journée est réduite à 8 heures faute de travail. Impossible d'évaluer le temps de travail des ouvrières à domicile (ce sont souvent des dentellières) : il leur faut sans doute compenser par un travail important la modicité des prix de façon. Le dimanche dans certaines fabriques, les ouvriers revenaient nettoyer les machines. Mais à Lille le travail cessait en début de semaine pour respecter la tradition du *Saint-Lundi*.

Périodiquement, l'offre d'emploi diminue et les périodes de chômage reviennent. Toujours à Lille pendant la longue période de difficultés entre 1826 et 1832, le pourcentage d'ouvriers sans travail dans la filature de coton passe de 20% en 1828 à 50% en 1829. Après une brève interruption, le chômage reprend fin 1830 et surtout en 1831. A Roubaix, en 1830, le nombre de personnes employées dans les filatures de coton s'élève à 5 000; en 1831, il se réduit à 3 470, soit une diminution de 31%. Ce n'est qu'en mars 1832 que le chômage disparaît.

Les «mortes-saisons» sont un élément constitutif de la vie professionnelle quotidienne. On a déjà vu le cas du «compagnon» salarié devenu «indépendant» pour trouver de l'ouvrage à faire faire par sa famille. Les exemples sont multiples. Dans la Fabrique de fleurs artificielles, les grosses périodes de travail sont avant l'hiver. A Carmaux, les verriers doivent chercher un autre emploi l'été, en période de «four mort». A Paris, le bâtiment est en pleine activité d'avril-mai à octobre. Le reste du temps, il faut chercher d'autres tâches.

Le niveau de vie dépend aussi du coût des consommations. Jacques Rougerie constate à Paris une baisse globale de niveaux des consommations entre 1820 et 1850. On passe de 59 Kg de viande et 109 litres de vin en 1821-25 à 49 kg et 99 litres en 1841-45. Cette baisse n'est qu'en partie compensée par une augmentation des quantités de poisson et de volaille consommées. Ce sont cependant des niveaux bien supérieurs à ce que l'on consomme en province. Le pain reste l'aliment essentiel, même dans les grandes villes comme Rouen, et son coût est déterminant. Son prix plafonne à 30 centimes le kilo au début des années 1840. Les mauvaises récoltes céréalières de 1845 et 1846 provoquent un renchérissement. Pendant l'hiver 1846/47, le prix atteint 60 centimes le kilo alors que le chômage sévit depuis plusieurs mois.

L'alimentation dans les budgets populaires

Des estimations de budgets ouvriers ont été menées à partir des renseignements regroupés par Frédéric Le Play. Dans les années 1850 à Mulhouse, un fileur sur mule-jenny a un salaire mensuel de 70 F. Avec quatre enfants à la maison, il dépense 110 F dont 5 F pour la viande, 10 F pour le logement. Il lui manque 40 F par mois, soit 480 F par an. A Pfalstadt, près de Mulhouse, un plieur sur indiennage gagne 48 F par mois et 72 F avec sa femme. Il lui manque 6 F pour être en équilibre.

L'alimentation constitue le principal poste du budget. Elle concerne selon les estimations, entre 50 et 80% des dépenses. L'enquête de 1848, à Saint-Etienne et à Lyon, situe sa part entre 51 et 76%. A Lille, la nourriture se compose essentiellement de pain et de pommes de terre qui représentent 60% des dépenses d'alimentation. Le reste est constitué de quelques légumes, d'œufs, de fromage, de lait, de beurre et d'un peu de charcuterie. Dans le budget minimum d'un foyer ouvrier lillois en 1842, le docteur Binaut ne prévoit aucune dépense pour la viande. Il est difficile de connaître la composition des repas. Un filtier interrogé par Adolphe Blanqui, en 1848, précise être le seul de sa famille à consommer du beurre, sa femme et ses enfants se contentent de mélasse et de fruits avec leur pain. On prend quatre repas par jour. Le matin, une décoction d'orge ou de chicorée torréfiée avec des tranches de pain. Ceux qui travaillent en fabrique emportent avec eux pain et fromage. A midi, on «dîne» d'une soupe maigre ou d'un mélange de lait, de beurre et de pain, parfois de riz. Ceux qui ne rentrent pas chez eux vont chez les traiteurs-gargotiers et font «tremper la soupe». Le «souper» après le travail comprend à peu près la même chose que le dîner. Le vendredi et le samedi, la nourriture se compose de lait battu et de poissons de mer, congres, harengs, limandes ou raies.

Le logement

La part du logement dans les budgets est relativement faible, du fait même de l'importance de l'alimentation. A Paris, elle représente 15 à 20% des dépenses. Elle reste à peu près la même jusqu'à la fin des années 1840 (malgré les fluctuations quelquefois assez fortes des loyers). La précarité du logement est liée au caractère temporaire de l'habitation. L'offre dans les grandes villes est globalement insuffisante. Les constructions nouvelles sont destinées à une population bourgeoise. On bouge donc beaucoup. Le terme est souvent payé par trimestre, ce qui oblige les locataires à épargner sur des revenus déjà insuffisants. On voit donc se multiplier les déménagements «à la cloche de bois» (à Lille on dit «à la Saint-Pierre»). Dans les quartiers populaires, tout peut se louer. Dans les immeubles du 6e arrondissement ancien, des cabinets à lit avec ou sans fenêtre, des places situées sous les escaliers, des pièces en second jour, etc. Dans une maison de la rue du Vertbois, on trouve même des cages à lit en plâtre dans lesquelles on ne peut se tenir debout et qui sont accessibles seulement par une échelle. Martin Nadaud a longuement décrit les garnis innombrables du centre de Paris situés dans les quartiers de l'Hôtel de ville, de la Cité ou des Arcis.

Chapitre 3 :
Croissance urbaine, crise urbaine

L'expansion urbaine du premier XIXe siècle poursuivie au second modifie profondément l'aspect des villes. A l'exception des villes «nouvelles» volontairement créées par l'industrie, la croissance s'opère dans le cadre urbain du XVIIIe siècle. A Lille les remparts existent encore. Ailleurs comme à Rouen, ils ont été abattus mais les boulevards qui les remplacent constituent encore une barrière. De ce fait ce sont les centres-villes anciens aux fonctions multiples qui subissent l'afflux de population. La surdensification entraîne une dégradation des conditions d'habitat et de fonctionnement. Le cadre urbain est également contraint à s'élargir. La ville alors se dilate, obligée d'intégrer les faubourgs ou les zones d'urbanisation nouvelle. Dans les années 1840, il est clair pour les contemporains que la ville traditionnelle n'est plus capable de faire face aux obligations d'une économie en expansion. La conscience de la crise urbaine est encore renforcée par les observations faites à propos des épidémies de choléra.

Les rythmes de la construction

L'étude de la conjoncture immobilière est relativement difficile à mener faute d'information. A Paris, les mesures sont faites avec les données de

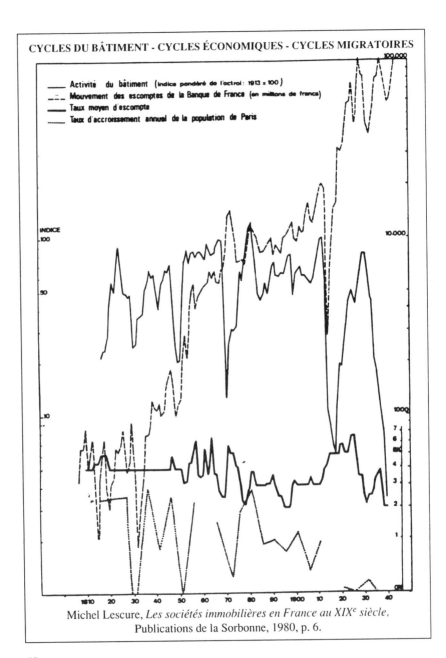

CYCLES DU BÂTIMENT - CYCLES ÉCONOMIQUES - CYCLES MIGRATOIRES

Michel Lescure, *Les sociétés immobilières en France au XIXᵉ siècle*,
Publications de la Sorbonne, 1980, p. 6.

l'octroi, permettant de connaître les passages des matériaux de construction, sables, moellons, briques, pierres de taille, etc. Cependant du fait de l'annexion, les limites de l'octroi ont été modifiées. L'évolution des techniques a également entraîné la substitution de matériaux nouveaux aux matériaux traditionnels. Seul un indice pondéré tenant compte de ces variantes présente un intérêt. A Grenoble, Robert Chagny a surtout tenu compte des sources fiscales, constructions nouvelles et additions de construction, ainsi que du revenu cadastral qu'elles représentent. Si les tendances d'ensemble du rythme de la construction peuvent être valables pour tout le territoire, l'exemple de Grenoble illustre l'impact des conjonctures locales.

L'essor de la construction parisienne est particulièrement remarquable entre 1820 et 1825, 1832 et 1838, 1843 et 1846 pour la première moitié du siècle. A chaque reprise, les chiffres de passage à l'octroi sont supérieurs au niveau précédent. Le nombre de maisons dans la capitale a donc sensiblement augmenté pendant la Restauration et la Monarchie de Juillet. Il est passé entre 1806 et 1828 de 24 207 à 26 080, soit une augmentation de 7%, puis à 27 976 en 1838. On retrouve là un écart similaire mais sur un période beaucoup plus courte. Enfin, en 1848, les Contributions directes recensent 30 858 maisons, soit un accroissement annuel dans les dix dernières années supérieur à 1% par an. On a pu évoquer une «fièvre» de la construction privée pendant cette période. L'enquête de la Chambre de Commerce de 1847-1848 évoque la création «d'une classe d'entrepreneurs et de marchands de maisons comme de tout autre produit industriel». Ces dates correspondent aux phases de haute conjoncture économique. L'industrie du bâtiment peut être considérée comme une activité motrice pour l'ensemble de l'économie. Entre 1810 et 1840, sa part dans la production globale est de 8,6%. A l'inverse, les périodes de crises économiques et politiques se traduisent par des chutes nettes de l'indice du bâtiment : de 1825 à 1831 il perd 27 points; de 1847 à 1849, 38.

Ces cycles relativement courts ont reçu des explications différentes. Pour L. Flauss, «le rythme de la construction, c'est le rythme des affaires». Il reprend ainsi l'expression que les contemporains n'auraient pas démentie : «quand le bâtiment va, tout va». Pour Michel Lescure, ce sont les facteurs démographiques qui sont à l'origine de ces cycles courts. Deux aspects en particulier sont importants : la croissance de la population et ses pratiques de mobilité. A l'essor démographique des lendemains du Premier Empire correspond tous les vingt ans une augmentation de la demande de logements. Dans la première moitié du siècle surtout on constate la relation étroite qui existe entre les flux migratoires et les activités du bâtiment. Aux périodes d'importantes migrations vers les villes (1821-1826, 1831-1836 et 1841-1846) correspondent les phases d'intense activité dans la construction. Le marché parisien de l'emploi lié à la conjoncture commerciale agit indirectement sur le bâtiment par ses variations d'offre. Cependant cette appréciation peut être nuancée. L'ajustement entre l'essor de la population et le développement de la construction ne se fait pas toujours. La crise urbaine du milieu du siècle est là pour en témoigner. De plus, il n'y pas toujours adéquation entre le genre de logements construits et la demande. L'aménagement des quartiers Saint-Georges, de l'Europe sous la Restauration offre des logements bourgeois à une population aisée qui n'en peut plus de vivre en centre-ville. Après 1830, la demande de ce type de logements baisse. Dans le Paris de la Monarchie de Juillet, c'est le logement populaire qui est notoirement insuffisant.

En province, les grandes villes comme Lyon ou Marseille suivent à peu près la conjoncture parisienne. Le percement de la rue du Centre à Lyon commence sous la Seconde République ainsi que la poursuite de l'urbanisation des abords au Nord et à l'Ouest. L'observation de la situation grenobloise montre l'importance des conjonctures locales. De 1825 au début des années 1840, Grenoble connaît une période de construction intense avec deux pointes d'activité en 1834 et en 1839-1840. Le revenu cadastral des nouvelles constructions connaît une croissance à un taux moyen annuel de 1,7%. Cette phase d'expansion qui correspond à des opérations d'aménagement que nous verrons, est similaire à celle que connaissent Lyon ou Paris à la même époque. Elle est suivie d'une longue période de dépression qui s'étend de 1841 à 1855. C'est cet effondrement qui est en discordance avec la conjoncture nationale. Le montant annuel moyen du revenu cadastral passe de 8 927 F en 1825 à 4 185 F. La croissance de la population grenobloise au début du siècle concourt peut-être à l'augmentation considérable des constructions dans les années 1830. Mais la baisse de la population (Grenoble compte 26 243 habitants en 1833 et 24 772 en 1846) anticipe l'effondrement de l'activité après 1841. Par contre Robert Chagny relève des «concordances» beaucoup plus nettes avec un indicateur de la conjoncture économique locale : les faillites. En 1840, l'augmentation des faillites est due à l'effondrement de la banque grenobloise et concourt en grande partie à la chute de la construction. La reprise qui survient après 1844 n'entraîne pas le bâtiment.

Les rythmes de l'immobilier ne sont donc pas identiques dans toute la France. Ils sont liés aux occasions qu'offre «le procès de fabrication de la ville» (Marcel Roncayolo). Entre autres les choix des investisseurs privés ou des compagnies bancaires et immobilières qui cherchent la rentabilité de leurs investissements. L'observation à Paris est facilitée par l'importante rentabilité de l'investissement immobilier pendant le premier XIXe siècle. Adeline Daumard précise que «la hausse de la rente foncière et celle du capital immobilier se conjuguent avec l'essor de la construction». Entre 1820 et

1841, le prix de vente des immeubles a plus que doublé. Le revenu immobilier est estimé en moyenne à 5% de la valeur de la propriété par an. Cependant cette moyenne cache des variations chronologiques et spatiales importantes. Au début de la Restauration, le directeur des Contributions directes signale que «la contribution pèse à Paris de tout son poids sur les propriétaires à cause de l'obligation où le besoin de vivre les met d'accepter des offres locatives qui leur sont faites». La crise se termine rapidement et la reprise se poursuit jusqu'à la fin de la Restauration. Le journal *Le Constitutionnel* en 1824 rapporte : «Il est de fait que Paris est très riche et cela suffit pour expliquer l'accroissement de la population et le haut prix des loyers.» Cette période d'euphorie se termine en 1830. La crise est là plus longue, mais le niveau des valeurs locatives ne retombe pas en dessous de celui des années 1820. Lors de la reprise, la progression est très rapide, mais aussi inégale selon les quartiers. Ce caractère se maintient en 1848. Tout Paris est concerné par la contraction des affaires. La baisse est moins forte dans les quartiers bourgeois que dans les rues populaires et commerçantes.

Pendant la même période, la rentabilité des propriétés dans les quartiers populaires est plus forte que celle des rues plus élégantes, car l'investissement initial est plus faible. Cependant c'est ne pas tenir compte des nombreuses non-valeurs ou des déménagements rapides des locataires. Les coûts d'aménagement et de réparations, même s'ils sont maintenus à un niveau assez bas, pèsent sur la rentabilité des maisons anciennes. A tel point que l'on «finira par reconnaître qu'il devient en quelque sorte assez avantageux de placer ses fonds en propriétés situées dans le Marais, dans le faubourg Saint-Germain ou dans les quartiers de la Chaussée d'Antin, que de les employer dans des acquisitions de maisons situées dans les faubourgs Saint-Antoine et Saint-Marceau» (cité par Adeline Daumard). Les variations de la rente immobilière sont également plus sensibles dans les rues commerçantes que dans les quartiers résidentiels, car elles subissent plus rapidement les effets de la conjoncture économique générale. L'évolution du capital suit celle du revenu, mais avec un certain retard à cause des baux écrits ou verbaux. Les variations du capital sont d'ailleurs moins accentuées que celles du revenu en dehors des périodes de grands travaux. Pendant les périodes de haute conjoncture immobilière la progression du capital est plus rapide car l'attente de plus-value, la confiance dans le marché poussent à l'achat d'immeubles. C'est le cas sous la Restauration. Par contre après 1830 les exigences des investisseurs pour la progression du revenu les conduisent à moins acheter. Sans se détourner de la propriété immobilière - le montant des achats connaît plutôt un palier qu'un recul -, ils sont plus prudents.

Les investisseurs privés s'intéressent à la propriété immobilière. La rentabilité dans ce domaine incite également la banque à s'engager dans des opérations. Sous la Restauration, la banque André et Cottier, Jacques Laffitte et un banquier moins connu, Moisson-Devaux, participent à l'édification du quartier Poissonnière. Par l'acte de la société anonyme du 5 juillet 1825, on apprend que les banques André et Cottier et Laffitte participent à hauteur de la moitié du capital de 6 millions de francs, Moisson-Devaux pour 1/40è. Les 19/40è restants appartiennent à Maret duc de Bassano, Lenoir ancien agent de change et Constantin, architecte. Les banques s'engagent par ailleurs à ouvrir un crédit complémentaire de 100 000 francs à 5% si nécessaire. La haute banque parisienne participe également à des opérations situées aux abords de la ville comme à Grenelle, ou à des opérations plus limitées comme la construction de «passages». En 1825, le baron Méchin lance la société du passage d'Antin entre la rue d'Antin et la rue du Helder.

La diversité des processus d'urbanisation

La «ville noire»

La ville noire est née des transformations économiques de la première révolution industrielle. Son émergence ne concerne en fait qu'un nombre limité de cas au cours du premier XIXe siècle. L'industrie crée un paysage urbain d'un type nouveau que l'on identifie souvent aux villes du Nord de la France, alignement de corons autour d'une cheminée d'usine ou d'un cheva-let de mines. La réalité est plus complexe. Il y a bien quelques exemples de villes «nouvelles» créées de toutes pièces, mais le plus souvent l'industrie se surajoute au paysage urbain existant, le contraignant tardivement à se modi-fier.

L'industrie imposée à la ville

Au Creusot, la dynamique urbaine vient de l'extérieur, de 1780 au début du XXe siècle, de la manufacture royale installée dans la campagne à «Schneiderville», puis à la ville sans les Schneider. Jusqu'aux années 1830, selon l'expression de Christian Devillers et Bernard Huet, «ville et industrie sont des termes complètement antinomiques». Etablissement industriel en site rural, la manufacture se substitue à la ville. Lieu de travail et de loge-ment, elle remplit les fonctions urbaines. La plupart des ouvriers sont des paysans venus des fermes des environs ou du bourg de Montcenis. Après 1820, avec le développement de l'exploitation houillère, des groupes de maisons apparaissent hors de l'usine autour de la mairie - Le Creusot est une commune depuis 1793 - ou le long des chemins.

Avec l'acquisition de l'entreprise par les frères Adolphe et Eugène Schneider en 1836, s'affirme la volonté de faire du Creusot une ville dont le développement et l'organisation sont contrôlés. L'entreprise se détourne du modèle antiurbain de la manufacture. La ville doit assumer un rôle positif dans l'organisation d'un genre de vie conforme aux impératifs de la production et des rapports sociaux. Le passage d'un modèle à l'autre prend une quinzaine d'années. Dans un premier temps, les fonctions non productives sont évacuées de l'usine, «casernes» de logements, services, etc. Une nouvelle logique de l'espace de production se met en place. Des bâtiments industriels sont érigés à la place des casernes et le long de la voie ferrée Est-Ouest qui met en relation les halles de fabrication et les entrepôts. Les Schneider s'installent au château de la Verrerie. Un hôpital, une école sont construits en dehors de l'enceinte de l'établissement. Dix-huit casernes «locatives» à prix modérés comptent 662 logements n'hébergeant qu'un tiers des ouvriers mariés. Un habitat indépendant est créé à l'initiative d'ouvriers, de commerçants et de petits propriétaires fonciers dans le style de l'habitat rural.

Cette période transitoire s'achève en 1847. Le projet urbain des Schneider évolue en fonction des besoins financiers de l'entreprise et de la nécessité de stabiliser la main-d'œuvre. En 1846, Le Creusot compte 6 300 habitants, 13 000 en 1855, 16 000 en 1861 et 25 000 en 1870. Le logement d'initiative patronale n'occupe qu'une place résiduelle. La construction de casernes est abandonnée. Entre 1850 et 1875, 8% seulement des logements sont le fait de l'entreprise. Les Schneider en laissent l'essentiel à l'initiative privée, c'est-à-dire la classe moyenne locale, artisans, commerçants, petite bourgeoisie ouvrière. Pour autant, ils ne délaissent pas la maîtrise de la croissance urbaine. La société achète la quasi-totalité du terrain constructible du Creusot. Une partie est affectée à l'extension de l'usine et à l'agrandissement du parc de la Verrerie. Le reste est loti et revendu après une viabilisation sommaire. Un ensemble de dispositions favorisant le crédit à la construction est mis en place. La revente des terrains est accompagnée d'un certain nombre de clauses imposées par le vendeur. Une première série, établie entre 1847 et 1867, définit les normes d'un type de maisons ouvrières. La seconde établit les relations qui doivent exister entre les maisons et l'espace urbain, alignement, hauteur des façades, règles de mitoyenneté, etc. Le troisième ensemble correspond à des préoccupations qui sont issues d'une première expérience de croissance des villes industrielles. Les règlements établis après les grandes enquêtes des années 1840-1850 et la loi de 1850 renforcent les prescriptions d'hygiène publique. Des fosses d'aisance doivent être aménagées, les cours et les accès doivent être laissés libres, etc. Les règlements ne définissent plus un espace physique urbain mais son usage, la circulation, l'hygiène et même une certaine morale publique - voire politique... - avec la suppression des cabarets. La règlementation permet l'apprentissage de la vie urbaine dans un espace adapté aux impératifs de la production. Après 1910, toutes les clauses sont supprimées. L'éducation de la population est faite. L'autorité publique a pris en charge ces obligations. Au Creusot, l'industrie imposée à la ville de l'extérieur l'a forgée à son image.

L'industrie maîtresse de la ville

Le cas de Roubaix est différent. Sa croissance a correspondu à la grande poussée d'industrialisation du XIXᵉ siècle. Entre 1800 et 1850, sa population quadruple. Elle double ensuite sous le Second Empire; une dernière accélération a lieu avant la fin du siècle. La ville se développe dans un contexte de protoindustrialisation. Sa morphologie va hériter des données du finage ancien. Les chemins vicinaux deviennent des rues ouvrières; les censives des «forts».

Au début du siècle, Roubaix est une commune de 8 000 habitants regroupés dans un bourg, onze hameaux répartis dans le terroir agricole et quelques grosses fermes isolées. L'activité textile existe déjà soit dans des ateliers familiaux, soit à titre d'activité complémentaire pour des journaliers agricoles. Les fabricants habitent dans le bourg. Dans les années 1820, le developpement industriel est lié à l'introduction de la filature mécanisée du coton, après 1827 au retour partiel au travail de la laine associé au cardage et au peignage mécaniques. Le travail se fait en atelier pour la filature et le peignage; en ouvroir pour le tissage.

L'autorité municipale décide une politique ultralibérale de non intervention dans tout ce qui n'est pas Roubaix-bourgs ou hameaux, c'est-à-dire dans le «Roubaix-campagne» où sévit de fait un urbanisme sauvage. Les rues nouvelles sont ouvertes et viabilisées aux frais des particuliers. La ville n'aménage que des «pieds-sentes», chemins pavés d'un mètre de large, inaccessibles aux voitures. De même, elle n'exerce son pouvoir d'alignement que sur les rues existantes et non sur les voies nouvelles. Jusqu'à la loi de 1850 sur les logements insalubres, l'autorité municipale s'abstient de toute intervention sur la nature des constructions nouvelles. Pierre Deyon cite un passage des délibérations du Conseil municipal : «il ne faut pas agglomérer les champs, ce serait faire augmenter les impositions et surtout ce serait accabler l'ouvrier et rendre le travail plus coûteux»... Des propriétaires vont vendre ou

... LA CONSTRUCTION DES «FORTS» ROUBAISIENS...

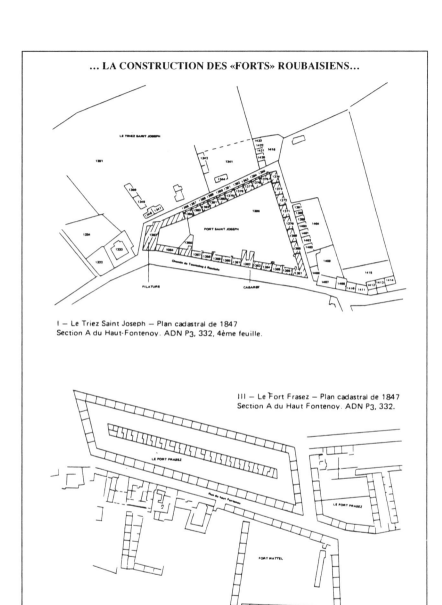

I — Le Triez Saint Joseph — Plan cadastral de 1847
Section A du Haut-Fontenoy. ADN P3, 332, 4ème feuille.

III — Le Fort Frasez — Plan cadastral de 1847
Section A du Haut Fontenoy. ADN P3, 332.

Martine Le Blan, «La construction des Forts roubaisiens», *Revue du Nord*, n° spécial - Jan-Mars 1981.

construire leurs parcelles. Quelques-uns vont également exiger de leurs fermiers qu'ils lotissent leurs exploitations, entraînant ceux-ci à en faire autant avec leurs propres terres. Ils habitent Roubaix-bourg, Lille ou Tourcoing. Vers le milieu du siècle, alors que l'agglomération s'est beaucoup étendue, la situation change. Ce sont les fabricants qui construisent le plus grand nombre de maisons : 42% des maisons nouvelles entre 1806 et 1848, soit plus de 1 800. Leur engagement dans l'immobilier correspond au développement de l'industrie textile et à la volonté de contrôler le procès de travail à domicile. Ils sont souvent d'origine paysanne. Leurs capitaux proviennent d'une fortune foncière accumulée à la génération précédente. Le financement des opérations immobilières est cependant assuré par les revenus de la fabrique. Les commerçants viennent ensuite. Ils possèdent 30% des maisons. Le plus souvent cependant, ils louent puis sous-louent les habitations à des ouvriers du textile qui deviennent ainsi leurs clients obligés.

Deux formes nouvelles d'habitat aggloméré apparaissent : les forts et les courées. Les premiers forts sont construits en 1818-1820. Ils perpétuent une tradition déjà ancienne. La nouveauté tient à leur dimension : de 44 à 100 maisons pour le plus grand, le fort Frasez construit en 1838. Les maisons ouvrières, accolées les unes aux autres, sont construites au pourtour de la parcelle. La forme du fort suit celle de la parcelle agricole préexistante : rectangle, triangle (le Triez Saint Joseph), carré ou parallélogramme (fort Frasez). Un vaste espace libre est laissé au centre du fort. Dans certains cas, une rangée médiane de maisons y est placée. Les constructions sont des maisons individuelles sans étage, deux petites soupentes sous le toît servant de chambre. Les maisons des fileurs ont une porte et une seule fenêtre; celles des tisserands abritant plusieurs métiers sont plus larges et en comportent deux. Elles se distribuent autour d'une cour intérieure où l'on trouve une pompe à eau et les latrines. Les habitations sont construites «en dur», en briques et recouvertes de tuiles. Elles représentent une certaine amélioration du logement ouvrier.

Les forts portent souvent le nom de leur promoteur. Ainsi le fort Bayard construit dans les années 1820 par Bayard-Lefèbvre, fabricant; le fort Mullier par Mullier-Dellesalle, fabricant, et son frère Mullier-Verdière, cultivateur. Ils sont construits aux limites de l'agglomération ou, le plus souvent, dans la campagne.

Les courées sont au contraire établies sur les parcelles étroites du bourg ou des hameaux. On construit à l'arrière d'une maison ayant une façade sur la rue. Aucun contrôle réglementaire n'est alors possible. L'accès se fait par une «allée», c'est-à-dire un couloir étroit traversant le bâtiment sur la rue. A l'arrière, deux rangées de maisons perpendiculaires à l'axe de la rue sont situées de part et d'autre d'une cour de 4 à 5 mètres de large. A l'inverse des forts, c'est la rentabilité maximale qui est recherchée et souvent au plus faible coût. Les constructions sont de mauvaise qualité, en «paille et paillotis», torchis et toîts de chaume. L'entassement et l'insalubrité y sont caractéristiques. En 1851, il y a 33 courées; 690 en 1911.

Dans le bourg s'édifient à la même époque les maisons des fabricants. Des règlements très stricts sont appliqués dans Roubaix-centre, à l'inverse de ce qui se passe dans la périphérie. La hauteur des fenêtres, de leurs appuis, l'ornementation sont fixés. L'habitat bourgeois répond à une volonté d'ostentation et d'unité esthétique.

La ville offre donc un aspect singulier. Elle se développe de façon discontinue, laissant de larges zones vides. Aux abords des filatures, des maisons et des hameaux se densifient, constituant des noyaux périphériques. L'agglomération ancienne s'étire le long des voies nouvelles, du centre vers Tourcoing au Nord-ouest ou vers Lille au Sud-ouest.

La densification des centres urbains

Dans les villes du milieu du XIXᵉ siècle comme dans les villes médiévales, le centre se distingue des faubourgs par la diversité de ses fonctions. Sa densification est due à la conjonction de deux facteurs essentiels : l'apparition de fonctions nouvelles, qui s'ajoutent aux anciennes, et la surcharge démographique. Dans la plupart des cas, cette situation mène à la dégradation des centres urbains.

Le surpeuplement

Lille au début du XIXᵉ siècle est une ville surpeuplée. Pierre Deyon souligne déjà cette situation aux siècles précédents. En 1740, on compte 480 habitants/ha alors que les densités urbaines contemporaines ne dépassent pas 300 habitants/ha. La situation n'est donc pas nouvelle au XIXᵉ siècle, mais elle est d'autant plus tendue que Lille connaît un considérable développement industriel. En 1832, elle compte 70 000 habitants et se situe au 7ᵉ rang des villes françaises. La place manque. La ville enfermée dans ses remparts se situe au fond d'une dépression où coule la Deûle. De nombreux canaux la sillonnent et contribuent à accentuer l'insalubrité générale. La plupart s'écoulent à ciel ouvert, sont envasés et servent à l'évacuation des égoûts; dès 1829, la canal du Béquerel est signalé comme une menace pour la santé publique.

POPULATION DE QUELQUES GRANDES VILLES DE PROVINCE (en milliers d'habitants)

	1846	1851	1866	1872	1876	1886	19O1	1911
Marseille	183,2	195,3	300,1	312,9	318,9	376,1	491,2	550,6
Lyon	178,0	177,2	323,9	323,4	342,8	401,9	459,1	523,8
Toulouse	94,2	93,4	126,9	124,9	131,6	147,6	149,8	149,6
Nice	-	-	50,2	52,4	53,4	77,5	105,1	142,9
Bordeaux	125,6	130,9	194,2	194,1	215,1	240,6	256,6	261,7
Saint-Etienne	49,6	56,0	96,6	110,8	126,0	117,9	146,6	148,7
Lille	75,4	75,8	154,7	158,1	162,8	188,3	210,7	217,8
Roubaix	31,0	34,7	65,1	76,0	83,7	100,3	124,4	122,7
Tourcoing	26,8	27,6	38,3	43,3	48,6	58,0	79,2	82,6
Dijon	30,1	32,3	39,2	42,6	47,9	60,9	71,3	76,8

André Armengaud, Population française au XIXème siècle, 1976, p. 74.

André Armengaud, *Population française au XIXe siècle*, Presses Universitaires de France, 1976, p. 74.

CONDITIONS DE VIE OUVRIÈRE DANS LE NORD EN 1848

Le département du Nord, peuplé d'un million d'habitants, présente le spectacle le plus saisissant des misères de notre état social, tel qu'il s'est transformé peu à peu, depuis un demi-siècle, sous l'influence du régime manufacturier et des vicissitudes industrielles qui en ont été la conséquence...

Le quartier principal de la misère lilloise, celui de Saint-Sauveur, n'est pas le seul où il existe des caves, mais c'est celui où il en existe le plus, et dans lequel toutes les combinaisons semblent avoir été réunies pour l'insalubrité. C'est une suite d'îlots séparés par des ruelles sombres et étroites, aboutissant à de petites cours connues sous le nom de courettes, servant tout à la fois d'égoûts et de dépôts d'immondices, où règne une humidité constante en toute saison. Les fenêtres des habitations et les portes des caves s'ouvrent sur ces passages infects, au fond desquels une grille repose horizontalement sur des puisards qui servent de latrines publiques le jour et la nuit. Les habitants de la communauté sont distribuées tout autour de ces foyers pestilentiels, d'où la misère locale s'applaudit de tirer un revenu. A mesure que l'on pénètre dans l'enceinte des courettes, une population étrange d'enfants étiolés, bossus, contrefaits, d'un aspect pâle et terreux, se presse autour des visiteurs et leur demande l'aumône. La plupart de ces infortunés sont presque nus, et les mieux partagés sont couverts de haillons.

Mais ceux-là, du moins, respirent à l'air libre ; et c'est seulement au fond des caves que l'on peut juger du supplice de ceux que leur âge, ou la rigueur de la saison, ne permet pas de sortir. Le plus souvent, ils couchent tous sur la terre nue, sur des débris de paille de colza, sur des fanes de pommes de terre desséchées, sur du sable, sur les débris même péniblement recueillis dans le travail du jour. Le gouffre où ils végètent est entièrement dépourvu de meubles ; et ce n'est qu'aux plus fortunés qu'il est donné de disposer d'un poêle flamand, une chaise de bois et quelques ustensiles de ménage. Je ne suis pas riche, mois, me disait une vieille femme en nous montrant sa voisine étendue sur l'aire humide de la cave ; mais j'ai ma botte de paille, Dieu merci !

(...) Une odeur inexprimable s'échappait de ces foyers, autour desquels se tenaient accroupis des enfants souvent entassés trois par trois dans de vieux paniers ronds... le père de famille habite rarement ces tristes demeures ; il se hâte de les fuir au lever du jour et n'y revient que fort tard dans la nuit... Sur 21 000 enfants il en est mort avant l'âge de cinq ans, 20 700.

Adolphe-Jérome Blanqui, *Des classes ouvrières pendant l'année 1848.*

L'eau chaude des machines à vapeur déversée dans le canal fait fermenter la vase et les riverains y jettent leurs détritus.

Les zones les plus surchargées sont les paroisses Saint-Sauveur et Saint-Maurice entre la rue de Paris et la rue de Tournai. Ce sont des quartiers ouvriers. Cependant la particularité de Lille tient au fait que le surpeuplement concerne l'ensemble de la ville. Les habitations ouvrières sont groupées par rues entières dans toutes les paroisses. Derrière les «grandes et belles rues aux maisons bien alignées et bien bâties» que décrit un touriste du début du siècle se cachent des ruelles étroites et tortueuses, des «cours» et des «courettes». Les plus célèbres sont les cours de la rue des Etaques dans le quartier Saint-Sauveur, cour Muhau, cour à l'eau, cour de l'Apôtre, cour Sauvage décrites par Louis-René Villermé. En 1830, on en compte 118. Les paroisses les plus ouvrières en rassemblent la moitié.

En 1828, 3 687 individus (dont 3 383 indigents) logent dans des caves. La paroisse Saint-Maurice détient le record : 260, habitées par 1 047 personnes, ce qui représente 4 personnes par unité. La paroisse de La Madeleine vient ensuite (et non Saint-Sauveur considérée pourtant comme la plus pauvre de la ville). Construites en pierres ou en briques, voûtées, pavées ou carrelées, les caves sont indépendantes des maisons. On y accède par un escalier qui ouvre sur la rue ou sur une cour. Beaucoup n'ont pas de soupirail et ne sont éclairées que par l'escalier. En 1843, le docteur Binaut rédige *La situation des pauvres patronnés par la société Saint Vincent de Paul*. Pour mener son enquête, il visite 200 familles installées dans chacune des six paroisses de la ville. Ses descriptions des conditions de logement sont particulièrement instructives. Sur 42 caves visitées, il en compte 8 sans soupirail et 5 seulement avec deux ouvertures. Les hauteurs des voûtes varient de 1m 80 à 1m 90 et la longueur des côtés de 3m à 4m 50. 50% des caves ont des latrines, ce qui ajoute à l'insalubrité du lieu… Beaucoup ont des cheminées, mais celles-ci servent peu (parce que les habitants ne peuvent acheter de quoi les chauffer) et n'arrivent pas à «assainir ces habitations souterraines humides et privées de l'action du soleil».

Les chambres des maisons des «cours» présentent les mêmes conditions d'inconfort et d'insalubrité. La rue des Etaques abrite un millier de Lillois. Si on ajoute les cours qui s'ouvrent sur la rue, elle groupe près de 3 000 individus sur un espace de 24 000 m^2, soit 8 m^2 de terrain par habitant.

La population parisienne est plus inégalement distribuée à l'intérieur de la ville. Sous la Monarchie de Juillet, les opérations immobilières au Nord et à l'Ouest de la capitale et la désaffection progressive de la rive gauche ne diminuent pas les inégalités. L'immigration a augmenté les densités moyennes : en 1831, 22 495 habitants au km^2, en 1846, 30 655. Quatre quartiers ont en

1841 une densité supérieure à 100 000 habitants au km². Tous les quatre sont situés au cœur de la ville sur la rive droite et entourés de neuf autres ayant entre 75 000 et 100 000 habitants au km². En 1846, on atteint le maximum de peuplement dans le Paris central à l'intérieur des boulevards. Huit quartiers y dépassent la densité des 100 000, les Arcis, la Banque et les Marchés dans le IVᵉ arrondissement, les Lombards et la Porte-Saint-Denis dans le VIᵉ, Montorgueil et Bonne-Nouvelle dans le Vᵉ, Saint-Avoye dans le VIIᵉ. Aux Arcis, Louis Chevalier a calculé que chaque habitant dispose de 5m². Au delà des boulevards, la densité de l'occupation du sol baisse. En 1858, il y a encore 15 ha de jardins dans le quartier de la Porte-Saint-Martin.

Les descriptions de densification des centres urbains et d'entassement de la population dans de conditions précaires abondent. La situation lilloise paraît choquante aux visiteurs contemporains parce que les logements les plus insalubres sont dissimilés dans des îlots situés en arrière des façades sur la rue ou dans des caves. A l'heure d'une forte croissance urbaine cette situation concernait pourtant un grand nombre de villes, y compris les plus petites. Par ailleurs, la précarité des logements différait moins que ne pouvaient le penser les enquêteurs sociaux, des conditions de vie dans les campagnes.

La concentration des fonctions urbaines

Jeanne Gaillard évoque le «côté bazar (du) centre médiéval où industries et commerces s'appellant les uns les autres voisinaient nécessairement». Le cumul des activités correspond à des habitudes anciennes. Les mégissiers étaient installés entre la Seine et les Halles, près des lieux d'abattage pour récupérer les peaux. En 1784, la Halle aux cuirs s'est établie rue Mauconseil… à proximité, son activité s'ajoutant à l'encombrement des Halles centrales. Bien que l'abattage soit supprimé en centre ville sous le Premier Empire, la rigidité des habitudes maintient les localisations : une nouvelle Halle aux cuirs s'ouvre sans succès sur la rive gauche en 1866. Le commerce des toiles est installé au premier étage de la Halle aux blés près de l'ancienne Halle aux draps. Celle-ci est moins fréquentée au XIXᵉ siècle et supprimée en 1841. Les marchands d'étoffes restent cependant à proximité, rue des Bourdonnais et dans les rues avoisinantes. La friperie elle-même trouve sa place dans ce quartier des Halles centrales, bien qu'on ait essayé de la déplacer vers le Carré du Temple.

Des fonctions nouvelles s'ajoutent aux précédentes. Dans le IVᵉ arrondissement entre les Halles et le Louvre se sont établies les Messageries (dont l'activité jusqu'en 1850 n'est pas encore concurrencée par le chemin de fer), rue d'Orléans, les imprimeries royales, la Banque de France, le siège social

LYON

L'arrivée

La première impression m'a été pénible, très désagréable et a jeté dans mon âme un sentiment de tristesse et de rage indéfinissable. L'aspect de ces maisons-casernes, toutes uniformément sombres, noires et sans la moindre élégance ni la plus petite richesse, a présenté immédiatement à mon esprit la misère, la souffrance et le dur labeur de la classe ouvrière renfermée dans cette ville. - Lyon ressemble beaucoup aux villes anglaises ; les trottoirs de moins et le confort de moins. - Le pavé est horrible, ce sont de petits cailloux présentant la partie la plus pointue. - L'âpreté de ce pavage tout-à-fait barbare est l'emblème de la vie dure et âpre de la vie du prolétaire.

(...) L'aspect de la grande ville du prolétariat me donne un spasme que toute ma force ne peut combattre. - L'atmosphère de ces petites rues froides, humides boueuses, sombres jette le froid dans mon âme. - Ici lorsqu'on veut voir le ciel, il faut s'arrêter dans la rue, lever la tête pour apercevoir un bout de ciel bleu entre deux hautes murailles. - On se croit enfermé dans une prison. - Tous les monuments publics ont aussi l'aspect d'une prison. L'Hôtel de Ville ressemble aussi à un château-fort. - Il est fortifié par de hautes grilles de fer, les grands escaliers en défendent l'abord et pourraient au besoin servir de bastions. Tout cela est de l'aspect le plus dur, le plus sombre, le plus menaçant. La préfecture de même. On croirait à en juger par le caractère de leur demeure que le maire, le préfet, sont des ennemis retranchés là dans leurs forts, s'attendant à être attaqués et se tenant toujours prêts à repousser l'ennemi.

La montée à Fourvière

Notre Dame de Fourvière, trônant en toute puissance à Lyon comme au Moyen-Age. (...) Cette petite chapelle est située sur le point le plus élevé des pics qui entourent la ville. (...) Les chemins qui y conduisent, au moins les deux que j'ai suivis, sont d'un aspect sombre, triste ; ils sont étroits, sinueux, poudreux et emprisonnés entre deux hautes murailles sales et noires. On rencontre d'abord la maison des Frères de l'Ecole chrétienne (...) Ensuite le dépôt de mendicité, autre prison où la vieillesse endure tous les supplices, privation de liberté, d'affection, de joie (...) Les petites boutiques, échoppes ou étalages où se vendent les oripeaux sacrés et miraculeux (...) près de cent boutiques tenant le même article tapissent les deux ou trois chemins conduisant au mont de Notre Dame de Fourvière...

Flora Tristan, *Le Tour de France, journal 1843-1844.*

de la Caisse d'Epargne. Ces établissements viennent en plus de l'Hôtel des Postes, de l'hôtel des Fermes, de la Caisse d'Amortissement, de l'administration de la maison du roi, etc., dans un quartier exigu où se croisent des rues étroites. Dans une ville où l'on circule à pied, la proximité est un avantage considérable, plus important que le confort des bâtiments ou leur accessibilité. Le textile obligé de s'éloigner un peu des Halles après 1841, s'installe dans le quartier du Mail et du Sentier - avec la presse - non loin des Messageries. Les négociants protestent lorsque les Douanes de Paris, situées rue d'Enghien à proximité des boulevards, sont déplacées près du canal Saint-Martin.

Cette concentration des activités a entraîné un regroupement de la main-d'œuvre. L'offre de travail dans les divers commerces et industries est considérable. Les portefaix, les hommes de peine s'embauchent sur les quais (il y a 23 ports à Paris), aux Halles et aux Messageries. Devant l'Hôtel de ville, place de Grève, ce sont les maçons et les divers ouvriers du bâtiment. Les artisans «installés dans leurs meubles» se rapprochent des grandes rues commerçantes, rues Saint-Martin et Saint-Denis. Enfin, vivant de la récupération des déchets, les chiffonniers et les crocheteurs sont obligés de demeurer près du centre.

La détérioration des centres urbains

Cet empilement des diverses fonctions et du peuplement se retourne contre le fonctionnement de la ville. Jeanne Gaillard décrit ainsi le cœur de Paris : «Les quartiers les plus actifs sont progressivement doublés de quartiers misérables qui se ferment sur eux-mêmes et ne participent plus que très peu aux relations d'échange. Ainsi s'interposent au cœur de Paris des sortes de noyaux opaques gênant la circulation urbaine et la sécurité publique, menaçant de décrépitude et de paralysie le centre tout entier.» L'un des éléments les plus graves de la crise urbaine est ici mis en valeur. La dégradation d'îlots urbains est telle qu'elle compromet les relations avec le reste de la ville. Plusieurs cas correspondent à cette situation : le revers de la Montagne-Sainte-Geneviève, le quartier des Arcis et la Cité. La dépréciation des maisons des quartiers de la Montagne-Sainte-Geneviève sur la rive gauche a attiré les ferrailleurs et les chiffonniers. Ils ont ainsi pris la place laissée libre par les artisans tanneurs qui sont partis en même temps que les «tueries» installées place Maubert et rue Saint-André-des-Arts. La dépréciation des maisons est telle «qu'elles sont une charge au lieu d'être un revenu». Le mauvais état des logements ne fait alors que s'accélérer. Le quartier de Arcis situé derrière l'hôtel de ville est celui des garnis. C'est là que s'installe la population de «nomades» immigrés saisonniers ou récemment arrivés. En 1846, le commissaire de police Lalmand le décrit ainsi : «Ce quartier est l'un des plus petits de Paris, mais sa population qui n'est que de 15 000 âmes peut être évaluée par les locataires en garni à plus de 30 000. On doit ajouter à ce nombre une énorme quantité de gens sans aveu des deux sexes qui ne vivent que de rapines et n'ont pour ainsi dire d'autres asiles que les cabarets et les maisons de tolérance qui pullulent dans le quartier.»

Les effets néfastes de l'engorgement du centre se retrouvent dans le IVe arrondissement. Il ne s'agit plus ici d'îlots de peuplement mais bien de l'ensemble de l'arrondissement. La proximité des Halles et des Messageries a entraîné la dépréciation des garnis. En 1842, d'après les travaux du docteur Bayard, sur 46 430 habitants, 5 076 vivent en hôtel et les garnis les plus dégradés chassent les meilleurs. De plus l'arrondissement vient en tête des quartiers parisiens par le nombre d'indigents secourus, auxquels il faut ajouter «au moins 15 000 pauvres honteux» prêts à accepter un secours temporaire. La liste des secourus du Bureau de Bienfaisance est instructive : tailleurs, cordonniers, journaliers, revendeurs, etc. Le nombre de femmes et d'enfants est particulièrement important. C'est bien une population installée, engagée dans les petits métiers de Paris qui est ici représentée. Sa pauvreté, aggravée par la crise économique de la fin de la Monarchie de Juillet, accentue les insuffisances du centre déjà saturé.

La ville dilatée

En même temps que la densification des centres, le développement urbain se fait aux limites de la cité ancienne. Les villes se dilatent sur le périmètre des enceintes démolies ou bien au delà.

Le développement périphérique

L'expansion démographique rapide de Toulon (20 500 habitants en 1801; 69 404 en 1851) provoque le surpeuplement du centre et la constitution de deux séries de faubourgs. La ville elle-même est enserrée dans des murailles dont deux portes (puis trois) sont fermées la nuit. Les vieux quartiers du centre sont les plus denses et les plus populeux, de la rue Lafayette à la portion Est des remparts vers la porte d'Italie. Les quartiers les plus aérés sont au Sud de la ville le long des quais (rue d'Orléans, rue Royale) et à l'Ouest près de la place d'Armes. En moyenne, on compte 30 à 40 habitants par maison dans le centre; 10 à 12 dans les beaux quartiers. Jusqu'à la démolition des remparts en 1852, les faubourgs constituent des agglomérations bien distinctes. Vers l'Est, bien au delà de la porte d'Italie, se développent vers le Nord-Est Saint-Jean-du-Var - 1836, 350 habitants; 1851, 16 000 - et au Sud-Est le Mourillon, proche de l'arsenal du même nom. La banlieue Ouest est apparue sous la Restauration. La quartier Navarin est le plus misérable. En 1847, 600 immigrés récents y sont établis dans un habitat précaire, pratiquement dans l'ancien lit de torrent du Las. Avec l'agglomération du Pont-du-Las et le quartier Espagne, l'ensemble représente, en 1851, 4 500 habitants. Le peuplement périphérique est suffisamment important pour que l'on procède à l'érection de paroisses en 1844 pour le Morillon, en 1847 pour Saint-Laurent-du-Var, en 1849 pour le Pont-du-Las. Toulon est d'autant plus caractéristique de cette explosion urbaine périphérique qu'elle est une ville militaire.

Rouen représente un cas extrême de développement urbain indépendant du centre. Elle reste au début du XIXe siècle une ville du passé et garde un aspect médiéval, car elle n'a subi pratiquement aucune rénovation à l'époque moderne. La ville reste encore enfermée dans le périmètre de ses anciens remparts. Les rues sont étroites et la circulation difficile. Les constructions sont médiocres, à base de colombage et de torchis. Au sud-est, le quartier de Martainville détient les records nationaux d'insalubrité. Le Robec et l'Aubette sont devenus des égouts à ciel ouvert. Les rues sont bordées de taudis et de garnis, foyers des épidémies de choléra. Le contraste entre les quartiers Ouest et Est s'est accentué.

La population ne progresse que de 55% sur l'ensemble du siècle, déplaçant Rouen de la 5e à la 11e place des villes françaises en 1914. Le recensement de 1836 - le premier qui soit fiable - indique une population d'un peu moins de 100 000 habitants. On passe à 120 000 en 1914. Le contraste avec Le Havre dont l'essor est très rapide ou avec Lille, autre grand centre d'industrie textile, est particulièrement frappant.

Sous le Premier Empire, la vieille ville n'a pas encore débordé de ses anciens remparts à l'exception du Faubourg Cauchoise et de Saint-Sever, sur la rive gauche de la Seine. Par la suite, on perçoit l'éclatement du cadre urbain. En 1821, les 3/4 des Rouennais habitent intra muros; ils ne sont plus que 47% en 1911.

La répartition de la croissance démographique est instructive. La faible progression de la population au cours de la première moitié du siècle est due aux cantons périphériques. Sous la Monarchie de Juillet, l'essor de la rive droite extra muros et celui de Saint-Sever sont spectaculaires. A l'inverse, les deux premiers cantons situés en centre ville ne cessent de décliner. Les travaux de rénovation du centre après 1850, puis d'assainissement de Martainville, ne font que poursuivre un mouvement entamé plus tôt. La croissance urbaine se fait donc en dehors du cadre municipal qui en 1914 est encore relativement vaste et peu rempli. Les fabricants quittent le centre-ville et s'installent dans les faubourgs de l'Ouest. Bois-Guillaume offre l'exemple de la progression régulière d'une banlieue résidentielle. Au Nord-Ouest, l'urbanisation déclenchée par l'industrialisation revêt la forme d'une colonisation ouvrière de banlieue. Le travail du coton se fait dans de petits établissements situés sur les affluents de la rive droite de la Seine. On observe ainsi la croissance des villages ou des petites villes le long de la vallée du Cailly au Nord-Ouest. L'urbanisation s'opère par la densification de l'habitat artisanal traditionnel, petites maisons individuelles à un étage avec façade sur rue et cour arrière. Très tôt, apparaissent également sous l'influence des techniciens et entrepreneurs britanniques, les maisons accolées des cités ouvrières anglaises.

Avec la concentration de la production textile en grosses unités et la diversification des activités industrielles, l'agglomération s'étend sur la rive droite de la Seine. Saint-Sever profite en 1829 de la construction du pont en pierre, puis de l'ouvrage suspendu dit «de fil de fer» en 1836. L'ensemble urbain s'étend au Petit-Quevilly, à Sotteville, etc., conquises sur la campagne agricole. L'essor démographique en est plus tardif - après 1840 - mais extrêmement rapide. Le Petit-Quevilly double sa population tous les 20 ans; Sotteville voit la sienne multipliée par 7 au cours du XIXe.

Contrairement à d'autres grandes villes, Rouen n'a pas annexé sa banlieue proche. Le dynamisme de la périphérie compense en partie la médiocre croissance du centre.

Une expansion concertée

Quelques expériences de maîtrise de l'expansion urbaine sont tentées durant la première moitié du siècle : à Grenoble, la «Nouvelle Ville» sur la rive gauche de l'Isère; à Mulhouse le «Nouveau Quartier» puis la Cité ouvrière un peu plus tard. Ces expériences sont d'initiative publique ou privée. Certaines d'entre elles sont considérées comme des modèles à suivre. Elles représentent cependant une part marginale de l'expansion des villes concernées. L'urbanisation dépasse très largement ces tentatives de maîtrise.

Dans la vieille ville de Grenoble, la construction s'intensifie entre 1825 et 1841 alors que l'on y avait peu construit à la fin du XVIIIe siècle. Elle met en valeur les réserves foncières libérées par la vente des domaines et des biens nationaux sous la Révolution. Ainsi, le quartier Sainte-Claire est édifié au Sud-Ouest de la cathédrale, sur des terrains vendus comme biens nationaux. La construction autour de la rue Bayard ne s'est développée que sous la Restauration lorsque la municipalité propriétaire depuis la Révolution accepte de les lotir. Le quartier nouveau établi dans l'ancien tissu urbain devient pendant quelque temps le «pôle majeur de croissance» de la ville, selon l'expression de Robert Chagny. Sur les quais de la rive droite de l'Isère, les opérations immobilières sont plus ponctuelles. D'anciens hôtels sont rachetés, réaménagés et partagés en appartements. Il s'agit là plutôt d'une réhabilitation. Après 1841, il n'y a plus d'opérations d'envergure menées dans la vieille ville. On assiste là aussi à un processus de densification de l'espace bâti : multiplication d'appentis, couvertures de cours, surélévation.

Autour de la ville ancienne, l'expansion urbaine se fait essentiellement vers l'Ouest, délaissant pour un temps assez long, la «nouvelle ville» délimitée par les fortifications construites de 1832 à 1836 qui double la superficie de Grenoble sur la rive gauche de l'Isère. Dans ces quartiers neufs entre l'Isère et le Drac de nombreux lotissements se développent, La Graille, le Moulin de Canet, le Chemin des Boîteuses... Ils sont constitués de petites maisonnettes et de pavillons modestes en matériau léger. Entre 1839 et 1841, 25% des constructions nouvelles ont lieu dans ces quartiers et ne représentent que 4% du revenu cadastral créé. L'urbanisation réelle de la nouvelle ville ne se fait qu'après 1856 lorsque la municipalité lotit et met en vente le terrain des anciennes fortifications enfin arasées. L'installation de la gare en 1851 dans la plaine entre l'Isère et le Drac relance également le developpement des quartiers périphériques.

Les deux vagues d'industrialisation de Mulhouse provoquent l'hyper-densification de la ville historique. Le mouvement commence au XVIIIe siècle lorsque l'espace manque à l'expansion urbaine. La population de 7 600 habitants est entassée dans des maisons étroites - 6 à 7 m en façade. La densité est surtout forte dans les quartiers habités par les étrangers avant 1798, Porte du Miroir et Porte Haute. Au cœur de la ville, dans le quartier de la Place, la bourgeoisie qui refuse le droit de propriété foncière aux immigrés pratique une politique de loyer cher. De ce fait, la densité de la population y est moins élevée. Sous l'effet du second décollage économique et du rattachement à la France, le vieux Mulhouse explose. Pendant l'Empire, trente nouvelles fabriques s'ouvrent, exigeant ainsi l'apport de techniciens ou d'ouvriers sans qualification. Le développement urbain se fait alors en dehors de la ville historique, à l'échelle de l'agglomération. Stefan Jonas décrit les différentes étapes de la mutation. La restructuration de l'espace urbain, de 1809 à 1811, commence par la démolition des portes, l'aménagement de la zone des remparts qui entourent le centre historique et l'installation d'infrastructures nouvelles. Le canal du Rhin au Rhône est achevé en 1812; son doublement en 1846. Le chemin de fer en suit plus tard le tracé à proximité du centre historique. Dès 1807, les constructions commencent dans les faubourgs et le long des axes routiers. De nouvelles zones industrielles sont dégagées au Nord, au

Sud et à l'Ouest du centre historique. Sous la Restauration et la Monarchie de Juillet, le parc immobilier passe en majorité hors du centre historique. Avec la démolition des remparts, les faubourgs deviennent accessibles. L'aire d'urbanisation s'élargit. Entre 1798 et 1815, 75% du parc nouveau, soit 152 maisons, s'y édifient.

Evolution du parc des maisons à Mulhouse de 1798 à 1748				
année	ville historique	faubourgs	total des maisons	total de la population municipale
1798	700	-	700	6 020
1815	756	152	908	9 530
1848	900	1 300	2 200	30 000

Le développement périurbain déséquilibre l'ancien marché foncier. Le nombre de propriétaires s'accroît parallèlement de 6-7% jusqu'en 1857, puis plus rapidement de 15% sous le Second Empire. Cette évolution traduit un élargissement de leur recrutement à la petite et moyenne bourgeoisie.

La bourgeoisie mulhousienne contrôle l'expansion urbaine. Elle acquiert une part importante du sol municipal (1/4 en 1865 soit 311 ha) pour permettre le développement de l'espace usinier. De plus, par une politique de donation ou de vente à prix peu élevé, elle accroît une propriété municipale et communautaire considérable. Cette politique «d'économie et de prévoyance sociale» correspond à une certaine éthique protestante et permet la création d'équipements collectifs, d'hôpitaux, de canaux, d'écoles, de cités ouvrières.

La création du «Nouveau Quartier» au Sud de la cité historique est un exemple intéressant de la stratégie de maîtrise. Sa construction date de 1826 et exprime la volonté de la bourgeoisie de quitter le centre ville surdensifié. Le propos du Nouveau Quartier est ainsi défendu par la Société Immobilière du Nouveau Quartier : «...frappé de la disproportion des bâtiments que possède la ville avec l'augmentation toujours croissante de sa population, convaincu de la nécessité d'un agrandissement, soit pour accorder les progrès à l'industrie à laquelle elle doit sa prospérité et utiliser les nouvelles sources de richesse commerciale qui promettent de s'ouvrir pour elle dans un avenir peu éloigné, soit pour assurer la salubrité compromise par la trop grande agglomération de ses habitants...» Son édification constitue une «rupture urbanistique» importante avec le passé dans la mesure où il s'agit de créer en dehors de la ville un ensemble urbain homogène socialement. Les promoteurs Nicolas Koechlin et Jean Dollfus, soutenus par le financier bâlois Ch. Merian, appartiennent à deux grandes familles d'industriels. La place centrale du quartier est triangulaire, aménagée en jardin. Dans le bâtiment principal s'installent «les trois temples du capitalisme libéral triomphant», la Société Industrielle de Mulhouse, la Chambre de commerce et la Bourse. Cependant, la demande de logements neufs est telle que les terrains du Nouveau Quartier n'y suffisent pas. Les constructions bourgeoises se font également au delà, sur les collines du vignoble. Les faubourgs populaires subissent aussi les effets de la spéculation foncière. Les loyers sont chers et peuvent représenter de 25 à 30% du salaire d'un ouvrier.

Le pendant populaire de l'expérience du Nouveau Quartier est l'œuvre de la Société Industrielle de Mulhouse. Constituée en 1825, elle rassemble les éléments dynamiques du patronat industriel. Elle cherche à promouvoir l'industrie, à développer l'esprit d'entreprise et à participer à la création de projet d'utilité publique. A la suite de la publication de l'enquête du docteur Villermé, s'ouvre un grand débat sur le logement ouvrier. L'intérêt se déplace alors de la propriété bourgeoise à la question du logement ouvrier et modifie les propositions de politique urbaine. En 1853 se crée la Société Mulhousienne des Cités Ouvrières sous l'impulsion de Jean Dollfus. Le choix s'est porté sur la construction d'habitation unifamiliale - pour éviter «la sédition socialiste» et «le mélange des sexes». En 1854-55, un ensemble de 200 maisons sur huit hectares est réalisé. En 1895, lorsque la cité est achevée, elle comprend 1 240 maisons ouvrières, rassemblant 10 000 habitants, soit 10 à 15% de la population de Mulhouse. Elle correspond aux changements sociaux survenus du fait de la seconde vague d'industrialisation de Mulhouse. Elle représente également la réalisation d'une théorie d'urbanisme de rechange face au libéralisme dominant. Elle est considérée dans toute l'Europe comme un modèle, œuvre de la philanthropie industrielle. Espace urbain planifié, la cité est devenue un quartier péri-urbain ouvrier et populaire d'un type nouveau.

L'expansion urbaine de Mulhouse dépasse cependant largement des zones de développement «maîtrisé» qui viennent d'être évoquées.

Crises urbaines

L'inadaptation de la ville traditionnelle à la croissance du premier XIXe siècle paraît évidente à cette époque. Les critiques des contemporains concernent la grande ville ressentie comme un processus pathologique. Le courant dominant consiste à considérer la ville comme un phénomène extérieur aux individus qu'elle concerne. Elle devient un objet de réflexion. Le mouvement trouve ses racines dans les critiques de la fin de l'Ancien Régime. Le grand incendie de l'Hôtel-Dieu, en 1772, a ouvert pendant une dizaine d'années une réflexion sur la répartition et l'usage des espaces urbains. Les hygiénistes, médecins ou hommes politiques, analysent la ville comme un corps humain distinguant le cœur, les artères, les organes. Ils créent ainsi un vocabulaire d'analyse du fait urbain et de la spatialité. Leurs réflexions se prolongent dans de nombreuses topographies médicales qui mettent en valeur les effets de l'environnement sur la santé physique et morale des hommes. La circulation de l'air, de l'eau, de la lumière correspondent à des flux sains, par opposition à l'immobilité des mares stagnantes ou des odeurs fétides. Les grandes enquêtes des années 1830-40 qui s'intéressent au sort des ouvriers, nourrissent avec plus de précision la réflexion sur la ville. Villermé «médecin au chevet du prolétariat» ne la rencontre que par nécessité. La misère est pour lui la cause première de la morbidité des populations ouvrières. Son travail, même s'il sépare les facteurs d'explication, est retenu par une bourgeoisie philanthropique qui cherche des solutions à la «crise sociale» (par exemple par la création des cités ouvrières). Le discours des hygiénistes - pris au sens large- est porteur de réformes car ils attirent l'attention sur les insuffisances de la ville moderne. Ce sont leurs travaux qui sont à l'origine des législations du milieu du siècle.

Un autre courant est né de l'observation de la «ville industrielle». Il est constitué par les penseurs politiques. En France, aucun n'atteint la rigueur de l'analyse de Freidrich Engels dans *La situation des classes laborieuses en Angleterre* publié en 1845. Charles Fourier, Victor Considérant ou Pierre-Joseph Proudhon ne détachent pas leurs réflexions sur la ville d'une critique globale de la société industrielle. Pour eux, les défauts de la grande ville sont liées aux conditions économiques et politiques du moment.

Enfin, la réflexion sur l'insuffisance de la ville traditionnelle atteint un troisième niveau : celui des décideurs. A la fin des années 1840, la «question urbaine» est posée par des milieux très différents, les catholiques sociaux, une partie de la bourgeoisie libérale et les socialistes. Les instruments réflexifs sont mis en place. La révolution de 1848 va précipiter le mouvement.

Les enseignements des épidémies de choléra

1832 est l'année de l'apparition du choléra. La virulence de l'épidémie, l'insuffisance des mesures de prévention, le retour de la maladie pendant l'été

LE CHOLÉRA À PARIS EN 1832

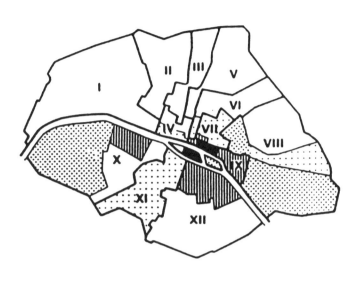

I. © 68 : Décès pour 1 000 habitants : I. De 8 à 22. - 2. De 23 à 30. - 3. De 31 à 34. - 4. De 35 à 42. - 5. De 52 à 53.

D'après L. Chevalier, *Le Choléra. La première épidémie du XIXe siècle*, Bibliothèque de la Révolution de 1848.

R. Remond, *Atlas historique de la France*, Armand Colin, p. 50.

à Paris inquiètent profondément les contemporains. De très nombreuses enquêtes s'appuyant sur des statistiques et des topographies médicales sont faites à la demande des pouvoirs publics. On a déjà évoqué la commission de dix membres chargée à Paris d'étudier le choléra. Le rapport présenté par Benoiston de Chateauneuf est publié en 1834. Pour les enquêteurs, l'épidémie montre les insuffisances de la ville moderne. Ils ont en effet été moins attentifs aux aspects exceptionnels de la maladie que soucieux de montrer les insuffisances qu'elle révèle. Beaucoup étaient déjà alertés par des publications sur la mortalité différentielle en ville. L'inégalité devant la mort est un thème récurrent des recherches statistiques. En 1830, Louis-René Villermé publie dans les *Annales d'hygiène publique et de médecine légale* une étude sur la mortalité des quartiers de Paris dans les périodes 1817-1821 et 1822-1826. Peu de temps après, Benoiston de Chateauneuf étudie la mortalité du 12e arrondissement où vivent les chiffonniers et les crocheteurs. Leur analyse se poursuit à l'occasion de l'épidémie de choléra.

La commission d'enquête cherche à préciser les causes de la rapidité de la diffusion de la maladie. Louis Chevalier souligne l'intérêt d'une démarche qui tient compte de différents facteurs - milieu géographique, densités de peuplement, etc. -, puis les élimine pour aboutir «à la révélation de l'inégalité sociale». Les enquêteurs opèrent le plus grand nombre de croisements possibles et offrent ainsi une remarquable description du paysage parisien. Cependant «l'effort des statisticiens de 1832 est voué à l'échec lorsqu'ils visent trop haut; lorsqu'ils s'attaquent par exemple à l'influence des passions politiques sur la mortalité». Les événements de Juin ont eu lieu en effet dans les quartiers Sainte-Avoye et Saint-Merri qui ont été particulièrement touchés par le choléra. Cette correspondance géographique mène les enquêteurs à chercher des explications de ce côté...

Le choléra va être également l'occasion de la mise à l'épreuve des mesures de défense publique. L'épidémie, après avoir atteint la Russie, la Pologne, la Prusse est en Angleterre. Pendant l'hiver 1831-1832, des publications de médecins anglais et français se multiplient pour faire progresser les connaissances sur cette maladie dont on ne sait pas grand-chose. Les pouvoirs publics cherchent à en observer et en contrôler la progression. A Paris, le préfet de police, conseillé par le Comité d'Hygiène publique et de Salubrité de la Seine, crée dans chaque arrondissement des comités sanitaires dès août 1831. A Lille, en novembre 1831, le préfet avec les représentants des Commissions communales de l'Intendance Sanitaire et du Conseil de Salubrité, visite le quartier Saint-Sauveur. Il y reconnait la longue pénurie de l'administration locale et envisage certaines mesures comme «l'ouverture des masses de maisons entassées sans ordre et sans plan, la démolition des hideuses cabanes et la clôture des caves pestilentielles où l'on aurait de la répugnance à loger les plus vils animaux». En réalité, il y eut peu de mesures radicales. Un certain nombre de chambres sont blanchies à la chaux; on répare localement le pavement et l'évacuation de filets d'eau. Des conseils sont donnés d'aération des habitations, de surveillance de l'alimentation - «qui doit être plus animale que végétale...» Quand l'épidémie apparaît en mars à Paris et en mai à Lille, les mesures révélent leurs insuffisances.

Le *Journal des Débats* annonce le premier cas de choléra-morbus le 28 mars à Paris et cherche à rassurer sa clientèle bourgeoise : «Tous les hommes atteints de ce mal épidémique , mais que l'on ne croit pas contagieux, appartiennent à la classe du peuple...» (cité par Philippe Vigier). Le lendemain, jour de la Mi-Carême, la situation s'aggrave. Les témoignages insistent sur le contraste entre les réjouissances et la mort certaine...

Le choléra à Lille et à Paris

	décès dus au choléra	total des décès en 1832	total des décès en année «normale»
Lille	706	3992	2517
Paris	18 402	44 463	25 996

L'épidémie connaît deux paroxysmes. Le premier en avril (12 733 morts) représente les 2/3 des victimes du choléra à Paris. Le second, moins important (2579 victimes), a lieu en juillet. L'épidémie s'éteint le 1er octobre 1832. Elle aura duré 188 jours. La progression est plus lente à Lille. Le choléra atteint la ville le 31 mai 1832 et fait 428 victimes en août. A partir du mois de septembre, il régresse. Le total des décès parisiens représente près de la moitié des décès en année «normale». Le niveau est inférieur à Lille. Les effets de l'épidémie ont été plus sévères à Paris.

Les observateurs ont été sensibles à l'inégale répartition géographique de l'épidémie. Roubaix et Tourcoing ne sont atteintes qu'en août et septembre 1832. Le nombre des malades y est proportionnellement moins important qu'à Lille (30 à Roubaix; 32 à Tourcoing). Wazemmes, qui est la commune suburbaine la plus touchée, ne compte qu'un malade pour 61 habitants. Ce rapport est d'un pour 42 dans Lille. Il y a, bien sûr, une relation avec la moindre densité de population. En revanche, le taux de mortalité des choléeriques y est plus considérable, sans doute parce que le taux d'encadrement sanitaire est moins efficace.

Tous les quartiers de Paris ont été concernés. Le taux moyen de décès est de 22 pour mille. Certains quartiers considérés comme bourgeois, Saint-Thomas-d'Aquin dans le Xe arrondissement ou le Jardin des Plantes dans le XIIe, ont été plus gravement atteints (38 ‰) que certains quartiers centraux, Montorgueil (13 ‰) ou Saint-Eustache (12 ‰). Cependant les quartiers les plus dégradés de la capitale ont été les plus atteints : 53 ‰ dans celui de l'Hôtel de Ville; 52 ‰ dans la Cité; 42 ‰ dans les Arcis, etc.

L'épidémie a frappé de façon plus discriminatoire à Lille. Le choléra n'apparaît pratiquement pas dans les paroisses riches de la ville. Ce sont les paroisses les plus pauvres qui sont les plus touchées : Saint-Sauveur, Saint-Etienne, Sainte-Catherine, Saint-Maurice. Les contemporains ont été frappés par l'incidence des conditions d'habitat déplorables. La présence des canaux leur a semblé constituer un facteur aggravant. C'est en effet dans les paroisses Saint-Maurice (traversée par le canal du Béquerel) ou Sainte-Catherine (par celui de la moyenne Deûle) que les malades ont été les plus nombreux. Dans la cour du Coq d'Inde installée sur le canal Béquerel lui-même, il y eut un malade pour trois habitants. Le rapport est moins élevé (un pour 5 ou 8 habitants) dans les cours qui ouvrent sur la rue des Etaques, Maître Charles, Neuve, Saint-Jean ou l'Apôtre. C'est bien dans le triangle ouvert entre la rue de Paris et la rue de Tournai, c'est à dire dans la partie ouvrière de Lille, que le nombre de victimes a été le plus grand.

A Paris le véritable contraste est moins d'un quartier à l'autre ou d'une rue à l'autre que de maison à maison. Rappelons que l'on ne sait rien sur le mode de transmission de la maladie. Comme le rapporte la Commission : «Un assez grand nombre de maisons a compté 5, 6, 7 décès et quelques-unes jusqu'à 8, 9, 10 et 11. Toutes sans exception sont situées dans les plus mauvais quartiers, tels ceux de la Cité, de l'Hôtel de Ville ou dans les mauvaises rues des quartiers meilleurs, comme les rues Saint-Nicolas-d'Antin, les Jardins Saint-Paul, Saint-Germain-l'Auxerrois (…) ou bien ces maisons elles-mêmes, offrent ce qu'il y a de pire parmi les habitations de Paris. (…) Là, pressés, entassés dans ces chambres étroites où comme aux n° 62, 38, 20 et 114 de la rue de la Mortellerie, ils ont à peine 3m² d'espace pour chacun, au n° 24 et 26 de la rue des Marmousets, où ils en ont 2, au n°126 de la rue Saint-Lazare, où 492 individus n'en ont pas un . (…) La Commission (…) pourrait citer la plus grande partie des maisons des logeurs en chambre et à la nuit, celles dont les étages se sont multipliés en dehors de toutes proportions ou bien qui sont mal distribuées, mal aérées, mal tenues.»

Les contemporains ont également été frappés par l'inégalité devant la mort. A Lille, les habitants aux conditions d'emploi les plus précaires ou les plus difficiles ont été les plus touchés : les journaliers, les dentellières, les filateurs ou les filtiers. La maladie concerne de la même manière les ouvriers en atelier ou à domicile. Il n'y eut que 6 cas de contagion parmi les industriels et les propriétaires, dont deux seulement mortels. La même remarque peut être faite à Paris. En comparant la mortalité cholérique à la mortalité normale, on constate que les professions libérales, les propriétaires ou les rentiers ont moins souffert que les «professions salariées» balayeurs, bateliers, etc. Ce sont donc les plus démunis qui ont eu le plus à souffrir de la maladie.

Analyses de la crise urbaine : les socialistes utopiques

La ville industrielle suscite une opposition venue d'un autre courant de contestation : les penseurs politiques appartenant au socialisme utopique. Leurs réflexions s'appuient sur la critique globale de la société industrielle. La ville est une occasion supplémentaire de dénonciation. De nombreux textes déplorent en effet l'état de la grande ville, l'habitat insalubre, la surpopulation, le manque d'hygiène. Voici la description de Paris dans *La description du Phalanstère et considèrations sociales sur l'architectonique* publié en 1848 par Victor Considérant: «Il y a dans ce Paris un million d'hommes, de femmes et de malheureux enfants, entassés dans un cercle étroit où les maisons se heurtent et se pressent, exhaussant et superposant leurs six étages écrasés; puis six cent mille de ces habitants vivent sans air, ni lumière, sur des cours sombres, profondes, visqueuses, dans des caves humides, dans des greniers ouverts à la pluie, aux vents, aux rats, aux insectes. Et depuis le bas jusques en haut, de la cave aux plombs, tout est délabrement, méphitisme, immondicité et misère.»

La dégradation des conditions de vie est révélatrice de la perversité de la recherche du profit et de l'exploitation de l'homme par l'homme. L'ouvrier mal logé est avant tout une victime. Suivant le même raisonnement, la ville elle même est une victime. C'est dans ce sens que les socialistes utopiques avancent le concept de désordre. Charles Fourier le précise en publiant en 1847 *L'anarchie industrielle et scientifique.* Victor Considérant déclare: «Toutes les grandes villes, Paris surtout sont de tristes spectacles à voir aussi, pour quiconque pense à l'anarchie sociale que traduit en relief avec une hideuse fidélité cet amas informe, ce fouillis de maison.»

La ville est donc l'expression du désordre créé par la société industrielle. Les penseurs politiques ne font pas la distinction entre «ordre déterministe et ordre normatif», pour reprendre l'expression de Françoise Choay. De ce fait, ils ne se situent pas au même niveau que les hygiènistes et créent des concepts nouveaux d'analyse du phénomène urbain.

Le désordre appelle son antithèse : l'ordre. «Ainsi voit-on opposer à ce pseudo-désordre de la ville industrielle, des propositions d'ordonnancement urbain librement construites par une réflexion qui se déploie dans l'imaginaire.» Françoise Choay regroupe l'ensemble des idées qui s'élaborent dans un contexte de critique de la ville industrielle sous le terme de «pré-urbanisme». Les projets relèvent de l'utopie, même si la plupart se présentent comme des modèles réalisables.

Dans ces ouvrages, les auteurs présentent des «modèles», des formes reproductibles qui sont des projections spatiales de la ville future. En France, c'est au courant «progressiste» qu'ils se rattachent. L'être humain est considéré comme un type indépendant de toutes les contingences. La science doit permettre de résoudre les problèmes posés par ses relations avec le monde et ses semblables. L'analyse rationnelle va permettre de déterminer un ordre-type pour la ville dont voici quelques caractéristiques:

- l'espace est largement ouvert. On retrouve là les préoccupations d'hygiène: disponibilité de l'air, de l'eau, de la lumière; verdure et jardin. Proudhon écrit: «Nous avons la France à transformer en un vaste jardin, mêlé de bosquets.»

- l'espace est découpé selon une analyse des fonctions humaines. Elles se répartissent entre l'habitat, le travail, la culture, les loisirs. Une logique fonc-

PLAN D'UNE VILLE DE LA SIXIÈME PÉRIODE

On doit tracer trois enceintes:
- la première contenant la cité ou ville centrale,
- la deuxième contenant les faubourgs et grandes fabriques,
- la troisième contenant les avenues et la banlieue.

Chacune de trois enceintes adopte des dimensions différentes pour les constructions, dont aucune ne peut être faite sans l'approbation d'un comité d'Ediles, surveillant l'observance des statuts de garantisme.

(...) Les trois enceintes sont séparées par des palissades, gazons et plantations qui ne doivent pas masquer la vue.

Toute maison de la cité doit avoir dans sa dépendance, en cours et jardins, au moins autant de terrain vacant qu'elle en occupe en surface de bâtiments.

L'espace vacant sera double dans la deuxième enceinte ou locale des faubourgs, et triple dans la troisième enceinte nommée banlieue.

Toutes les maisons doivent être isolées et former façade régulière sur tous les côtés, avec ornements gradués selon les trois enceintes, et sans admission de murs mitoyens nus.

Le moindre espace d'isolement entre deux édifices doit être au moins de six toises : 3 pour chaque, ou davantage; mais jamais moins de trois , et 3 jusqu'au point de séparation et bas mur mitoyen de clôture.

(....) Sur la rue, les bâtiments, jusqu'à l'assise de charpente ne pourront excéder en hauteur la largeur de la rue: si elle n'a que 9 toises de large, on ne pourra pas élever une façade à la hauteur de 10 toises, la réserve 45° pour le point de vue étant nécessaire en façade.

(...) L'isolement sur les côtés sera au moins égal au 8e de la largeur de la façade sur rue, précaution nécessaire pour empêcher les amas de population sur un seul point.

Les rues devront faire face ou à des points de vue champêtres ou à des monuments d'architecture publique ou privée: le monotone échiquier en sera banni. Quelques-unes seront cintrées (serpentées) pour éviter l'uniformité. Les places devront occuper au moins 1/8è de la surface. Moitié des rues devront être plantées d'arbres variés.

Le minimum des rues est de 9 toises; pour ménager les trottoirs, on peut si elles ne sont que traverses à piétons, les réduire à 3 toises mais conserver toujours les 6 autres toises, en clos gazonné, ou planté et palissadé.

Je ne m'engagerai pas plus avant dans ce détail, sur lequel il y aurait encore plusieurs pages à donner pour décrire l'ensemble de la ville garantiste. Mais nous n'avons ici qu'un résultat à envisager, c'est la propriété inhérente à une pareille ville, de provoquer l'association dans toutes les classes, ouvrière ou bourgeoise, et même riche.

Charles Fourier, *L'Harmonie universelle et le Phalanstère exposés par Fourier*, Paris 1949 cité par F.Choay, *L'urbanisme, utopies et réalités*, Le Seuil, 1965, p. 97

tionnelle attribue à chacune un lieu précis. Dans la description qu'il fait de la ville de la 6ᵉ période, Charles Fourier affecte une localisation particulièrement rigoureuse aux différentes formes de travail. En effet, il pense écrire au début de la 5ᵉ période que traverse l'humanité, celle de la Civilisation. Elle est caractérisée par la propriété individuelle incontrôlée et Charles Fourier la critique très violemment. C'est «une maladie de l'enfance comme la dentition». Elle ne pourra être dépassée que par une restructuration de la société. La période suivante est celle du Garantisme, elle sera suivie du Sociantisme puis de l'Harmonisme. Dans la 6ᵉ période, la propriété sera limitée par un certain nombre de contraintes : au centre, la cité administrative et commerciale, autour la ville industrielle; à la périphérie, la ville agricole ou banlieue. Dans la première enceinte, la surface libre doit être égale à celle qu'occuperont les constructions; dans la seconde, elle devra être le double; dans la troisième, le triple. Cette période est une étape vers la huitième : Harmonisme. La vie et la propriété seront alors entièrement collectivisées dans le cadre d'une Phalange de 1 620 individus. Celle-ci sera propriétaire d'un terrain d'une lieue carrée (250 ha) et logera dans un grand bâtiment unitaire, le Phalanstère. Le propos du Phalanstère a reçu une application - que Françoise Choay qualifie de «patronale» -, le Familistère construit par Jean-Baptiste Godin à Guise. La ville de la 6ᵉ période est moins connue mais peut-être plus significative de l'apport intellectuel de la pensée socialiste.

- la standardisation des logements. Celle-ci se présente sous deux modes, la solution collective préconisée par exemple par Charles Fourier; la solution individuelle de la «petite maison» défendue par Pierre-Joseph Proudhon, «la petite maison faite à ma guise que j'occupe seul, au centre d'un petit enclos d'un dixième d'hectare où j'aurai de l'eau, de l'ombre, de la pelouse et du silence...» Dans tous les cas, le fait essentiel est la standardisation : création de prototypes s'approchant le plus possible de la perfection et multipliables à l'infini.

Le modèle progressiste par la rigueur de sa pensée propose un ensemble éclaté de quartiers, communes ou phalanges autosuffisants, juxtaposés les uns aux autres. Dans ce sens, il s'éloigne du concept de la ville concentrée traditionnelle. De plus, cherchant à libérer l'individu des servitudes de la ville industrielle, le modèle crée un système contraignant par la rigidité du cadre spatial prédéterminé.

L'apport de ces réflexions est cependant considérable. Elles se détournent en effet d'une vision passéiste de la ville et appliquent une réflexion rationalisée à leur fonctionnement. Intégrant l'industrie, elles cherchent une solution de modernité. Elles constituent de ce fait un immense réservoir d'idées.

Les analyses de la crise urbaine: les décideurs

La révolution de 1848

La Révolution de 1848 va relancer les débats et renouveler les enjeux de la réflexion urbaine. Les épisodes révolutionnaires démontrent l'insuffisance des solutions préconisées sous la Monarchie de Juillet.

Les Journées de Février puis celles de Juin 1848 vont «révéler la ville à elle-même», comme le dit Jeanne Gaillard. Dès les premiers jours, les habitants de la rive gauche détruisent les péages sur les ponts et rétablissent ainsi la libre circulation dans l'ensemble de la ville. Les barricades de Juin séparent très nettement le Paris populaire de l'Est, du Paris bourgeois de l'Ouest. Elles se hérissent dans le centre, dans les quartiers du IVe arrondissement entre le Louvre et l'Hôtel de Ville, puis en arrière de la rue Saint-Martin, rue Volta, rue Aumaire plus au Nord; sur la rive gauche à l'Est de la rue Saint-Jacques; dans les faubourgs du Temple, Saint-Antoine, de la Porte Saint-Denis et des Gobelins sur la rive gauche. L'insurrection révèle ainsi l'insécurité que représente le centre ville - propos déjà connu... - et le rôle des faubourgs et de la proche banlieue. Les insurgés du faubourg Saint-Antoine qui ont résisté trois jours aux forces de l'ordre ont été soutenus par des contingents venus de La Chapelle et de Charonne. La représentation que les pouvoirs publics se font de Paris en est modifiée. La périphérie fait irruption dans la pensée urbaine.

Les événements vont rappeler le rôle national de Paris. Dès la Seconde République «la capitale prend pour ainsi dire le pas sur la ville». Le nouveau maire Armand Marrast représente moins ses administrés que l'Etat. Aussi l'urbanisme est-il pensé en fonction du rôle national de Paris. La Seconde République abandonne la stratégie orléaniste qui gérait la ville comme un ensemble de propriétés privées. Les autorités locales sont en partie dessaisies. L'urbanisme parisien devient une affaire d'état.

La Seconde République et les prémices de l'urbanisme centralisateur.

La Seconde République abandonne l'orléanisme «girondin» pour promouvoir un urbanisme centralisateur et met ainsi en place un dispositif donnant des compétences supplémentaires aux pouvoirs publics. Les initiatives viennent d'horizons différents. Dès son élection, le prince-président intervient directement dans les prises de décision. Jeanne Gaillard indique que «pour lui, le remodelage de la ville équivaut à une conquête politique». Le président élu par les paysans doit prouver son «esprit de progrès».

A l'Assemblée Nationale, les exigences des républicains rejoignent sur certains points celles des catholiques. La renaissance de la «question ouvrière» conduit les partisans du Comte de Melun appartenant à la *Société d'Economie Charitable* à faire des propositions de lois. Les *Annales de Charité* publient de nombreuses monographies ou descriptions depuis 1845. La misère ouvrière est leur préoccupation essentielle. Sur ce terrain, elles se rapprochent de certains écrits socialistes. A l'inverse cependant de ceux-ci, qui attendent d'une nouvelle organisation économique la solution globale au logement et aux problèmes sociaux, leurs réflexions les conduisent à proposer des solutions à plus court terme. De nombreux articles évoquent l'assainissement des quartiers dégradés. L'avènement de la Seconde République et la révélation de la question sociale justifient leur démarche. Après les Journées de Juin 1848 qui marquent la fin du mouvement populaire, à l'initiative du Comte de Melun, un projet de loi est déposé par son frère Anatole à l'Assemblée Nationale. La présentation du texte prévoyant les réactions est prudente: «Le sujet est délicat... Le libre usage, la libre disposition des biens des citoyens exigent le respect le plus rigoureux comme étant les fondements de l'ordre social... (Cependant) le droit individuel et l'intérêt privé doivent s'effacer devant l'intérêt public... Rien ne défend mieux le droit de propriété que l'autorité même de la loi qui en règle et en sanctionne l'exercice.» Le texte fait l'objet d'attaques simultanées des libéraux, dont Thiers est le chef de file, et des socialistes. Des amendements sont présentés et repoussés. L'un d'eux proposait d'étendre à des quartiers entiers les travaux d'assainissement; un autre suggérait de confier aux administrations communales la construction de nouveaux logements à la place des anciens abattus. La proposition de Martin Nadaud de céder également les parcelles non utilisés par la voirie est cependant admise. L'élément déterminant pour le vote de la loi est ... la réapparition du choléra en 1849.

Son contenu est plus restreint que celui de la loi anglaise. Elle fixe les caractéristiques des logements en location et confie l'application de la loi aux services municipaux. Aucun organisme central de coordination ou d'initiative comme le Board of Health. L'article 1er prévoie que dans toutes les communes où le Conseil municipal l'aura jugé nécessaire, une commission soit chargée de définir et proposer les mesures indispensables à la mise en état des logements insalubres. L'article 2 précise la composition de la commission, architectes, médecins appartenant à la commune et extérieurs. Les articles suivants énumèrent les causes d'insalubrité: «Sont réputés insalubres les logements qui se trouvent dans des conditions de nature à porter atteinte à la vie ou à la santé de leurs habitants.» Si l'insalubrité est imputable au propriétaire, ce dernier est tenu d'exécuter les travaux nécessaires sous peine d'amende pouvant aller jusqu'au double du montant des travaux. L'article 13 prévoit que lorsque l'insalubrité résulte de causes externes «la commune pourra acquérir, suivant les formes et après l'accomplissement des formalités prescrites par la Loi de Mai 1841, la totalité des propriétés comprise dans le périmètre des travaux». Toute la portée du texte s'exprime dans cette disposition. La loi de 1850 prévoit l'application de la procédure d'expropriation, conçue en vue des travaux publics pour l'assainissement des quartiers d'habitation.

Les débats qui ont lieu à propos de certaines opérations sont particulièrement instructifs. Le 4 octobre 1849, un décret confirmant une disposition prise par l'Assemblée Constituante autorise la ville à acheter l'ensemble des propriétés nécessaires au percement de la rue de Rivoli entre le Louvre et les Tuileries. Il est prévu que l'administration est autorisée à revendre les délaissés à son profit. Le projet d'aménagement du Carrousel en mars 1849, puis celui des Halles, ont trouvé une majorité à l'Assemblée Législative pour voter les crédits, malgré l'opposition de certains députés provinciaux pour qui «Paris fait des travaux aux dépens des intérêts agricoles des provinces».

Chapitre 4 :
Les villes dans la seconde moitié du siècle

Dans la seconde moitié du siècle, la dynamique du peuplement continue à jouer en faveur des villes. Un mouvement rapide d'urbanisation reprend au début du Second Empire et se poursuit jusqu'à la Grande Dépression des années 1880. Suit une progression plus lente des villes avec deux périodes de reprise, l'une à la fin du siècle, l'autre à la veille de la Guerre de 1914. L'urbanisation de la France s'inscrit donc dans le long terme. L'armature urbaine du premier XIXᵉ siècle est confirmée. Les progressions les plus rapides concernent les grandes villes, mais les villes de moins de 20 000 habitants résistent. C'est dans ce contexte de croissance urbaine qu'ont lieu les grands travaux de rénovation urbaine commencés à Paris et à Lyon, puis poursuivis dans les autres villes de province.

L'expansion urbaine

Les mesures

La population urbaine définie comme la population des communes ayant plus de 2 000 habitants connaît une croissance spectaculaire dans la seconde moitié du XIXᵉ siècle. En 1851, la France dans les frontières actuelles compte 9,1 millions de citadins. Trente ans plus tard, elle en a 13,7 millions et 18,5 millions au dernier recensement avant la guerre de 1914. Entre 1851 et 1911, la population citadine a augmenté de 91% : les villes comptent 11 200 000 habitants de plus que sous la Monarchie de Juillet. Pour spectaculaire qu'elle soit, cette progression n'est pas régulière. Les dix premières années du Second Empire connaissent une croissance particulièrement rapide, à un taux de 2% par an. Après 1860, ce rythme ralentit. La guerre puis les Communes diffèrent la reprise. Celle-ci a cependant lieu après 1872. A la veille des années 1880, la croissance des villes a de nouveau atteint le niveau des 2% par an. La période de reprise est cependant courte. Après 1881 commence une longue période de croissance d'un niveau médiocre proche de 1%/an. La population urbaine augmente de 30% entre 1886 et 1911 alors que le gain était de 50% entre 1851 et 1886. Deux accélérations sont notables cependant, l'une de 1896 à 1901 et l'autre de 1906 à 1911. Il y a donc deux temps d'urbanisation distincts : le premier jusqu'en 1881 correspond à un rythme rapide et régulier sur une durée assez longue; le second à un mouvement ralenti aux écarts modérés.

La part de la population citadine dans la population totale ne cesse de progresser. En 1851, le taux d'urbanisation est de 25,5% et de 34,8% en 1881. Par la suite, il atteint 41% en 1901 et dépasse légèrement 44% en 1911. Ces niveaux sont très inférieurs à ce qu'ils sont à la même date dans d'autres pays européens comme la Grande Bretagne. L'expansion urbaine française est plus le fait d'une évolution que d'une «révolution».

Les explications sont à chercher dans le mouvement général de la démographie française. Les villes subissent en effet le ralentissement de la croissance. La période de la «première» transition démographique pendant laquelle le taux d'accroissement naturel correspondait à 0,5% par an s'achève en 1846. S'ouvre alors une longue période de décélération ou de ralentissement pendant laquelle le taux d'accroissement de la population n'est que de 0,2% par an. Les accidents majeurs de la période, crises économiques, guerre, révolutions, choléra affectent également la progression démographique. De 1881 à 1914, le phénomène se confirme. Selon les auteurs, c'est «le temps de la stagnation» ou celui du «déclin démographique». L'accroissement naturel passe en dessous du seuil de 0,1% par an. De 1901 à 1911, il y a cependant un léger redressement : la croissance moyenne annuelle est de 80 000 individus (au lieu de 30 000 entre 1886 et 1901). On retrouve alors l'accroissement naturel à 0,2%. Deux faits sont en effet remarquables dans la seconde moitié du siècle. Le premier est la lenteur de la baisse de la mortalité. Le taux varie peu de 1851 (24 ‰) à 1881 (22 ‰). Une baisse plus rapide intervient seulement au début du XXe siècle. Le taux de mortalité est alors de 18,3 ‰ en 1911. Le second est plus déterminant : c'est l'ampleur de la dénatalité. Vers le milieu du siècle, le taux de natalité atteint 26 ‰. Le Second Empire marque ensuite un palier qui se prolonge jusqu'en 1876. Le niveau de la natalité atteint reste cependant inférieur à ce qu'il était sous la Monarchie de Juillet. La baisse de longue durée se poursuit, puis devient plus rapide à partir de 1881. Le taux de natalité est à 18,8 ‰ au recensement de 1911.

Le ralentissement affecte aussi bien les villes que les campagnes. Cependant la croissance des villes est d'autant plus notable qu'elle va de pair avec une diminution régulière de la population rurale. Celle-ci a connu son niveau le plus élevé en 1846 avec 27,3 millions d'habitants. Elle ne cesse de décroître par la suite lentement jusqu'en 1876, puis plus rapidement par la suite. La légère reprise de la natalité après la guerre de 1870 explique un «palier» en valeur absolue. En pourcentage, la diminution est continue. En 1911, la population rurale atteint 23 millions. Ce mouvement de «dépopulation» rurale qui ne concernait que quelques régions avant 1846, affecte maintenant la plus grande partie du territoire français.

Le recul du monde rural révèle en premier lieu que l'augmentation globale de la population française s'est effectuée au seul profit des villes. Les villages français ont suivi la progression générale de la population jusqu'en 1846. Puis les deux courbes s'écartent. Les villes ont à la fois absorbé la croissance naturelle et fixé les étrangers immigrés. En second lieu, elles ont profité du déplacement de la population de la campagne vers les villes. Pour la seule période 1872-1911, on a pu évaluer à 4 855 000 individus le nombre de migrants de la campagne vers les villes. C'est un phénomène continu de la seconde moitié du siècle avec deux maxima de 1876 à 1881 puis de nouveau après 1896.

Les changements du réseau urbain français

La carte des villes établie par Georges Dupeux en 1911 présente une trame urbaine enrichie, étoffée par rapport à celle de 1809. Le nombre de villes comptant plus de 5 000 habitants a considérablement augmenté. La répartition sur le territoire s'est en partie modifiée. Cependant il semble facile de retrouver derrière la carte de 1911, la trame urbaine du début du XIXe siècle. De même, le renouvellement urbain ne concerne en 1911 que 29% des villes qui n'étaient que des bourgs ou de très petites villes (inférieures à 5 000 habitants) en 1811. Les modifications, si elles existent, restent limitées en regard des bouleversement auxquels on a pu assister dans d'autres pays européens.

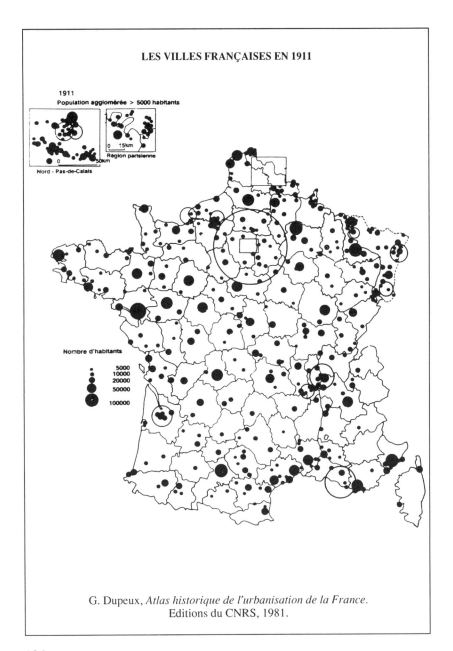

LES VILLES FRANÇAISES EN 1911

1911
Population agglomérée > 5000 habitants

Région parisienne

Nord - Pas-de-Calais

Nombre d'habitants

5000
10000
20000
50000
100000

G. Dupeux, *Atlas historique de l'urbanisation de la France.*
Editions du CNRS, 1981.

La répartition de la population urbaine

Pour poursuivre la comparaison avec le premier XIXe siècle, revenons à la mesure par département de la population urbaine. Les calculs d'indices départementaux ont le défaut, on l'a vu, de confondre dans un même ensemble la population urbaine sans tenir compte de la dimension des villes. Cependant, ils permettent de dégager les grandes tendances de l'urbanisation et la périodisation des changements.

Dans les premières années du Second Empire, alors que la croissance urbaine est particulièrement forte, la répartition des villes sur le territoire est relativement peu modifiée : «le dessin de la France urbaine conserve une certaine labilité» (Marcel Roncayolo). Les zones de croissance les plus fortes sont les bordures du Massif central - sauf vers le Nord -, et les villes de la façade atlantique. A cela, il faut ajouter les croissances de la population urbaine dans les départements situés autour des très grandes villes, Paris, Lyon, Marseille et Lille. Dans la France du Nord, seuls se distinguent les départements du Nord, les Vosges et la Région parisienne.

Par contre, à partir de 1861 et plus clairement entre 1881 et 1896, les changements sont plus importants. Le contexte est au ralentissement de l'expansion urbaine. «Le tri s'opère plus radicalement» pendant cette période. La concentration urbaine s'effectue dans les régions urbaines déjà les plus peuplées. De ce fait, elle avantage la France du Nord. La seule exception est le département des Alpes-Maritimes. La géographie en négatif de cette répartition de la croissance urbaine est significative. Elle correspond à une diagonale Nord-ouest/ Sud-est qui va des départements normands aux arrière-pays méditerranéens. Entre 1891 et 1896, on peut y ajouter l'effondrement de l'urbanisation dans le Bassin Aquitain, à l'exception des deux métropoles régionales Toulouse et Bordeaux.

La reprise urbaine de 1896 à 1911 conforte les positions acquises avec quelques nuances. Autour de Paris, la croissance la plus rapide concerne les départements de la grande banlieue. En province, on assiste à des glissements d'urbanisation du département du Nord vers celui du Pas-de-Calais; à une reprise du mouvement d'urbanisation aux limites de la région lyonnaise vers les Alpes et la vallée de la Saône et sur le littoral Sud de la Bretagne. Ce renouveau ne peut cependant s'opposer au déséquilibre urbain en faveur de la France du Nord. Paris et sa région conservent leur suprématie. Ailleurs, le dynamisme urbain se trouve dans les «marges industrialisées» du Pas-de-Calais ou de la Lorraine, en Savoie et dans le Dauphiné ou sur la Côte d'Azur. Le renouveau du début du XXe siècle n'atteint pas en quelque sorte les grandes métropoles provinciales.

Les modifications de la hiérarchie urbaine

La lenteur des changements des structures urbaines

La répartition de la population par taille des villes appelle plusieurs remarques. Paris conserve, voire renforce, sa position isolée au sommet de la hiérarchie urbaine, quel que soit son rythme autonome de croissance. Au niveau inférieur, on constate une stabilité assez grande des grandes villes les unes par rapport aux autres : les changements dans les groupes de villes sont peu fréquents, à l'exception du passage de Marseille devant Lyon ou du glissement de Rouen de la 4e à la 9e place en 1911. Enfin, il semble qu'il y ait une relation étroite entre le niveau de croissance de la ville et la masse de sa population. La concentration démographique se fait donc en faveur des grandes villes.

La France des grandes villes

La répartition de la population urbaine joue en faveur des grandes villes. En 1851, les villes de plus de 50 000 habitants (moins Paris) regroupaient plus d'un million de citadins. En 1911, la population totale de la catégorie s'élève à 3 708 463. Elles représentent en 1851 16% de la population urbaine et 26,8% en 1911. Ce sont les villes de plus de 50 000 habitants qui cumulent les apports de population dans la seconde moitié du siècle. Parmi elles, les six plus grandes villes du classement en 1911 (Marseille, Bordeaux, Lille, Le Havre et Nantes). Leur poids dans la hiérarchie urbaine est cependant limité par l'extrême développement de l'agglomération parisienne. En 1911, les habitants des villes de plus de 50 000 sont plus de 7 500 000 et représentent plus de la moitié de la population urbaine. Sur ce total, 4 000 000 d'urbains sont des Parisiens.

L'agglomération parisienne ne cesse en effet d'augmenter sa part dans la population urbaine. Paris occupait déjà la première place au début du siècle, mais le mouvement s'est accéléré à partir de 1831 (Paris représente alors 16,6% de la population urbaine totale) pour atteindre l'intensité la plus forte sous le Second Empire. En 1851, Paris représente 19,5% de la population urbaine totale avec 1 247 566 habitants et 27,1% en 1881 avec 2 648 533 habitants. Malgré le ralentissement des décennies de la fin du siècle, l'agglomération compte 4 millions d'habitants en 1911, soit plus du quart de la population urbaine française. Elle a gagné plus de 3 300 000 personnes en un siècle, soit 45% de l'accroissement de la population urbaine totale. Selon Georges Dupeux, «pour équilibrer les gains de Paris, il faut totaliser les gains des 68 premières villes de province».

ÉVOLUTION DE LA POPULATION URBAINE PAR CATÉGORIE DE VILLES

	1851	1861	1872	1881	1891	1901	1911
3 000 - 5 000	1 117 657	1 223 136	1 162 449	1 257 483	1 257 963	1 319 192	1 385 745
5 000 - 10 000	1 088 951	1 172 491	1 129 357	1 238 347	1 286 672	1 370 240	1 521 502
10 000 - 20 000	933 458	1 049 919	1 108 853	1 222 700	1 366 190	1 570 926	1 668 687
20 000 - 50 000	977 860	1 117 270	1 088 535	1 347 860	1 290 128	1 354 308	1 557 157
50 000 et +	1 022 170	1 458 808	1 675 463	2 054 970	2 720 069	3 243 064	3 708 463
Aggl. parisienne	1 247 566	1 798 133	2 072 503	2 648 533	2 984 097	3 500 617	3 958 364
TOTAL	6 387 662	7 819 757	8 237 160	9 769 893	10 905 119	12 358 347	13 799 918

G. Dupeux, *Atlas historique de l'urbanisation de la France*, édition du CNRS, 1981.

La place de l'agglomération parisienne est encore confirmée par l'augmentation de l'écart qui la sépare des grandes métropoles provinciales. Entre 1841 et 1861, la croissance urbaine à Paris et dans les grandes agglomérations reste proche (voire légèrement plus rapide en province). Le changement s'opère entre 1861 et 1881. Par la suite, en province, les grandes villes profitent du ralentissement de la croissance parisienne. La reprise à la fin du siècle se fait cependant en faveur de Paris et confirme la tendance générale à un accroissement plus important de la capitale dans les périodes de croissance. La progression de l'agglomération lyonnaise - compte tenu des corrections à apporter aux statistiques officielles pour les recensements «gonflés» des villes de province - tombe entre 1896 et 1911 à moins d'un tiers de la croissance parisienne (0,50). Pour Marseille, le contraste est moins apparent : entre 1891 et 1896, la croissance se maintient à 1,38, puis s'effondre à 0,70. A Lille ou à Bordeaux les écarts sont plus importants : 1,60 et 1,35 pendant la première période et 0,30 et 0,45 pendant la seconde.

La fragilité des petites villes

Par contre, pendant la seconde moitié du siècle le ralentissement de la croissance des petites villes apparaît clairement. Entre 1851 et 1911, le nombre des petites villes (de 5 000 à 10 000 habitants) et surtout des très petites (3 000 à 5 000) a crû moins vite que le nombre total de villes (Georges Dupeux). Le mouvement commence au début du Second Empire. En 1851, les villes de 3 000 à 5 000 habitants (304 en nombre) représentaient près de la moitié du nombre des villes (53,6%) et 17,2 % de la population urbaine. Par la suite, l'augmentation de leur nombre (365 en 1911) et de leur population totale (1 385 745 habitants) ne suffit pas à leur conserver la même part dans la population urbaine. En 1911, elles n'en rassemblent que 10%. Leur déclin relatif suggère l'absence de renouvellement de la trame urbaine par la base.

La résistance des villes moyennes

Cependant, les villes moyennes en deçà de 50 000 habitants (et à plus forte raison autour de 20 000) maintiennent pratiquement leur position. En 1911, elles représentent 23% de la population totale, soit plus de 3 000 000 d'habitants. Elles constituent ainsi le niveau de l'échelle urbaine le plus stable de l'urbanisation française au cours du XIXe siècle. Cette stabilité correspond à une grande diversité des fonctions exercées. Dans cette catégorie, on trouve aussi bien des villes aux fonctions classiques que des unités urbaines sans tradition.

Les facteurs du dynamisme urbain

Croissance urbaine et developpement économique?

Le classement des villes par taux de croissance permet de distinguer les composantes du dynamisme urbain dans la seconde moitié du siècle.

Les villes de tourisme, Nice, Cannes ou Biarritz, comptent parmi les cinq premières villes par la rapidité de leur progression. Le tourisme constitue ainsi un facteur nouveau d'urbanisation. Cependant, le poids démographique de ces villes reste encore très faible. Elles représentent 2 à 3% de la population des villes inférieures à 20 000 habitants.

Le grand commerce maritime constitue encore un puissant facteur d'urbanisation. Il joue pour Le Havre, Calais, Marseille, Boulogne et Sète.

Les banlieues apparaissent clairement parmi les villes «à croissance rapide» et n'occupent plus un rôle marginal. Wattrelos, Caudéran ou Sotteville-lés-Rouen voient leur population quadrupler en soixante ans. Certaines communes de banlieue atteignent des tailles déjà élevées en 1911. Levallois-Perret, Neuilly, Boulogne ont plus de 40 000 habitants à la veille de la guerre de 1914. Les villes de la banlieue parisienne constituent 30% des villes de plus de 30 000 habitants, 17% des 10 à 20 000 et 8% seulement des 5 à 10 000. En province les banlieues permettent les progressions rapides des agglomérations du Havre (population multipliée par 6,96 en un siècle), de Lille (population multipliée par 6,93) ou de Lyon (x 4,39). Leur position proche des grandes villes induit des fonctions variées : «banlieue verte» résidentielle, zone de villégiature ou zone-dortoir ou «banlieue noire» industrielle récupérant la grande industrie que les villes ne peuvent plus admettre (Alain Faure).

Enfin, les villes industrielles (dont les banlieues ont été retirées) représentent le groupe le plus important des villes qui progressent rapidement. Ce sont essentiellement des villes du Nord et du Pas-de-Calais, de Lorraine, de Franche-Comté et des bassins du Massif Central. Les villes de l'industrie textile viennent en tête : Roubaix «championne de la croissance», puis Tourcoing et plus loin derrière Saint-Quentin, Roanne, Armentières, Cholet, Saint-Dié, Mazamet, etc. L'industrie métallurgique minière, la carbochimie apparaissent ensuite et expliquent la progression de Lens, Saint-Etienne, Montluçon, Vierzon, Maubeuge, Brest, La Seyne. L'afflux des réfugiés alsaciens à Belfort renforce son dynamisme. A l'inverse des communes de banlieue en 1911, elles sont plus nombreuses à mesure que l'on descend vers les effectifs moins importants. Anzin, Decazeville, Longwy se situent entre 10 000 et 15 000 habitants.

Un certain nombre d'autres villes stagnent ou déclinent. Pour Georges Dupeux, à l'échelle séculaire, 45 villes ont perdu 10% et plus de leur population de 1811, dont 25 plus de 20%. Arbois perd la moitié de ses habitants, de même Tarascon qui reste une ville plus importante (8 920 habitants en 1811 et 5 158 en 1911), Falaise (10 274 et 6 022) et Riom (13 074 et 7 865). Ailleurs, d'autres villes privilégiées au cours du premier XIXᵉ siècle sont freinées après 1851, comme Elbeuf, Louviers, Tarare, Rive-de-Gier, Annonay. Leur activité première, le textile ou la métallurgie, connaissent des difficultés. Leur caractère de ville mono-industrielle les fragilise lors de la moindre récession ou reconversion d'activités.

Ces exemples de progression ou de stagnation semblent confirmer qu'il existe un lien étroit entre dynamisme urbain et croissance économique. Pourtant «le rapport de l'un à l'autre n'est pas linéaire» (Jacques Dupâquier).

Croissance urbaine et taille des villes?

En effet les villes de moins de 50 000 habitants (au delà les villes exercent le plus souvent des fonctions multiples) aux fonctions «classiques» affichent une certaine résistance. Les plus petites d'entre elles résistent assez mal à la concurrence des villes spécialisées et à l'attraction des villes dont la masse démographique est plus importante. Leur taux de croissance entre 1851 et 1911 est de 0,6% par an, ce qui constitue un niveau deux fois moins élevé que la moyenne nationale. Par contre, plus on monte dans l'échelle urbaine pour atteindre des villes entre 30 000 et 50 000 habitants, plus on se rapproche de la moyenne. Cela figure la résistance des centres urbains de service dont on avait déjà noté l'importance au cours du premier XIXᵉ siècle. «Les fonctions administratives et économiques de ces villes, la présence dans leurs murs de rentiers - qui représentent plus de 10% de leur population - leur permettent de vivre tardivement selon des schémas anciens» (Bernard Lepetit).

Une solution à la crise urbaine, l'urbanisme de «régularisation» ou haussmannisation

Malgré la vigueur de la pensée du préurbanisme et l'effervescence créée autour de la notion de crise urbaine, peu d'ouvrages théoriques d'urbanisme paraissent en France. La gauche a en effet abandonné dans la seconde moitié du siècle le thème de la ville. Le coup d'état du 2 Décembre puis la proclamation de l'Empire ont imposé le repli de la pensée socialiste. Il en reste un «fouriérisme abâtardi» (Françoise Choay) que l'on retrouve dans le familistère de Godin ou dans certains romans. A l'extérieur du pays, le refus de Marx et d'Engels de proposer un modèle urbain et la dénonciation du socialisme réformateur et utopiste en 1864, creusent définitivement le fossé entre la gauche et l'expérience urbanistique. Aussi le champ est-il laissé aux solutions «techniques» et autoritaires, selon l'expression de Leonardo Benevolo. Les grandes opérations d'urbanisme sont menées en dehors de toute spéculation abstraite. Les écrits du baron Haussmann, textes de circonstances, discours ou mémoires écrits après l'Empire, n'ont aucune prétention théorique. De plus, ils s'appliquent à un cas particulier, Paris, qu'il faut rénover et adapter à l'ère moderne. Françoise Choay reprend le terme de «régulariser» qui apparaît souvent dans les mémoires pour créer l'expression «d'urbanisme de régularisation». Il s'agit bien d'une démarche «qui à l'encontre de l'urbanisme théorique ne prétend pas à une universalité scientifique, ne repose pas sur une critique sociale et ne propose pas un modèle spatial». Les travaux ne correspondent donc pas à l'application d'un plan défini a priori, même si plusieurs témoins évoquent une carte de Paris que Napoléon III aurait crayonnée en rouge au début de son règne. Le propos est la modernisation de la ville, comme le rappelle l'empereur le 5 avril 1858 pour l'inauguration du boulevard de Sébastopol : «Le Corps Législatif (...) abdiquant tout sentiment d'égoïsme de province a compris qu'un pays comme la France devait avoir une capitale digne d'elle. (...) Nous verrons ainsi chaque année de grandes artères s'ouvrir, les quartiers populeux s'assainir, les loyers tendant à s'abaisser par la multiplicité des constructions, la classe ouvrière s'enrichir par le travail, la misère diminuer par une meilleure organisation de la bienfaisance et Paris répondre ainsi de plus en plus à sa haute destination.» Le préfet Haussmann agit en homme d'ordre et de pouvoir. Chargé de mener à bien la modernisation de Paris, il respecte une logique dans les aménagements urbains d'un réseau à l'autre et se donne les moyens de son efficacité. Cependant, la réalisation du projet sous le Second Empire s'étend sur une période de dix-huit ans. Cela oblige à reconnaître l'évolution des intentions dans sa gestation et son exécution.

L'ampleur des travaux parisiens, puis les aménagements faits dans les villes de province, dépassent très largement la période du Second Empire et la seule intervention d'Haussmann. Partout, la particularité de cette expérience urbanistique réside dans l'accord entre l'administration publique et la propriété privée. Cette entente est nouée dans les années 1850-1860 au moment du renchérissement des valeurs immobilières, puis renouvellée dans les années 1880. Le «cycle haussmannien» ne se développe pas d'une manière linéaire mais par saccades.

Les travaux parisiens

L'obsolescence du centre ville saturé par la densité du peuplement et la concentration des fonctions est bien connue au milieu du siècle. La Révolution de 1848 a démontré l'échec des stratégies urbaines de la Monarchie de Juillet et la Seconde République a doté le pouvoir central de compétences particulières sur la ville. Les débuts de la rénovation ne datent pas de l'arrivée du baron Haussmann à la préfecture. L'opération de la rue de Rivoli, largement commencée sous le Seconde République et poursuivie par le préfet Berger, n'a pas seulement tracé une voie nouvelle mais aussi démoli l'un des quartiers les plus dégradés de Paris. Cependant son intervention va bien au delà.

Haussmannisation, un modèle?

Leonardo Benevolo évoque le «modèle» haussmannien dans lequel l'entente entre les partenaires public et privé se manifeste par la répartition des compétences dans la ville. L'administration gère l'espace qui correspond au minimum nécessaire pour faire fonctionner la ville, celui des communications, des rues, etc. La propriété privée prend en charge le reste, c'est-à-dire les terrains desservis par les réseaux. L'administration se réserve le droit d'y intervenir par le biais des réglements. Dans la pratique, du fait de l'étirement dans le temps des travaux et de leur mise au point progressive, les choses ne se sont pas exactement passées de cette façon. Il reste une expérience originale qu'il va s'agir de préciser.

Les moyens

Le préfet de la Seine dispose de moyens efficaces. Les changements d'ordre juridique sont pourtant très peu nombreux. Haussmann profite de l'héritage de la Seconde République. La loi Melun d'avril 1850 étend les dispositions de la loi d'expropriation de 1841 hors des limites de l'emprise nécessaire aux voies publiques. Le décret du 26 Mars 1852 «relatif aux rues de Paris» prolonge les décisions prises à propos du percement de la rue de Rivoli. Il permet en effet à l'administration d'exproprier des terrains situés hors des emprises publiques lorsque la partie restante de l'immeuble touchée par la percée n'est pas «d'une étendue et d'une forme qui permettent d'y élever des constructions salubres». Le décret met également en place un mécanisme qui peut élargir la disposition d'expropriation aux propriétés contigües : dans un premier cas, si elles sont nécessaires pour constituer avec la partie expropriée un terrain sur lequel il est possible de construire un immeuble salubre; dans le second, si elles ouvrent sur des voies anciennes jugées «inutiles» du fait des percées. L'administration peut ainsi étendre son action au nom de la salubrité publique. De plus, elle reste maîtresse de la mise en place de la procédure. Le senatus-consulte du 25 Décembre 1852 prévoit en effet que les travaux à venir seront décidés par décret sans consultation du Corps Législatif. Le texte est par la suite étendu à toutes les villes de France. Haussmann trouve ainsi à son arrivée à la préfecture des moyens efficaces d'action sur la ville ancienne et de financement de travaux par la revente des terrains.

Cependant, il va se heurter à «l'orléanisme» des propriétaires qui trouvent des défenseurs efficaces au Conseil d'Etat et à la Cour de Cassation. Ces organismes représentent, comme le précise Jeanne Gaillard, «face à l'Empire qui incarne ou veut incarner l'intérêt public (...) la législation traditionnelle favorable à l'individualisme foncier». Ils défendent ainsi les principes de la propriété individuelle. Le 27 mars 1856, le Conseil d'Etat condamne pour illégalité l'acquisition par la ville de parcelles hors alignement. Cependant l'arrêt le plus important date du 27 décembre 1858 : le propriétaire des délaissés ou celui des parcelles contiguës a un droit de préemption sur ceux-ci. La plus-value échappe ainsi à la ville. Le 7 mai 1861, la Cour de Cassation prend une décision qui va faire jurisprudence. L'expropriation pour cause d'utilité publique résilie de fait les baux. La ville a alors l'obligation de verser une indemnité aux locataires avant même la démolition de l'immeuble. Les conséquences de la lecture restrictive du décret du 26 mars sont importantes pour le financement de la suite des opérations, d'autant plus que les subventions de l'Etat vont devenir plus difficiles à obtenir.

En effet le premier réseau a été subventionné par l'Etat à hauteur des deux tiers. Par ailleurs, les ressources de la ville ne cessent d'augmenter. Les produits de l'octroi passent de 39 à 54 millions de francs de 1852 à 1859. Ils s'élèvent de deux millions environ chaque année. Les autres revenus de la ville dans le même temps passent de 10 à 19 millions, sans augmentation d'impôts. Le contexte économique est favorable et la ville lance des emprunts facilement couverts (emprunt Berger, 50 millions de francs en 1850; puis de nouveau 60 millions en 1855). Elle préfinance les opérations par des bons de délégation. Le financement du second réseau pose plus de difficultés, d'autant que l'annexion de la petite banlieue y est jointe. Le Corps Législatif refuse de répondre à la demande du gouvernement et ne vote qu'une subvention de 50 millions qui représente un tiers du devis. Il est clair à partir de 1858 qu'il ne faut plus compter sur les crédits de l'Etat. La situation est d'autant plus critique que le premier réseau a coûté 70 millions de francs de plus que prévu. Plusieurs mesures sont alors prises. Les opérations d'expropriation

LE BUDGET DES TRAVAUX D'HAUSSMAN

Dépenses

Grands travaux de viabilité	1 430 340 385,5
Architecture et beaux arts	282 791 696,5
Aménagement routier et parc	178 370 624,8
Acqueduc et égouts	153 601 970,2
Divers	70 476 924,8

Autres frais
(concessions rachetées aux communes
annexées en 1859,
frais relatifs à la dette communale
et aux emprunts conclus par Haussmann)   437 886 822,3

          TOTAL   **2 553 468 424,1**

Entrées

Ressources dans le budget de la ville (entrées moins les frais ordinaires)	1 017 243 444,5
Subventions de l'Etat	95 130 760,7
Vente de terrains expropriés et de matériaux de démolition	269 697 683,5
Prêts obtenus sous différentes formes	1 171 596 335,4

          TOTAL   **2 553 668 424,1**

Cité par Leonardo Benevolo, *Histoire de l'architecture moderne,*
Paris, Dunod, 1987, p. 89.

sont concédées à des sociétés foncières «à forfait». Haussmann crée la Caisse des travaux de Paris. Dans les limites autorisées par le gouvernement, elle émet des bons à court terme analogues aux bons du Trésor. Les remboursements seront faits sur la revente des terrains. Le préfet Haussmann dispose ainsi d'une dette flottante légale. Le troisième réseau décidé dans le milieu de années 1860 est entièrement à la charge de la ville de Paris. La poursuite des travaux malgré la lecture restrictive du décret de 1852 a permis l'adhésion des propriétaires à l'urbanisme haussmannien. Les pétitions se multiplient pour l'ouverture de voies nouvelles.

L'ampleur du projet

La particularité de l'urbanisme haussmannien tient également à l'ampleur et à la multiplicité des champs d'intervention. La voirie parisienne est modifiée. Le Paris ancien comprenait 384 Km de rues au centre et 355 dans les faubourgs. Haussmann ouvre 95 km de voies nouvelles au centre - il en supprime 49 - et 70 km dans l'ancienne petite banlieue. Il s'agit, soit de «percées» entamant le tissu urbain ancien, soit de «perspectives» permettant le prolongement de la ville vers la périphérie. Les opérations sont menées en trois fois. Le premier réseau est le plus reconnaissable par ses options urbanistiques et son mode de financement. Il est lancé en 1852. Le second et le troisième ont des ambitions assez proches l'un de l'autre. Leurs modes de financement sont différents et les distinguent, le second en 1858 et le troisième sans doute vers le milieu des années 1860.

La préfecture dirige également la construction d'édifices publics dans les quartiers anciens qui ont subi des transformations et dans les nouveaux qui ont été annexés, écoles, hôpitaux, prisons, etc. L'Hôtel-Dieu est déplacé de l'autre côté de l'île de la Cité, vers la rive droite.

Des parcs publics sont aménagés. Jusqu'alors, Paris ne possédait que des jardins datant de l'Ancien Régime, les Tuileries, les Champs-Elysées sur la rive droite, le Champ-de-Mars et le Luxembourg sur la rive gauche. Haussmann entreprend l'aménagement du Bois de Boulogne à l'Ouest, le bois de Vincennes à l'Est. Au Nord et au Sud, il crée deux jardins moins importants, les Buttes Chaumont et le Parc Montsouris. La direction des travaux est laissée à Adolphe Alphand.

Pour les équipements Haussmann est assisté de l'ingénieur Belgrand. L'approvisionnement en eau est porté de 112 000 m^3 à 343 000 m^3 par jour et le réseau de distribution de 747 à 1545 km. L'examen des égouts existant a conduit à l'abandon de 130 km en trop mauvais état pour être réutilisés. C'est donc un réseau pratiquement neuf de 560 km qui est construit. Les effluents

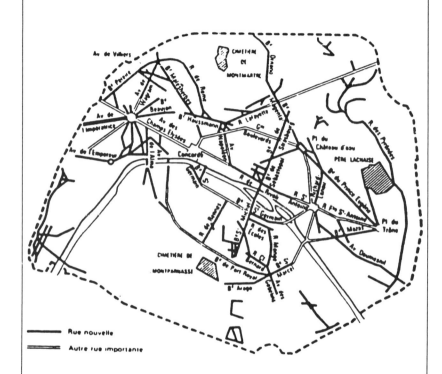

D'après David H. Pinkney, *Napoléon III and The Rebuilding of Paris,* New Jersey, Princeton University Press, 1958.

R. Remond, *Atlas historique de la France,* Armand Colin, p. 40.

dans la Seine sont reportés en aval par des collecteurs neufs. L'intallation de l'éclairage est refaite. Le nombre de becs de gaz passe de 12 400 à 32 200. Les transports publics sont réorganisés et confiés à une société unique : la Compagnie Générale des Omnibus.

Enfin, à partir de 1860, les onze communes situées autour de Paris appartenant au département de la Seine, comprises entre l'octroi et les fortifications, sont annexées. Les communes de la «petite banlieue», Auteuil, Passy, Les Batignolles, Montmartre, La Chapelle, La Villette, Belleville, Charonne, Bercy, Vaugirard et Grenelle sont intégrées dans le Paris des vingt arrondissements. Dans l'ancien Paris, leur contours et leurs numérotations sont modifiés. Une partie des fonctions administratives est décentralisée dans chacune des vingt mairies.

L'économie des réseaux, principes du modèle haussmannien?

Jeanne Gaillard insiste sur la durée des travaux et l'évolution des intentions dans la genèse des réseaux. C'est peut-être l'élément caractéristique du modèle haussmannien que cette capacité d'adaptation aux conjonctures économiques et politiques contemporaines. Le premier, commencé en 1852, revient à créer «une ville dans la ville», un quartier spécifiquement administratif. L'isolement des bâtiments publics est déjà entamé sous la Seconde République par le dégagement de la cour des Tuileries décidée en 1849, puis la prolongation de la rue de Rivoli. La loi du 4 Août 1851 prévoit dans la foulée le déblaiement des abords du Louvre. La poursuite de l'expérience se fait dans l'île de la Cité. Le quartier ancien est abattu. A sa place s'élève un quartier administratif comprenant la Préfecture de police, une caserne, le Palais de Justice, le Tribunal de Commerce en plus de l'Hôtel-Dieu et de la Conciergerie. «Le pouvoir reste dans la ville (...) mais il n'appartient plus à la ville.» Le percement des boulevards assure son désenclavement. Au Nord, sur la rive droite, les travaux du boulevard de Strasbourg qui dégage la gare de l'Est sont commencés en 1852. Le décret du 29 Septembre 1854 prévoit le percement du boulevard de Sébastopol - appelé boulevard du Centre. Les travaux commencent place du Châtelet. Au Sud, sur la rive gauche, le dégagement se fait par la percée du boulevard Saint-Michel. L'empereur en rappelle l'objectif dans le discours d'inauguration du boulevard de Sébastopol en 1858 : «former de grandes artères favorables au developpement de la ville en rapprochant le centre de ses extrémités.» La poursuite de la rue de Rivoli jusqu'à la rue du faubourg Saint-Antoine permet la circulation d'Ouest en Est et dégage le Nord de l'Hôtel de ville. Dans tous les cas, ces boulevards taillent dans le vif du tissu urbain ancien, délaissant volontairement les voies existantes. Le percement du boulevard de Sébastopol suscite ainsi l'opposi-

LIMITES ADMINISTRATIVES DE LA VILLE ET DE SES ARRONDISSEMENTS AVANT ET APRÈS 1860

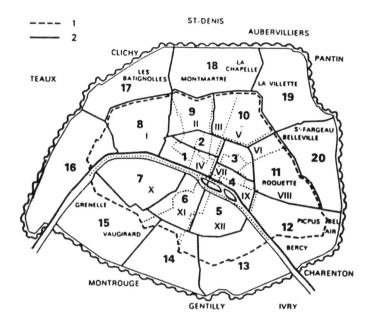

L. 1. Paris avant 1860. - 2. Paris après 1860.

Les chiffres romains indiquent les arrondissements antérieurs à 1860.

D'après L. Chevalier, *La Formation de la population parisienne au XIXe siècle,* P.U.F., 1950.

R. Remond, *Atlas historique de la France,* Armand Colin, p. 40.

tion des propriétaires des rues Saint-Martin et Saint-Denis qui craignent que «la nouvelle voie ne frappe les deux anciennes d'une dépréciation fâcheuse». L'aménagement des Halles correspond à une préocupation déjà ancienne des édiles parisiens. Le projet de leur déplacement ou de leur reconstruction est un sujet de discussion depuis le début du siècle.

Les finalités du second et du troisième réseaux sont assez proches. La distinction tient surtout à leur mode de financement. La loi de mars 1858 prévoit le second réseau. Le troisième est lancé dans le milieu de années 1860. Le dégagement du centre doit être poursuivi par la mise en liaison des différents quartiers de Paris. L'urbanisme «centralisateur» qui a prévu le rassemblement des bâtiments administratifs dans la Cité, envisage également la délégation des fonctions dans les mairies des arrondissements. L'annexion en 1860 de la petite banlieue oblige à poursuivre les travaux pour joindre le nouveau Paris à l'ancien. Les voies nouvelles viennent en diagonale de la croisée des grands boulevards et s'appuient sur deux grandes places en étoile : à l'ouest la place de l'Etoile, à l'est la place du Trône. Elles croisent d'autres voies et forment des étoiles secondaires, place du Château d'Eau (actuelle place de la République), place de l'Opéra, etc. Celle-ci déportée vers l'Ouest par rapport à l'axe du Louvre entre dans la stratégie générale de mise en liaison de la gare du Nord par la rue Lafayette avec la Concorde et la Madeleine à l'Ouest, les Halles vers l'Est par la rue du 10 Décembre et la rive gauche par les guichets du Louvre. De même, l'aménagement de l'accès à la gare de Lyon dont l'empereur refuse le déplacement. Dans une lettre qu'il adresse à son ministre Rouher, Napoléon III rappelle : «En principe, les gares de chemin de fer doivent le plus possible être établies non pas près du centre mais à la circonférence afin d'y multiplier les habitants.»

Cette phrase contient le second élément de l'économie des deux réseaux : la dispersion du peuplement du centre de la ville vers la périphérie. Le déplacement vers l'Ouest est rendu possible par la mutation du centre de Paris. Les quartiers «neufs» de la Restauration ou de la Monarchie de Juillet, la place Saint-Georges, la place de la Madeleine ou la Chaussée d'Antin deviennent des quartiers d'affaires. Les résidences bourgeoises sont donc repoussées vers l'Ouest et s'installent le long des nouveaux boulevards et avenues. A l'Est, les travaux se font plus lentement. Les voies nouvelles contournent les anciennes communes annexées, Montmartre, Belleville. La relance de la construction se fait beaucoup plus mal là où les revenus de la spéculation sont moins élevés. Les plaintes sont d'ailleurs nombreuses. Le journal *Le Siècle* rapporte en 1868 : «Pas une voie Nord/Sud n'a été faite dans le 20e (...) Les rues de La Chapelle sont en mauvais état. Haussmann a fait bâtir une voie qui contourne la butte par le Nord au lieu de raccorder directement le Sud au quartier Saint Georges.»

Le troisième réseau revient sur les conditions d'aménagement de l'Est parisien. Les nouvelles voies prévues cherchent à compenser les insuffisances des liaisons avec l'ancien Paris et après 1867 à relancer les quartiers d'habitation. Jeanne Gaillard explique ces mesures par une stratégie «anti-industrielle». Celle-ci aurait été entamée dès la Seconde République pour éviter l'asphyxie de Paris par la présence trop importante de la grande industrie. Une taxe est donc mise sur l'entrée des «métaux usuels», ce qui revient à imposer les matières premières. L'annexion repoussant les limites de l'octroi aurait dû peser sur les industriels de la petite banlieue. Dans un souci de conciliation - contemporain du lancement du deuxième réseau - le paiement des taxes pour les industriels de l'ex-petite banlieue est différé. Huit ans plus tard, il est cependant rétabli, révélant ainsi les volontés d'Haussmann de conserver dans Paris même la petite industrie et d'exclure la grande. 1867 est l'année de la rupture entre les industriels parisiens et l'Empire. L'aménagement de grandes perspectives dans le 13e arrondissement, encore vide de peuplement, est bien destiné à empêcher la grande industrie de s'installer à proximité de la gare. Haussmann doit quitter la préfecture avant l'achèvement du troisième réseau.

L'économie des réseaux permet de dégager quelques constantes dans le propos de l'aménagement urbain. La mutation de la Cité en ville administrative, le maintien des gares au-delà des boulevards près de quartiers d'habitation, le rejet de l'industrie au-delà des fortifications correspondent à la répartition des fonctions dans la ville. En cela, l'haussmannisation est bien l'héritière des débats des années 1840. La répartition «circulaire» des fonctions appartient à un registre différent. Elle correspond à l'opposition de la ville par rapport à la campagne, à une nouvelle définition de «l'urbanité». Elle conduit la ville à se refermer sur elle-même. Les grandes voies du troisième réseau tentent de renvoyer la population vers la périphérie «proche» pour éviter ce risque. Cet objectif apparemment contradictoire avec le précédent correspond à l'étirement dans le temps des opérations. Enfin, l'aspect le plus visible - et le plus copié - de l'urbanisme de régularisation est le principe de circulation. Le «circuler» l'emporte sur «l'habiter». Les avenues, les boulevards, les rues modèlent l'espace urbain. Les voies nouvelles dans le centre de Paris bouclent les quartiers anciens en reprenant les directions traditionnelles du tissu urbain ou les éventrent en en isolant des pans entiers. Dans les nouveaux quartiers, le remplissage des îlots s'opère en fonction de la rue et de la régularité des façades. La mise en relation des différents espaces de la ville permet ainsi le dédoublement des fonctions. La ville n'est pas seulement pensée en fonction du centre, mais dans son ensemble. En ce sens on a pu évoquer le «modernisme» de l'haussmannisation.

Les travaux en province

Dès le milieu du siècle, les travaux commencent dans les villes de province. La rue du Centre entame à Lyon les vieux quartiers de la presqu'île, dès 1848 à l'intigation de l'ingénieur Poncet. Les débats sur la rénovation sont aussi animés qu'à Paris à la fin des années 1840. Les contemporains se plaignent que la ville soit restée «dans son état primitif» . Dans les grandes villes, les aménagements du XVIIIᵉ siècle sont restés le plus souvent ponctuels. A Lyon, Soufflot a créé le quartier Saint-Clair et Perrache a commencé l'aménagement du Sud de la presqu'île. Les changements les plus considérables ont lieu dans les années 1850 et 1860. Le «modèle haussmannien» semble s'imposer partout selon un réseau de diffusion qui suit à peu près la hiérarchie urbaine. Les grandes villes sont touchées les premières, Lyon en 1853, Lille et Marseille en 1858, Rouen en 1859 puis dans les années 1860, Montpellier en 1861 puis 1864, Toulouse en 1864, Nantes en 1866, etc. Le mouvement s'étire pour les villes plus petites jusqu'en 1880. Certains projets sont repris à l'extrême fin du siècle.

L'intensité de la rénovation varie selon la taille de la ville. A Lyon, Marseille ou Lille, les travaux sont conçus à l'échelle de la ville et de son agglomération. Le rattachement des communes limitrophes de Lyon en 1852 (La Guillotière, La Croix-Rousse, Vaise) permet d'envisager autrement les relations du centre et de la périphérie. Lille abat ses remparts et fait la même opération en 1858. Ailleurs, les travaux consistent à faire des grandes voies ou percées souvent qualifiées «d'haussmanniennes». Les opérations correspondent à deux niveaux d'intervention. Dans un premier cas la percée entame le centre ville et cherche à «régénérer» le tissu urbain ancien; dans l'autre les voies nouvelles dirigent l'urbanisation au delà de la zone d'agglomération. Notons que nulle part les travaux de rénovation n'ont eu l'ampleur qu'ils ont eue à Paris.

Rénover le centre ville

Lyon, avec l'installation du préfet Vaïsse à la préfecture du département du Rhône, est la première ville après Paris à subir de profondes transformations. La municipalité est alors supprimée et la ville confiée au préfet du département. De ce fait, c'est avec l'autorité de l'appareil d'Etat que les travaux vont être menés. Lyon est en 1852 une grande ville en passe de devenir une place commerciale et financière considérable. Or, les autorités craignent de nouvelles révoltes qui risqueraient d'avoir un effet d'entraînement sur tout le Sud-Est. La ville est à l'étroit entre deux collines et deux fleuves, et ne peut s'étendre vers l'Est puisque les terrains situés sur la rive gauche du Rhône appartiennent à la commune de La Guillotière. La «presqu'ile» entre «Rhône et Saône» est le centre ville engorgé et surdensifié, dont l'expansion vers le quartier Perrache au Sud est bloquée par les entrepôts. Le tissu urbain est particulièrement dense en direction du seul pont de la ville vers l'Est, le pont de La Guillotière. En 1852, Vaïsse propose des travaux qui concernent l'ensemble de la ville. Il veut réaménager au centre la presqu'île en créant une nouvelle gare au Sud, en refaisant les quais le long des deux fleuves, en construisant la Bourse et un hôpital. L'année suivante, le projet de percement de la rue Impériale prend forme. Il est présenté comme une «opération d'embellissement» qui doit permettre d'éviter tout risque de nouvelles émeutes. Il répond en fait à un double objectif : permettre la circulation et le désenclavement du centre-ville, transformer le morphologie urbaine ancienne par la création d'immeubles neufs pour empêcher ainsi l'exode de la population bourgeoise. L'architecte Dardel prévoit le tracé presque rectiligne de la voie entre l'Hôtel de ville et la place Bellecour, puis la nouvelle gare Perrache au Sud. Le premier tronçon est effectué sur 1 Km. Aux deux-tiers du parcours, la percée change d'axe, à l'emplacement de l'actuelle place de la République pour éviter d'éventrer la place Bellecour. Elle lie entre eux des édifices publics comme l'Hôtel de ville, l'Opéra, la Bourse, plus loin la gare. La vocation de voie de circulation est ainsi respectée. Elle coupe le tissu urbain ancien, entamant le parcellaire traditionnel. Cependant, le choix de la percée rectiligne parallèle aux voies anciennes évite un remodelage en profondeur des parcelles. Le coût du terrain conduit à des expropriations réduites. L'opération de rénovation se réduit donc à une frange assez étroite le long de la voie. Les immeubles de rapport qui la bordent présentent une esthétique et homogénéité architecturale particulière, différente de celle du reste de Lyon. Les appartements sont destinés à la bourgeoisie locale qui se reconnaît dans les aménagements intérieurs. La rue Impériale répond ainsi aux espérances de ses promoteurs. En 1860, elle est doublée par la rue de l'Impératrice qui doit être une rue de bureaux et de commerces.

Le projet rouennais est de nature différente. Le maire Charles Verdrel propose en 1859 l'aménagement de l'Ouest de la ville. Le plan qui porte son nom est dû à l'architecte Lévy. La rénovation de la ville s'organise autour de deux axes à percer, en croix, la rue de l'Hôtel de ville (plus tard rue Thiers) et celle de l'impératrice (rue Jeanne d'Arc), longues chacune de près d'1 Km sur 16 à 18 mètres de large. La rue Jeanne d'Arc est prévue comme la première partie d'une grande voie Sud-Nord vers la gare. A la différence de la rue Impériale à Lyon, il ne s'agit pas de simples percées. Elles doivent permettre la restructuration de l'ensemble de la zone. A partir de la rue Jeanne d'Arc se crée une zone d'expropriation massive à proximité du Marché Neuf

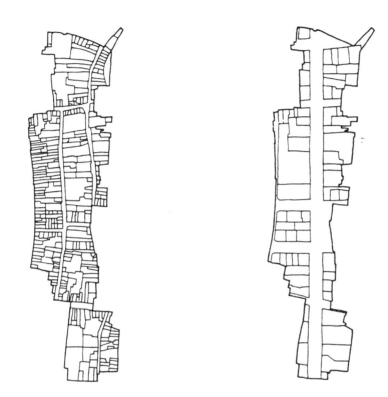

Rouen, partie sud de la rue Jeanne d'Arc :
parcellaire avant et après le percement

M. Darin, «Les percées urbaines au XIXe siècle, *Annales ESC*, 1988 n° 2, p. 496.

et du Vieux Marché. L'administration exploite le décret de 1852 en expropriant les petites parcelles, les parcelles contigües aux premières et celles donnant sur une rue supprimée. Elle ouvre également des rues secondaires (la rue Rollon et la rue Guillaume le Conquérant) entre les deux marchés pour étendre ainsi la zone d'expropriation. Les travaux de viabilité ont ici conduit à des expropriations massives et à une rénovation de très grande ampleur : 1 000 maisons à détruire, 6 200 personnes à déplacer, 1 000m^2 de voies à créer ou à refaire... La réalisation est plus difficile à mener qu'à Lyon. L'Etat consent à céder 5 millions de francs (en principe 1/3 de la dépense pour les «voies impériales»). Le reste du financement est couvert par un emprunt garanti sur le revenu de l'octroi. L'importance de l'opération et les difficultés de sa mise en œuvre ont conduit la municipalité à abandonner la poursuite de la rénovation à l'Est de la ville, à Martainville en particulier.

Diriger le peuplement

Pendant la première moitié du siècle, l'extension de Marseille se fait vers le Sud en suivant la rue de Rome au delà même de la place de Castellane, en direction de la promenade du Prado; vers l'Est entre le cours du Chapitre et le plateau de Longchamp; vers le Nord le long de la rue d'Aix entre la Vieille-Ville et le plateau Saint-Charles. Aucun plan ne coordonne ces créations ni la jonction avec la Vieille Ville.

De plus, par le traité de juin 1854, l'Etat a cédé à la municipalité les terrains de l'ancien Lazaret et ceux que les travaux pour les nouveaux ports ont conquis sur la mer. La ville traite alors avec Jules Mirès qui crée en 1856 la Société des Ports de Marseille et qui rachète à 50 francs le m^2 les terrains de l'ancien Lazaret. Il achète ainsi 350 000 m^2 de terrains. Il pense établir un quartier neuf d'immeubles de luxe. La ville s'engage «sans trop en mesurer les conséquences dans la construction d'une troisième ville que le relief et la masse des vieux quartiers séparent de la ville moderne» (Marcel Roncayolo).

En 1856, le maire Jean-François Honnorat et l'ingénieur Franz-Mayor de Montricher décident de traiter globalement la question de l'aménagement de la ville. Le plan défini en novembre 1858 constitue la trame de toutes les interventions réalisées des années 1860 à la Troisième République. Le tracé des principales interventions indique les priorités : percer la Vieille Ville vers les ports et les quartiers nord Saint Lazare et Saint Charles, les agrandir en tenant compte du quartier portuaire d'Arenc. La rue impériale prend ainsi «à rebours» toutes les tendances d'urbanisation du premier XIXe siècle. Les travaux commencés en 1863 sont considérables. La rue fait plus d'1 km de long sur 25 m de large. Il faut par endroits creuser une tranchée de 25 m dont les déblais vont servir à l'aménagement des nouveaux bassins. 38 rues étroites, pentues, souvent en escalier disparaissent avec 935 maisons. Les terrains dégagés pour l'opération occupent soixante hectares, pratiquement la surface de la ville médiévale. Cette opération éclipse les autres. Le percement de la Vieille Ville avait commencé un peu plus tôt avec l'élargissement de la rue Noailles dans le prolongement de la Canebière, de six à trente mètres, équilibrant la perspective perpendiculaire qui va de la rue d'Aix à la place de Castellane. Les aménagements «haussmanniens» à Marseille cherchent donc à diriger l'extension de la ville vers le Nord entre les nouveaux bassins et la gare Saint Charles.

Les risques urbanistiques de l'opération sont considérables. Bailleux de Marisy décrit ainsi le propos de la rue Impériale: «Jeter cent millions de constructions nouvelles à côté de celles de La Joliette, dont les premiers essais restaient infructueux, construire tout d'un coup une cité propre à recevoir cent mille habitants au bord d'une ville, dont le mouvement s'étendait depuis un demi-siècle vers le sud, repousser la mer, abaisser le sol, faire refluer la population en sens contraire, c'était une entreprise dont la hardiesse pouvait coûter bien des insomnies à ses auteurs.» Le projet consiste bien à «renverser» la tendance de la croissance urbaine acquise depuis le début du siècle.

Construction et spéculation

La seconde moitié du siècle connaît à la fois une hausse de l'activité du bâtiment et un gonflement des valeurs immobilières.

L'activité du bâtiment

L'indice de la construction révèle une période d'intense activité au cours des années 1850. Les passages de pierre de taille à l'octroi atteignent leur maximum en 1854 à cause des travaux du premier réseau à Paris. L'opération Rivoli devait en effet être terminée pour l'Exposition Universelle de 1855. L'année suivante, les entrées de pierre diminuent. Le moëllon qui est un matériau moins noble mais encore assez cher la remplace. En 1856, la construction marque le pas. La fin du premier réseau indique une période de stabilisation «peu propice à la belle construction» (Jeanne Gaillard). Les années suivantes, ce sont les constructions dans les quartiers populaires qui soutiennent le mouvement. Pour cette raison, les passages de brique reprennent en 1857. La relance de la construction par le second réseau concerne à la fois les quartiers populaires et les quartiers bourgeois. Ceci explique la reprise simultanée de la pierre de taille et de la brique.

La construction en province suit un rythme décalé. Elle bat son plein après 1854, à Lyon, avec le début des démolitions de la rue Impériale. Celle-ci est achevée en 1857. La relance s'opère au début des années 1860 avec l'aménagement des quais et le doublement de la rue Impériale par la rue de l'Impératrice destinée à devenir la rue «des affaires». Les réalisations à Rouen et à Marseille commencent plus tardivement après 1860. A Rouen, la compagnie concessionnaire abandonne le chantier après les démolitions. La construction des immeubles est cependant achevée en 1870. La situation à Marseille est plus complexe. Le démarrage de la construction se fait lentement. De 1850 à 1856, on construit 150 logements par an. La pression démographique augmentant, entre 1857 et 1861, ce sont 350 logements nouveaux qui sont construits par an, puis 880 entre 1861 et 1863, dès les débuts des grands travaux à Marseille. Les travaux de la rue Impériale commencent en 1863-1864 et reportent sur les années 1870 les résultats de l'opération.

Le rythme de la construction se ralentit à Paris à la fin de l'Empire. La situation à Marseille est bien plus grave. Les immeubles de la rue Impériale ne se vendent pas et les appartements ne trouvent pas de locataires. L'effondrement de la Compagnie Immobilière des Péreire provoque une crise immobilière considérable. A Paris, la guerre puis la Commune se traduisent par une chute de 60% de l'indice du bâtiment de 1869 à 1871. Il faut attendre 1877 pour qu'il retrouve son niveau de 1869. La hausse est alors de 86% de 1875 à 1882. Marcel Roncayolo évoque «l'été indien» de la construction parisienne. La reconstruction de Paris «enseveli sous les décombres» de la Commune déclenche une reprise modérée des investissements. C'est à la reconstruction de l'Hôtel de ville et à l'achèvement des opérations interrompues comme le boulevard Saint-Germain (les expropriations étaient déjà prononcées) ou l'avenue de l'Opéra et aux travaux pour l'Exposition Universelle de 1878 que l'on doit cette relance.

Cette période de reprise modérée se conclut par une chute rapide de l'indice de la construction : moins 40% entre 1882 et 1886. En effet, les années 1880 inaugurent une longue période de stagnation. La courbe présente un profil nouveau différent de celui de la période précédente : les points les plus bas de l'indice du bâtiment sont moins marqués, les plus hauts sont inférieurs aux niveaux de 1866 ou 1882. En quelque sorte, la courbe s'aplatit. Cette médiocrité de la construction se poursuit jusqu'au début du siècle en 1906. La construction des équipements et bâtiments publics, mairies d'arrondissement ou écoles, prolongent quelques initiatives haussmanniennes. Cependant, l'ampleur des expropriations diminue. En 1852 et 1857, elles représentaient 59% du total des démolitions, 34% de 1865 à 1867, 22% entre 1876 et 1878 et 14% à peine entre 1887 et 1889. Le mouvement se ralentit en même temps qu'il se déplace vers la périphérie. Dans la décennie 1860 la plus forte année avait connu 848 expropriations; dans la décennie 1890 les chiffres les plus élevés sont en 1895 de 231.

Le mouvement de la rente

Après les difficultés de la période de la Seconde République qui ont concerné tous les quartiers de Paris, la progression de la rente immobilière est considérable. Entre 1852 et 1876, dates des relevés effectués par l'administration des Contributions Directes, les loyers ont augmenté en moyenne annuelle de 2% à Paris. Le niveau de progression est remarquable. Il s'agit cependant d'une moyenne sur l'ensemble des maisons de la capitale. Selon les quartiers et le type de rues, des nuances peuvent être apportées. Ce sont souvent les maisons anciennes dans les quartiers en cours de réhabilitation ou de rénovation qui ont connu les progressions les plus fortes. Rue Aumaire, rue Volta, rue du Vertbois, dans le nouveau IIIe arrondissement (ancien VIe) touché dès 1854 par la percée du boulevard de Sébastopol, l'augmentation peut atteindre, voire dépasser, 5% par an dans les dix premières années du Second Empire. La progression est encore plus forte dans les rues artisanales et commerciales comme la rue Saint-Martin ou la rue du Temple. La hausse des loyers correspond à la reprise démographique et économique des années 1850. Elle anticipe peut-être aussi les augmentations liées aux projets de rénovation et aux expropriations futures. On peut cependant se demander si la progression n'est pas similaire à ce qu'elle fut dans les dernières années de la Monarchie de Juillet.

Le fait vraiment nouveau est la régularité de cette progression sur une longue période jusque dans les années 1880. Mis à part l'accident de la guerre puis de la Commune, l'évolution est beaucoup moins heurtée que pendant la première moitié du siècle. La rente immobilière a dû paraître un placement sûr aux contemporains. Paris traverse pourtant la période des grands travaux. Quels sont les effets des bouleversements sur la rente immobilière? Dans le IIIe arrondissement, la période des travaux, qui à partir de 1865 touchent le centre du tissu urbain ancien avec le percement de la rue de Turbigo, est contemporaine d'une croissance plus lente qu'entre 1852 et 1862. Cette progression modérée correspond au maintien des activités économiques et de la population dans les rues épargnées par les travaux, puis à partir des années 1870 à l'adaptation à la rénovation urbaine. C'est là aussi pour les maisons les plus vétustes dans les rues les plus mal famées que la progression est la plus forte. Il est possible que les perspectives de l'aménagement des voies nouvelles poussent la population artisanale, commerçante et ouvrière locale à rester sur place, quitte à accepter des hausses de loyers pour pouvoir profiter de l'offre d'emploi ou de débouchés que pourront offrir les voies nouvelles. Ce comportement expliquerait également le maintien de la progression rue Saint-Martin et rue du Temple. Ce mouvement est pourtant suivi d'un ralentissement à la fin de l'Empire qui doit correspondre à la concurrence de voies nouvelles. Le mouvement est similaire dans le quartier de l'Opéra sans doute plus élégant, étudié par Adeline Daumard. L'ouverture de l'avenue de l'Opéra a valorisé les maisons anciennes dans les petites rues, rue d'Argenteuil, rue des Moineaux. C'est moins vrai pour les maisons des rues plus élégantes. La progression est beaucoup plus ralentie dans le passage Choiseul ou dans la rue Gaillon ou encore dans la rue d'Antin. Ces rues qui datent de la fin de la Restauration, dont les immeubles ont souvent été loués à des prix trop élevés aux lendemains de leur construction, subissent de plein fouet la concurrence des immeubles le long de la voie nouvelle. La situation n'est pas difficile pour autant. L'enrichissement des propriétaires est seulement moins important. La rue de la Paix est un cas particulier. La valeur des maisons construites récemment dépasse de beaucoup celle des autres rues du quartier. La progression de la rente s'accélère dans la seconde moitié du siècle. Elle est à la fois plus forte que dans les autres rues et plus régulière. C'est le rythme d'une rue à la mode qui ne subit en aucune manière la concurrence de l'avenue nouvelle et ne fait que profiter de sa position entre les Champs-Elysées et la (future) avenue de l'Opéra.

Il est à noter que le marché de la construction neuve suit une évolution similaire à ce qui vient d'être vu pour les maisons anciennes. Cependant - et la différence est de taille - le taux de progression de la rente est inférieure. Ainsi les maisons du côté impair du boulevard de Sébastopol ont connu une progression de 12% de leur valeur locative entre 1860-1863 (date de leur édification) et 1879. Pendant la même période, le taux d'accroissement des locations des maisons toutes proches de la rue Saint-Denis était de 27%. Adeline Daumard constate que le taux est encore plus faible boulevard Saint-Michel et dans les rues neuves adjacentes. En 1879, la masse des valeurs locatives des maisons construites avant 1865 n'a augmenté que de 7,3%. La situation est encore plus difficile pour les immeubles terminés à la fin de l'Empire ou dans les années 1870. Ils arrivent trop tard sur le marché alors que l'offre de logements confortables est trop importante. Les maisons de la rue de Turbigo ont par exemple déçu leurs investisseurs. Les logements ont été loués à un prix inférieur à celui qui avait été déclaré aux Contributions Directes au moment de leur construction. Il faut attendre 1896 pour que le niveau initial soit atteint.

L'année 1882 ouvre en effet une phase de langueur de la progression du revenu immobilier parisien. Celle-ci est en moyenne inférieure à 1% par an jusqu'en 1896. Dans le IIIe arrondissement, le mouvement de la rente corres-

LE BOULEVARD MALESHERBES

Les financiers, agents de change, négociants, qui faisaient encore autour de 1850 les beaux jours de la Chaussée d'Antin, se retrouveront autour du Parc Monceau dans les années 80; ils émigrent mais sans hâte. (...) La pression du peuplement ne précède pas les travaux et ne s'exerce pas également aux deux extrêmités du boulevard Malesherbes. Le boulevard se bâtit rapidement à proximité du nouveau centre, de la Madeleine au Parc Monceau et les premiers acquéreurs sont des spéculatuers qui prévoient la plus-value des terrains, mais au delà de la place Malesherbes où l'industriel Cail fait construire un hôtel encore isolé, la pression démographique est à peu près nulle : beaucoup de terrains vides et de maisons basses qui préexistaient à l'ouverture du boulevard, une somnolence caractéristique des quartiers banlieusards. La plaine Monceau proprement dite n'a pas encore trouvé la population cossue qui donnera au quartier sa physionomie et son style particulier. Elle est peuplée de propriétaires, d'artistes, d'employés, de rentiers, qui se sont exilés du centre non par la peur des révolutions mais pour fuir la hausse des loyers; ils ne tarderont pas à être chassés à leur tour. L'ouverture du boulevard Malesherbes apparaît plutôt comme une traite tirée sur l'avenir que comme le produit d'une pression démographique inexistante.

Aussi bien, le boulevard ne suit pas un grand courant de circulation, il ne vient pas à la rencontre d'un axe routier essentiel : beaucoup plus simplement il se faufile dans un angle mort où le terrain est particulièrement bon marché, entre le quartier de l'Europe où il est cher (...) et le faubourg Saint-Honoré où il l'est encore davantage.

L'emplacement choisi est celui du plus grand profit. Les Pereire ont payé le terrain jusqu'à 430Fr le m^2 autour de Saint Augustin pour ouvrir le boulevard Malesherbes, plus cher que ne valaient les terrains du quartier de l'Europe, mais ils ont eu pour 50Fr les terrains situés au Parc Monceau et pour moins de 10Fr ceux de la Plaine Monceau proprement dite.

(...) C'est donc bien la spéculation foncière qui a favorisé l'évasion de la richesse vers l'Ouest, elle a fixé les nouveaux «beaux quartiers» non pas au voisinage du quartier Saint Georges et de la Chaussée d'Antin, sur l'emplacement du lotissement de l'Europe, mais un peu au delà, sur les premiers terrains non-urbanisés qui lui étaient accessibles.

Jeanne Gaillard, Paris, la ville, H. Champion, 1977, p. 45, 46.

pond à la rédéfinition de la vocation des voies entre elles. Les rues anciennes confortent leur position de rues artisanales et industrielles. Des locaux d'habitation sont transformés en atelier, le propriétaire louant les services d'une machine à vapeur installée dans la cour. Le revenu des immeubles des rues «dynamiques» à la fois commerçantes et artisanales, rue Saint-Martin et rue du Temple, diminue, signe de la concurrence des voies nouvelles et de la crise de la Fabrique parisienne. La rue Meslay, seule rue résidentielle du quartier, continue une progression régulière. Cette crise de «langueur» est surtout le signe du déséquilibre du marché immobilier. L'offre de logement de luxe est trop importante pour les besoins de la population parisienne. L'essor de la construction profite d'abord aux immeubles de luxe alors que la demande concerne surtout les logements au loyer inférieur à 500 F. La *Revue générale de l'architecture* décrit le quartier Marbœuf, l'une des opérations les plus ambitieuses du moment : «Ce quartier neuf reste désert, malgré sa proximité des Champs-Elysées; les loyers de quinze à dix-huit mille francs ne trouvent pas, en ces parages presque champêtres, les amateurs exotiques sur lesquels on comptait. Les maisons à six étages, aux escaliers de marbre et de mosaïque, aux vestibules solennels et réfrigérants, où, silencieusement, l'ascenseur monte et descend à la moindre pression sur un ressort féérique, ces maisons-là sont vides.» (cité par Marcel Roncayolo) Les calculs de Gérard Jacquemet montrent cependant un niveau de rendement des nouveaux immeubles qui reste relativement élevé. En 1886, le revenu est estimé à 5,23% en moyenne, à 4,7% en 1895. On est loin des 6 et 7 voire 9% relevés au début du second Empire. Mais «le revenu reste substantiel d'autant que le taux d'intérêt de l'argent a baissé depuis 1886». L'investissement immobilier reste une valeur intéressante : entre 1851 et 1887-1889, le nombre de maisons a augmenté à Paris de 21% et leur valeur locative globale de 193%...

Les opérateurs jusqu'à la crise des années 1880

Le financement des travaux est en général à la charge de la ville. Les municipalités souscrivent des emprunts extraordinaires qu'elles comptent couvrir par la plus-value future des terrains qui bordent les voies nouvelles et par les revenus de l'octroi. L'Etat subventionne cependant à hauteur d'un tiers les dépenses pour le percement des «voies impériales». Les travaux sont concédés à des compagnies. La mobilisation des capitaux prend en effet une dimension nouvelle sous le Second Empire. Les banques d'affaires par action interviennent dans les affaires immobilières par l'intermédiaires de sociétés spécialisées. Les années 1860 à 1880 sont en effet celles des «grandes affaires», comme le montre Michel Lescure. Par la suite la crise boursière de 1882 puis la longue dépression de l'immobilier jusqu'au début du siècle conduisent les banques à se détourner de l'investissement urbain. L'un des éléments caractéristiques de l'haussmannisation disparaît ainsi.

Municipalités, Etat ...

Les travaux lyonnais sont financés essentiellement par la ville. Elle apporte 71,5 millions de F. La participation de l'Etat s'élève cependant à 18,8 millions et celle des compagnies à 17,5. La ville lance des emprunts par l'intermédiaire du Crédit Foncier jusqu'en 1861, puis par des emprunts spécifiques en 1861 et 1865. Les remboursements se font grâce aux excédents budgétaires qui sont en hausse. En 1845, les recettes s'élèvent à 3,8 millions de F et à 9,4 millions de F en 1864. La ville profite en effet de l'annexion des communes limitrophes. Elle prend en charge directement la restauration de l'Hôtel de ville, la construction de la Bourse, les quais (20 Millions de Francs), l'abattoir de Vaise (0,5Million de F), l'aménagement de la Tête d'Or (4,5 Millions de F). Le percement de la rue Impériale est mené par une compagnie concessionnaire. Celle-ci est fondée par l'architecte Benoît Poncet - qui était déjà présent lors des travaux pour la rue Centrale. Benoît Poncet intervient à tous les niveaux. Il rassemble les capitaux, conçoit les immeubles, assure la mise en œuvre et traite avec les entrepreneurs. La municipalité se borne à mener les expropriations. Elle achète les espaces nécessaires à la voirie et - ou - à certains édifices publics. L'Etat a subventionné l'opération à hauteur de 4 millions. La ville y a participé pour 12 millions. En peu de temps, les travaux sont menés et les immeubles vendus et occupés.

... et compagnies

A Marseille, la municipalité a choisi de déléguer les opérations d'urbanisme, à une grande compagnie. L'exemple de l'opération de la rue Impériale montre une complexe imbrication entre la ville, des intérêts financiers locaux et nationaux. Lorsqu'en 1858, la ville décide l'aménagement de la rue Impériale, elle n'a pas remboursé les emprunts contractés pour le canal de la Durance et l'aménagement des nouveaux ports. Elle est endettée dans des proportions beaucoup plus importantes que Paris. En 1866, Bailleux de Marisy estime le passif de Paris à 5 000 millions de francs, celui de Marseille à plus de 100. «Pour que la parité fût égale entre les dettes et les ressources des deux villes, il faudrait que le revenu de Paris restât inférieur à 78 millions.» A cette date, il était de 134 millions... Lorsqu'elle décide d'entreprendre les travaux de la rue Impériale, la Ville manque de liquidités et l'Etat refuse son aide. Elle accepte donc de recevoir à titre d'avances sur le paiement des terrains, 10 millions de francs produits par l'émission d'obligations de la Société des Ports que dirige Jules Mirès. Les obligations sont garanties sur 113 000 m² de terrains et sont placées auprès de capitalistes marseillais. La ville et Jules Mirès sont donc engagés ensemble. En 1861, la Caisse Mirès fait faillite et la Société des Ports est en pleine déconfiture. Elle doit réaliser les terrains pour payer la fin de son achat et l'intérêt des obligations. En 1862, la Compagnie Immobilière des Péreire se porte acquéreur des terrains de la rue Impériale. En 1863, les Péreire rachètent la Société des Ports de Marseille, à 30% de la valeur nominale des actions.

La compagnie fait construire directement quelques immeubles de prestige et met en valeur 11 300 m². 67 000 m² sont vendus à des acquéreurs à crédit qui empruntent auprès du sous-comptoir des Entrepreneurs. Ils ont six ans devant eux pour payer le terrain à condition de construire immédiatement (sinon les constructions reviennent à la Compagnie).

L'opération se fait mal. En 1866, la Compagnie Immobilière a quatre-vingt-cinq maisons en «plein rapport» : il y a 60% de vacances... Les autres entrepreneurs sont dans la même situation : ils n'arrivent ni à revendre, ni à louer. En 1867, les Péreire cèdent la Compagnie Immobilière et les actifs sont réalisés à perte.

Le bilan pour la ville est très lourd. Elle a en 1865 un passif de 103 millions de francs. Or les revenus ne représentent que 10,5 millions de francs par an, soit 10% de la dette.

L'opération de la rue Impériale à Marseille est la dernière intervention d'envergure des Péreire. L'echec du Crédit Mobilier et de la Compagnie Immobilière clôt ce type d'intervention massive sur une ville.

Les sociétés immobilières ont en effet une capacité financière considérable qui leur permet de jouer un rôle non négligeable dans le développement urbain. L'ampleur des projets des Péreire, aussi bien à Paris où la Compagnie Immobilière absorbe la Compagnie des Entrepôts et Magasins Généraux de Paris en 1860 puis l'Entrepôt général de la Villette en 1864, qu'à Marseille, comme on vient de le voir, n'a pas d'équivalent.

Les placements financiers qu'elle opère révèlent, en fait, une stratégie moins risquée d'intervention et d'implantation dans la ville. Michel Lescure montre qu'à Paris la Compagnie Immobilière des Péreire intervient en placement fixe. Les investissements sont donc opérés en vue de revenus réguliers : ils reviennent à la constitution puis à la gestion d'un parc d'immeubles. Pour cette raison, la Compagnie s'intéresse essentiellement au centre politique de Paris (proche du Louvre et de la rue de Rivoli) ou économique (à l'Opéra ou au boulevard des Capucines). Le dernier placement fixe de la Compagnie Immobilière de 1861 à 1863 à Paris est la construction d'un groupe d'immeubles entre les rues Scribe et Halèvy et le boulevard des Capucines.

Cette opération a un succès garanti parce qu'elle est située au Sud du IXe arrondissement. Par contre la Compagnie délaisse les implantations dans les quartiers neufs, là «où commence le domaine des affaires spéculatives». Le comportement des autres sociétés immobilières est similaire. Elles ne gagnent les quartiers périphériques que vingt ou trente ans après leurs créations. 45% des immeubles détenus par la Rente Foncière, la Société Foncière Lyonnaise et la Société des Immeubles de France en 1883 sont situés dans le Xe et le XIe arrondissements, dans les quartiers modelés par le Second Empire, mais en-deçà de la ceinture des Fermiers Généraux. L'intervention des compagnies dans les opérations spéculatives se fait surtout dans les quartiers Ouest et Nord-Ouest et implique une rotation rapide du capital. Les modalités sont variables d'une compagnie à l'autre pour l'acquisition des terrains, la valorisation par les travaux de viabilité, la construction des immeubles, etc. Elles ont peu d'opérations dans les arrondissements de la rive gauche et ceux périphériques du Nord et de l'Est ou plus tardivement pour certaines. Elles construisent dans les zones d'opérations spéculatives des immeubles luxueux pour la moyenne et la haute bourgeoisie, dans le VIIIe arrondissement et dans les arrondissements limitrophes. Les zones de placements fixes sont dans les arrondissements centraux et concernent les immeubles destinés aux classes moyennes (loyers compris entre 500 et 1 000, voire 2 000 F. par an). Enfin, elles n'interviennent pas dans les arrondissements d'habitat ouvrier. Elles concourent ainsi à renforcer le parc d'immeubles de luxe dont les loyers sont supérieurs à 1 000 F. Il y a cependant une exception dans les années 1880. La Rente Foncière achète en effet le quartier neuf de Clignancourt dans le XVIIIe arrondissement, construit par la Société Immobilière de Montmartre. Elle espère de cette opération un revenu net de 7%, compte tenu du bas prix de l'acquisition et de la faible concurrence sur le marché des immeubles modestes. La relative «prudence» des grandes sociétés immobilières a en fait abouti à donner au marché immobilier une animation artificielle dans les domaines les plus spéculatifs de la construction bourgeoise.

La chute brutale du marché en 1882 et 1883 ouvre une période de liquidation des sociétés immobilières. Gérard Jacquemet a compté de 1870 à 1900, 52 faillites de promoteurs immobiliers dont les deux tiers se sont produites entre 1883 et 1886. Les opérateurs de la «grande spéculation» se retirent et laissent une place plus importante à des propriétaires individuels ou des entrepreneurs moins puissants quelquefois regroupés en compagnies.

Les autres intervenants

On connaît beaucoup moins bien l'intervention des petits opérateurs dans les opérations de spéculation foncière.

Des entreprises financières de second ordre achètent et lotissent des terrains. Le Comptoir Central de Crédit fondé en 1853 achète des terrains dans la banlieue proche de Paris à Boulogne, sur l'île Saint-Germain, voire un peu plus loin dans le parc de Maisons-Laffitte. Edouard Naud, le banquier, commence les opérations de lotissements en 1863. Celles-ci portent sur des zones parfaitement valorisées et qui attirent une clientèle de luxe. Cela permet à la banque de faire construire dans Paris quelques maisons dans les quartiers nouvellement «haussmannisés», boulevard Haussmann, rue de Courcelles avenue de Amandiers, etc. Le Comptoir achète des terrains en 1877 à l'angle de l'avenue de l'Opéra et de la rue Sainte-Anne, rue de Rome pour faire des immeubles de rapport. Les opérations sont dans tous les cas rentables et les propriétés prennent de la valeur tout en conservant un revenu de 6 à 7%. Ces investissements rentables permettent d'assurer le lent développement du lotissement du château et du clos des Moulineaux à Issy. Malgré tous les efforts d'Edouard Naud qui est maire ou conseiller municipal de 1863 à 1881, les lotissements ne se font que très tardivement.

Des intervenants plus petits encore se mobilisent. Gérard Jacquemet en donne de nombreux exemples à Belleville. Les constructions sont souvent faites jusque dans les années 1880 sur des terrains loués. La Cité parisienne, par exemple, est un ensemble de soixante-trois maisons édifiées entre 1856 et 1862 par la société Legrand, Péchoin et Asselin sur des parcelles données en location par Legendre. Sur ce terrain de 20 290 mètres en façade sur le boulevard de La Villette, loué pour vingt-quatre ans (10 000 F par an pendant seize ans, puis 11 et 12 000 F), les «promoteurs» ont construit des maisons en plâtras couvertes de zinc avec quelques boutiques et ateliers, mais surtout des petits logements et des chambres dont la valeur locative en 1862 va de 120 à 150 F. Par la suite cette pratique diminue à Belleville - lorsqu'elle se développe ailleurs dans Paris -, sans doute parce que le terrain y est moins cher. Les Bellevillois de souche mettent à profit leur héritage, font des regroupements de terrains et vendent les lots après une viabilisation souvent sommaire. Ainsi naît le passage Faucheur près de la rue des Envierges, du nom de son ancien propriétaire, dont la vente est répartie en vingt-huit lots. Ces opérations sont à des fins de spéculation occasionnelle. L'efficacité des investissements attire des professionnels surtout après 1880 lorsque la ville met en vente les immeubles situés en bordure de la rue des Pyrénées et près des Buttes-Chaumont. Ils achètent alors les terrains, les viabilisent et les revendent avant la construction. Ces petites opérations ne sont pas spécifiques aux quartiers ouvriers de l'Est et du Sud. A Auteuil et à Passy dans le XVIᵉ arrondissement, se multiplient ainsi les petites opérations de «villas», d'immeubles ou de maisons construites au bord d'une voie privée et d'hôtels particuliers.

Chapitre cinq :
Vivre en ville

A la fin du siècle, la ville attire pour elle-même les ruraux. Elle devient une référence et incarne la modernité. Elle offre des occasions de promotion et les migrants qui s'y installent, de plus en plus nombreux, acceptent de s'y intégrer. Ils profitent alors des nombreuses et diverses filières qui existent, réseaux familiaux, communautaires ou professionnels. L'installation en ville, même temporaire, s'accompagne d'une modification des comportements. La mobilité résidentielle paraît en être un aspect et pas seulement pour les milieux populaires; l'offre de biens de consommation et de produits alimentaires de toute sorte étonne et crée de nouveaux besoins. De la sorte, une culture urbaine s'impose au plus grand nombre. Les villes rénovées par les grands travaux ont cependant beaucoup de mal à gérer l'afflux de population nouvelle. A la fin du siècle, on est de nouveau dans une situation de crise urbaine. L'accord entre l'autorité publique et les intérêts privés, caractéristique de la période haussmannienne, se borne aux limites administratives des communes et s'avère incapable de gérer l'extension périurbaine. Ce n'est qu'à la veille de la guerre de 1914, que les représentants des intérêts locaux, élus des villes de banlieue, arrivent à imposer une réflexion urbaine à l'échelle des agglomérations.

Croissance et bilan naturel

Une natalité urbaine élevée

La natalité urbaine est restée supérieure à la natalité rurale jusqu'aux premières années du XXe siècle. Ainsi de 1896 à 1901, le taux de natalité est de 22,3 pour mille dans les villes et de 21,6 pour mille dans les campagnes. La tendance du premier XIXe siècle est ainsi confirmée. A la fin du Second Empire, les départements du Nord et du Pas-de-Calais, dont la population urbaine est importante, représentent 5,3 % de la population nationale et 6,8% des naissances. Ces taux sont plus élevés au début du XXe siècle : ils sont en 1911 respectivement de 7,3% et de 8,9%. La même remarque pourrait être faite pour la région parisienne (département de la Seine et de la Seine-et-Oise). A elles deux, ces régions industrielles passent de 2,5 millions d'habitants à 8 millions et absorbent ainsi la moitié de l'accroissement de la population française. A la fin du siècle, les mêmes départements du Nord et du Pas-de-Calais se retrouvent parmi ceux dans lesquels la natalité urbaine est supérieure à la natalité rurale. Ils sont rejoints par la Loire et dans une moindre mesure par la Meurthe-et-Moselle, les Vosges et le territoire de Belfort. Paris, pendant la plus grande partie du siècle, conserve un taux de natalité supérieur à celui de la France. En 1896, il est proche de 22 pour mille. Plus tard, il devient inférieur à la moyenne nationale. Pierre Guillaume a comparé la natalité à Bordeaux et dans les campagnes de Gironde. Malgré une baisse régulière de son niveau, la natalité reste constamment supérieure à celle de campagnes proches. En 1911, son taux est de 16 pour mille, supérieur de deux points à celui de la Gironde rurale.

La natalité urbaine élevée est due à la présence d'une part importante de la population en âge d'avoir des enfants dans les villes. Dans la seconde moitié du siècle, la part des groupes d'âge varie peu dans la population totale. A peine peut-on remarquer un léger élargissement à la base qui témoigne d'un certain enracinement de la population. A Paris, le groupe des 15-60 ans représente 74,2% des habitants en 1851, 72,5% en 1876 et 72,1% en 1896. La pyramide des âges de Bordeaux ou d'Angers ressemble à celle de Paris. Cette forte concentration de jeunes adultes permet une natalité supérieure à la moyenne française.

Bien au delà du milieu du siècle, la fécondité urbaine se maintient. Yves Tugault à partir de données départementales mesure les taux bruts de reproduction. Ceux-ci sont inférieurs dans les départements non-urbanisés (168 pour 100 femmes) à ce qu'ils sont dans les départements urbanisés (191 pour 100 femmes), Seine exceptée. Dans la Gironde les mesures portent sur les comparaisons de descendance à Bordeaux et dans les campagnes environnantes. L'indice de fécondité à Bordeaux reste constamment supérieur (3,06) à ce qu'il est dans les campagnes de la Gironde (2,78) jusqu'en 1872. Ce n'est que vingt ans plus tard que les indices se rapprochent (Bordeaux 2,29 et les campagnes 2,48) et que la fécondité rurale dépasse celle de la ville. Le modèle parisien de réduction de la fécondité, déjà perceptible dès la première moitié du siècle, se généralise. En 1880, on compte à Paris 88 naissances pour 100 femmes en âge d'en avoir contre 102 dans l'ensemble du pays. Dans certains cas cependant on peut supposer que la baisse de la fécondité s'est opérée plus rapidement. A Angers comme à Toulouse, les taux de natalité relativement élevés en 1851 (Angers 29 ‰ et Toulouse 28 ‰) s'effondrent très rapidement par la suite. En 1882, ils sont respectivement de 22 ‰ et de 19 ‰ puis la baisse s'accélère nettement en dessous du niveau national, plus rapidement à Angers (15,3 ‰ en 1909) qu'à Toulouse (16 ‰ en 1913).

Le maintien d'une forte mortalité

La mortalité se maintient en ville à un niveau élevé pendant tout le siècle. L'écart entre villes et campagnes s'atténue cependant par rapport à ce qu'il était dans la première moitié du siècle. Pour la période 1853-1860, le taux de mortalité urbain se situe à 30 ‰ (il était à 36 ‰ de 1816 à 1826) et à 22,6 ‰ pour le taux de mortalité rurale (23,7 ‰ de 1816 à 1826). La surmortalité urbaine tend à diminuer vers la fin du siècle. Les calculs d'Yves Tugault ont cependant montré qu'elle continue à tout âge à dépasser la mortalité rurale. L'espérance de vie à un an en 1891 est de 46,8 ans pour la population urbaine (45,5 ans dans le département de la Seine) et de 53,5 ans pour la population rurale. La moyenne est pour la France de 50,8 ans.

A Rouen, jusqu'à la dernière décennie du XIXᵉ siècle, le taux de mortalité est voisin de 35 pour mille. La part des défunts étrangers à la ville n'ayant jamais excédé 10%, c'est bien la population rouennaise elle-même qui est particulièrement fragile. La situation à Rouen paraît donc particulièrement mauvaise. A Angers, la mortalité n'a jamais atteint un niveau aussi élevé. A Paris, depuis le milieu du siècle, le taux de mortalité oscille entre 28 et 30 pour mille. Une baisse est sensible dès le recensement de 1861 à Angers (taux de mortalité à 25 pour mille) et plus tardivement à Paris. Dans les années 1880, la baisse est confirmée dans la plupart des grandes villes.

La mortalité infantile est un des traits majeurs de la mortalité urbaine. Jean-Pierre Chaline cite pour Rouen un administrateur qui en 1888 constate «qu'un tiers des (nouveaux nés) est destiné à périr dans la première année». Le taux urbain qui était de 150 pour mille sous la Restauration passe à 400 pour mille au début de la IIIe République, puis ne baisse que lentement par la suite. Peut-être un changement de comportement des parents explique-t-il que l'on évite la mise en nourrice. Les décès d'enfants seraient alors dénombrés en ville. Il reste que cette mortalité est bien supérieure à celle que l'on rencontre ailleurs. Au Havre par exemple, le taux est de 200 pour mille à la même époque. A Belleville dans un quartier parisien populaire en 1865, les décès d'enfants de moins d'un an représentent 250 à 300 pour mille. Vingt ans plus tard, la baisse est particulièrement forte : la mortalité des moins d'un an est descendue en dessous de 200 pour mille. L'inégalité reste très grande entre les quartiers : «Là où un enfant meurt au cours de la première année de sa vie dans l'arrondissement le plus opulent (le VIIIe) quatre bébés meurent à cet âge dans l'arrondissement le plus miséreux (le XXe)» (cité par Gérard Jacquemet).

La situation rouennaise paraît par conséquent particulièrement catastrophique. Jean-Pierre Chaline évoque une situation locale désastreuse d'insalubrité et de pollution. Ce sont surtout les immigrés récents qui constituent la population la plus touchée. Aussi la situation traduirait-elle «peut-être moins le dépérissement d'une population urbaine livrée à ses seules forces que l'immigration d'éléments à taux élevé de mortalité». Rouen subirait les effets du déplacement de populations exogènes fragiles.

La surmortalité urbaine par rapport à celle des campagnes tend cependant à diminuer vers la fin du siècle. La baisse régulière de la mortalité infantile en est un aspect. Celle-ci s'amorce à Paris dès 1880-1885 pour les enfants de moins d'un an et se tient en dessous de 110 pour mille dès 1896. Les grandes épidémies s'atténuent à partir de 1870, puis connaissent une sorte de recrudescence au début des années 1880. Le choléra apparaît pour la dernière fois dans les villes portuaires à Toulon, à Nantes et à Paris en 1884. Le chiffre global des décès frappe les contemporains (en 1884, 44 pour 100 000 habitants), mais il est bien inférieur à celui des épidémies du premier XIXe siècle. On remarque à l'époque que la maladie a plus frappé dans les secteurs les plus peuplés - pas forcément les plus pauvres - et dans les zones d'habitat insalubre. A Belleville, dans les XIXe et XXe arrondissements, les autres maladies comme la typhoïde, la diphtérie - à l'exception de la rougeole, de la coqueluche et de la scarlatine - connaissent une évolution similaire : à partir de 1885 une baisse importante et continue jusqu'à la première Guerre Mondiale. Ces succès enregistrés apparaissent avec d'autant plus d'évidence que d'autres maladies continuent leurs ravages. Parmi elles, la tuberculose, les maladies vénériennes, l'alcoolisme. A Belleville, Gérard Jacquemet relève un taux annuel de mortalité tuberculeuse de 5,26 ‰ dans le XXᵉ arrondissement et de 4,86 ‰ dans le XIXᵉ. Nulle part dans le reste de Paris un taux aussi important n'est atteint, y compris dans les arrondissements dans lesquels la Commission de la tuberculose présidée par le Dr Roux a délimité des îlots insalubres (IVᵉ, Vᵉ et XIVᵉ).

La morbidité urbaine s'est transformée dans les villes. L'amélioration des conditions sanitaires est en effet considérable dans la seconde moitié du siècle. Les grands travaux haussmanniens ont concouru à diminuer considérablement le nombre des îlots insalubres, même si l'on a pu dans certains cas remarqué leur reconstitution à l'écart des percées. Les anciens locataires expulsés et ne pouvant quitter le quartier «vont s'entasser dans les taudis des rues voisines restées intactes et compliquent encore la situation sanitaire déplorable de ces quartiers». Les travaux d'équipement en eau potable et des collecteurs d'égouts évitent la diffusion des épidémies. La dernière attaque du choléra en 1884 a relativement épargné le XXᵉ arrondissement. Gérard Jacquemet cite F.V. Raspail qui étudie ce phénomène : «le fléau est arrivé à Paris par le Nord-Ouest et en est sorti par le Sud-Est. Tous les arrondissements placés en dehors de ces deux zones ont été plus ou moins complètement épargnés». Or l'effluent de Paris se trouve à Asnières, donc au Nord-Ouest de la capitale… Enfin, les villes développent des réseaux d'assistance et tendent à étendre à l'ensemble des salariés les mesures réservées aux seuls indigents. Le recul de la mortalité infantile est due par exemple à l'attention consentie vers 1890 aux nourrissons. Les œuvres d'aide publique ou privée aux jeunes mères se multiplient à mesure que l'on s'inquiète de la «dépopulation» de la France.

Un bilan naturel fragile

La fragilité de l'excédent naturel est une caractéristique de la démographie urbaine. Suivant une périodisation qui diffère d'une ville à l'autre, le mouvement naturel de très faible devient négatif, à quelques rares exceptions près dans les villes industrielles d'immigration très récente. A Angers, le bilan naturel est négatif en 1824, puis régulièrement après 1851. A Toulouse, les décès dépassent les naissances en 1836, puis constamment après 1872. A Rouen, la baisse précoce de la natalité conjuguée au maintien exceptionnel de la mortalité à un très haut niveau explique un bilan négatif dès 1840. Le déficit s'accroît encore sous le Second Empire et s'accentue encore par la suite. En 1910, le taux de natalité est de 20 ‰ et le taux de mortalité est de 26 ‰.

En 1909, dans les villes de l'Ouest le déficit s'élève à 0,58% à Rennes, 0,39% à Tours, 0,32% à Nantes. C'est encore Angers qui détient le record avec un niveau de 0,66% alors que la progression continue de sa population (+176% de 1821 à 1901) la place en première position des villes de l'Ouest intérieur.

Croissance et immigration

L'immigration facteur déterminant de la croissance urbaine

C'est donc grâce à l'immigration que les villes progressent au cours de la seconde moitié du siècle. A la veille de la guerre de 1914, sur 18,5 millions d'urbains, 14 millions sont des ruraux récemment installés. Entre 1856 et 1866, sur les 197 256 habitants de plus dans le département de la Seine, 105 007 sont des immigrés, soit 75% du total. C'est aussi le cas des autres grandes villes. L'accroissement démographique du département des Bouches-du-Rhône avec Marseille est dû pour 88% à l'arrivée de nouveaux habitants; celui de la Gironde avec Bordeaux pour 82%. L'immigration explique seule la croissance de 56% de Rouen malgré un bilan naturel catastrophique. Toulouse entre 1815 et 1914 accueille 160 000 immigrés, soit l'équivalent de la population totale de la ville à cette dernière date; Angers, 75 000.

Le poids de l'immigration se mesure également par la diversité d'origine des habitants. Dans la région lyonnaise, au début de l'Empire, trois travailleurs sur cinq des usines de la région sont nés ailleurs que dans la ville où ils travaillent. Sept hommes sur dix, sauf à Saint-Etienne où l'on en compte tout de même plus de six. A Paris en 1833, un habitant sur deux est parisien de souche; dans les années 1860, c'est un sur trois. Caen ne compte au milieu des années 1850 que 47% des adolescents et des adultes natifs de la ville. Lors du recensement de 1872, la moitié seulement des Toulousains sont nés à Toulouse; 22% viennent du département de Haute-Garonne et un quart des autres départements par ordre d'importance, de l'Ariège, du Tarn, du Tarn-et-Garonne, de l'Aude et du Gers.

L'importance des migrations est telle dans la dynamique urbaine au XIXe siècle que l'on peut tirer avec les auteurs de l'*Histoire de la population fran-*

çaise la conclusion suivante : «En admettant que la population urbaine d'origine ait perdu un million par surmortalité et qu'elle ait cédé 500 000 personnes aux campagnes au cours de cette période, on aboutirait à la conclusion qu'en 1914, 8% environ de la population urbaine sont d'origine étrangère et 75 à 76% d'origine rurale.»

Cependant, étudiant Orléans en 1911, Antoine Prost attire l'attention sur les limites réelles du renouvellement de la population. Si 44% des mariés sont de souche locale (Orléans même), beaucoup viennent soit de la couronne soit du Loiret proche (65,4% des conjoints et 69% des conjointes). L'immigration concerne très peu certains milieux professionnels comme les cultivateurs, vignerons ou jardiniers, les petits fonctionnaires et les journaliers. A l'inverse, la bourgeoisie, les ouvriers qualifiés viennent plus souvent d'ailleurs. Les départements limitrophes fournissent moins de nouveaux Orléanais que le reste de la France. L'enquête «ne conclut ni à la fermeture de la ville sur elle-même, ni à des va-et-vient massifs».

Les déplacements de la campagne vers les villes se sont effectués selon une chronologie similaire à celle de la croissance urbaine : rythme rapide sous le Second Empire (130 000 départs par an en moyenne) et à la veille des années 1880 (164 300 entre 1876 et 1880), puis une progression plus lente jusqu'en 1914, à l'exception de la période 1886 à 1891 (120 000 départs), puis de 1896 à 1901 (120 200) et enfin de 1906 à 1911 (154 500). Ces calculs effectués à partir des recensements mesurent les soldes migratoires des campagnes et par conséquent, ils tiennent compte des retours possibles aux villages. «Le volume des flux réels a dû dépasser du double celui qu'on a calculé d'après le solde migratoire de la population rurale» (Jacques Dupâquier).

Ce détour par l'observation faite à partir des campagnes tient à la difficulté d'évaluation des flux de migration et à un phénomène plus culturel : les jeunes gens venus en ville n'avaient pas forcément l'intention de s'y fixer. Ils pouvaient s'y installer quelque temps pour s'y constituer un pécule et retourner ensuite dans leur village. Or leur déplacement temporaire s'est transformé progressivement en installation définitive. A la fin du siècle, la ville devient un choix prioritaire. L'attraction urbaine l'emporte définitivement. Yves Lequin évoque après 1886 le changement de l'attitude des paysans - souvent également ouvriers - qu'il a observés dans le région lyonnaise : «Le paysan chassé choisit d'abord la condition citadine et c'est à la ville qu'il devient quand il ne peut faire autrement un ouvrier d'industrie.»

Quelques logiques et réseaux de migration

Qui sont vers la fin du siècle ceux qui quittent la campagne pour la ville? La réponse est rendue difficile par le fait que les études ont souvent été faites au point d'arrivée, c'est-à-dire en ville. Jean-Claude Farcy retourne cette perspective grâce aux registres matricules du recrutement du département d'Eure-et-Loir entre 1880 et 1884 et fait ainsi le portrait du migrant depuis son lieu de départ. Celui-ci est un homme jeune : 47% des départs se font avant la conscription. Pour les autres, l'âge moyen de départ est à 28 ans. Il vient le plus souvent en cette fin de siècle de la région riche du département : la Beauce (peut-être touchée par la crise agricole) et beaucoup moins le Perche, région plus pauvre qui retient davantage ses habitants, et souvent de petites villes et de bourgs (d'autant plus qu'il se dirige vers Paris). Il a un niveau scolaire légèrement supérieur à celui de l'ensemble des jeunes de 20 ans et plus; son degré d'instruction augmente, plus il a tendance à émigrer (13,5% de migrants sur la population des illettrés; 25% sur l'ensemble de ceux qui ne savent que lire et écrire; 32% sur celui de ceux qui ont reçu une instruction primaire complète). Enfin, il est plus souvent issu des milieux du commerce et de l'artisanat que de l'agriculture : les salariés agricoles ne fournissent que 38,5% des migrants alors qu'ils représentent près de la moitié des effectifs de la jeunesse. La destination du lieu de migration amplifie ce caractère : vers Paris, ce sont pour beaucoup des jeunes issus de milieux du commerce, même si la majorité vient de l'agriculture (ce qui n'est pas surprenant dans un département surtout agricole). On est donc bien «loin d'une émigration de la misère participant à la formation du prolétariat urbain». Il s'agit plutôt d'une émigration de promotion.

Les migrations des populations vers les villes empruntent des circuits déjà connus dans la première moitié du siècle. Vers Caen par exemple affluent des migrants qui viennent de Basse Normandie, principalement du Calvados et à un moindre titre du département de la Manche. Les lieux de naissance des Bas-Normands immigrés correspondent à une nébuleuse de cantons ruraux situés autour de la ville dans un rayon de 20 à 25 Km ou le long des grandes routes vers Cherbourg, vers la Bretagne ou le Maine. Les flux majoritaires viennent de l'Ouest et du Sud-Ouest. Toute la partie orientale du département du Calvados et l'ensemble du département de l'Orne échappent à l'attraction caennaise, en sorte que les migrants viennent plus de la plaine ou du Bessin que du Bocage pourtant peu éloigné et surpeuplé (Gabriel Désert).

La confrontation des analyses de migration du lieu de départ et du lieu de l'arrivée met cependant en lumière des faits nouveaux. La carte de provenance des Parisiens inscrits sur les listes électorales de 1865 dans le quartier des

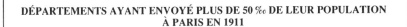

**DÉPARTEMENTS AYANT ENVOYÉ PLUS DE 50 ‰ DE LEUR POPULATION
À PARIS EN 1911**

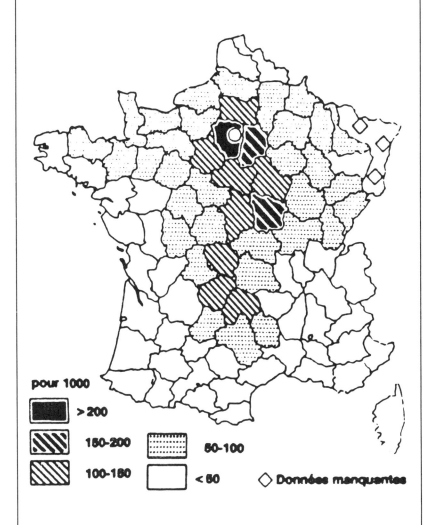

pour 1000

> 200

150-200   50-100

100-150   < 50   ◇ Données manquantes

Jacques Dupâquier (dir), *Histoire de la population française*,
vol. 3 (1789-1914), p. 187, P.U.F.

145

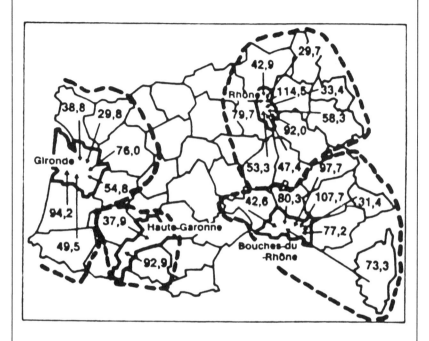

DÉPARTEMENTS AYANT ENVOYÉ PLUS DE 25 ‰ DE LEUR POPULATION
DANS LE RHÔNE, LES BOUCHES-DU-RHÔNE, LA GIRONDE
ET LA HAUTE-GARONNE EN 1911

Jacques Dupâquier (dir), *Histoire de la population française,*
vol. 3 (1789-1914), p. 191, P.U.F.

Arts-et-Métiers, dans le IIIe arrondissement, confirme les données observées
au cours du premier XIXe siècle : une immigration très importante venue des
départements proches et un élargissement de l'aire de recrutement à
l'ensemble de la France du Nord, de l'Ouest proche, de l'Est et du Nord des
Alpes. Cette carte peut être complétée par celle de D. Courgeau. Il s'agit là
d'une analyse au départ des migrations. Elle est en effet tracée en fonction de
la part de la population (plus de 50 pour mille) envoyée par chaque départe-

146

ment à Paris en 1911. Elle met en valeur un aspect nouveau du mouvement migratoire. Les départements qui ont fourni le plus de migrants (plus de 200 ‰) sont comme on pouvait le penser, les départements les plus proches. Par contre au niveau inférieur (entre 100 et 200 ‰) figurent des départements plus éloignés répartis selon une ligne Nord/Sud qui va de l'Oise au Cantal. On ne retrouve pas de distribution en cercles concentriques. L'attraction urbaine ne s'étend pas à de nouveaux départements mais agit plus intensément dans les mêmes. Le département de la Nièvre, par exemple, qui était seulement traversé par les migrants temporaires venus du Massif Central et se rendant à Paris, concourt de façon notable au peuplement parisien (entre 150 et 200 pour mille).

La même étude est menée dans le Sud de la France et dessine les aires de recrutement autour des grandes villes : Lyon, Marseille, Toulouse et Bordeaux. Celles-ci ne se chevauchent pas et ne mordent pratiquement pas sur celle de Paris - à l'exception des départements de Savoie et de Haute-Savoie. Leur rayon d'action ne dépasse pas 180 km. Comme dans le cas de la région parisienne, il n'y a pas (ou peu) d'élargissement de l'aire de recrutement, mais bien un renforcement dans des régions déjà concernées. Pierre Guillaume a relevé cette situation autour de Bordeaux. Jean Godechot rapporte que «Toulouse a vidé» les campagnes voisines, alors que la part de la ville dans le département de la Haute-Garonne est passée de 13% en 1826 à 45% en 1913.

La répartition des migrants par rapport à la population de département d'origine montre que la proximité de la grande ville n'est pas le seul facteur déterminant. Les Bouches-du-Rhône avec Marseille en 1911 attirent des migrants des départements proches de façon très inégale. Ils représentent 107 migrants pour mille habitants des Basses-Alpes; 42,6 pour mille du Gard. A peine la moitié des recrues du département de l'Eure-et-Loir (45,3% entre 1880 et 1884) se rendent directement à la capitale. De même, peu nombreux sont ceux qui font étape dans les villes du département : 14% seulement - 8% pour la seule ville de Chartres. Le plus souvent les recrues passent par d'autres départements que ceux de la région parisienne. Dans un cas sur six c'est même un passage par une commune rurale. Les 19% restants séjournent en Seine-et-Oise avant de s'installer dans le département de la Seine. L'arrivée dans la région parisienne se fait donc par étapes.

La situation économique et démographique des zones de départ et d'accueil compte. Jeanne Gaillard étudie en détail la chronologie des flux de migration à Paris pendant le Second Empire et met en valeur ces liens étroits. Au début des années 1850, l'immigration est contemporaine d'une période de très grande difficulté pour les ruraux. A la crise des activités industrielles s'ajoute une crise agricole très sérieuse. Entre 1851 et 1856, la situation paraît meilleure à Paris. Les salaires sont plus élevés (3 Francs par jour contre 2 Francs en Normandie dans l'industrie textile); la politique de régulation des prix par la création de la Caisse de la Boulangerie en 1853 et la Caisse de la Boucherie en 1854 est relativement efficace et évite l'augmentation du coût de la vie que l'on peut observer ailleurs en province. Jusqu'en 1856, d'après les calculs de la Société de statistiques cités par Jeanne Gaillard, le salaire réel de l'ouvrier parisien augmente plus vite que celui du provincial. Cependant dès la reprise d'activités dans les campagnes en 1856, le flux ralentit. L'*Enquête agricole* de 1866 révèle la transformation des modes de culture et rapporte les plaintes des fermiers devant la pénurie de main-d'œuvre.

La situation est similaire en province. Pour Yves Lequin, la grande variété des origines des ouvriers de la région lyonnaise qu'il observe est liée à la nature et à l'ancienneté de l'activité industrielle dans les zones de départ et celles d'arrivée. A Saint-Chamond s'installent des jeunes gens venus du reste du département de la Loire (3 arrivants sur 5) et souvent de petits centres industriels : Saint-Julien-en-Jarez, Saint-Martin-le-Coailleux, Saint-Paul-en-Jarez, etc., du canton de Rive-de-Gier ou de celui de Saint-Chamond lui-même. Ce déplacement a lieu dans des limites très restreintes. Il suppose une formation professionnelle acquise dans de petits centres industriels où se maintiennent des liens étroits avec les activités agricoles avant l'installation dans une grande ville. A Saint-Etienne au contraire, à une population indigène relativement importante (en 1851, 57,4% des hommes mariés y sont nés) qui correspond à une implantation industrielle ancienne, s'ajoutent peu de migrants du bassin industriel des vallées de Gier et de l'Ondaine. Le groupe des nouveaux arrivés le plus important vient des monts du Velay (1/5e des ouvriers et des ouvrières), c'est-à-dire de beaucoup plus loin. Leurs parcours recouvrent des filières répondant à des logiques professionnelles et familiales spécifiques. Vers Caen qui, à l'inverse des exemples précédents n'est pas une ville industrielle, ce sont les activités de service qui stimulent l'immigration : les Caennais d'origine sont nombreux dans les quelques entreprises industrielles et d'autant plus qu'il s'agit de branche en déclin... Caen attire donc à lui les «cerveaux» de la région alentour. Le petit commerce est un secteur important d'accueil : 77% sont des forains venus de Basse Normandie. Parmi les cadres dirigeant de l'économie locale, 45% sont nés ailleurs.

A la fin du siècle cependant, l'attraction urbaine agit plus fortement et modifie la géographie des itinéraires de migration. Dans la région lyonnaise - à l'exception du bassin stéphanois - malgré le début de la Grande Dépression, les seuls cantons dont la population progresse sont des cantons urbains industrialisés ou non autour de Lyon, Neuville, Saint-Genis-Laval, Vaugneray et surtout Villeurbanne (64% entre 1876 et 1891), ou dans l'Isère où les trois cantons grenoblois augmentent de 16,7%, 19,4% et 24,6%. On observe la même progression à Valence, Romans, Montélimar, Annonay, Aix-les-Bains, Chambéry, etc. La tendance ne fait que se confirmer entre 1891 et 1906. Même dans le bassin stéphanois atteint de plein fouet par la crise industrielle, la progression des villes aux fonctions surtout commerciales et administratives est notable. «On n'a donc pas quitté l'agriculture (et la campagne pour l'industrie), mais la campagne (et souvent l'industrie rurale) pour la ville» (Yves Lequin). En ville, l'offre d'emploi s'est déplacée de la métallurgie vers des activités nouvelles, construction mécanique ou industrie alimentaire (liées à la concentration de la population), ou encore vers le tertiaire. La nature même des migrations professionnelles a changé.

Des migrants aux urbains

Les filières d'intégration

Les facteurs qui influencent le choix d'une résidence sont très complexes. La présence de membres de la même famille, du même village ou d'une commune proche, le facilite. A Saint-Chamond, le travail de reconstitution de familles à partir de mariages conclus entre 1861 et 1870 fait par Elinor Accampo permet de préciser le réseau de sociabilité. Parmi les témoins qui signent les différents actes d'état civil, beaucoup de membres de la même famille ou d'amis venus de la même commune rurale ou d'une autre toute proche. Le cas de Jean Faure et d'Antoinette Gouttebessis est exemplaire. Ils sont tous les deux de la même commune du Puy-de-Dôme. Jean est venu à Saint-Chamond où il travaille aux forges Petin et vit avec le frère d'Antoinette dans le quartier Notre-Dame. Antoinette vient six ans plus tard. Au cours des deux années qui précèdent son mariage avec Jean, elle habite tout près de chez eux. De même Louis Fournioux, venu lui aussi du Puy-de-Dôme, vit avec sa sœur et son beau-frère dans le quartier des Portes lorsqu'il se marie; lui-même et sa femme s'installent chez les beaux-parents et restent jusqu'à la naissance d'un second enfant.

Les communautés provinciales jouent un rôle d'autant plus important qu'elles correspondent souvent à des filières professionnelles. Les Auvergnats à Paris en donnent un exemple. La vallée cantalienne de la Jordanne et en particulier les communes de Lascelles et de Mandaille envoient des chaudronniers-ferrailleurs à Paris. La vallée de la Cène, toute proche de celle de la Jordanne, ne fournit, elle, que des journaliers sans qualification qui arrivés à Paris s'engagent comme portefaix, décrotteurs ou porteurs d'eau. De la vallée du Lot ou de celle de l'Aubrac viennent des marchands de vin et des marchands de charbon (Françoise Raison-Jourde). Le cas des maçons de la Creuse est différent. Le travail en équipe contribue à transposer dans la ville les habitudes et les cohérences provinciales. Les maçons vivent en groupe souvent sous la direction de l'un d'entre eux et «trempent la soupe» chez le même logeur. Ils recréent en quelque sorte leur province à Paris. Très encadré, le maçon creusois tarde à s'intégrer dans le milieu urbain. C'est avec l'augmentation des chantiers et la dispersion des lieux d'embauche que la cohérence du milieu va s'effacer. Les habitudes changent alors : les maçons font venir leurs épouses à Paris comme Martin Nadaud l'avait fait dès la fin des années 1840 : «Je me trouvais si heureux que j'écrivis à ma femme que son martyrologe allait cesser et qu'elle eût à se préparer pour venir me rejoindre. On sait en effet qu'alors le Creusois et sa femme vivaient chacun de leur côté. La joie de cette digne femme fut bien grande. Nous avions été séparés en quelque sorte pendant sept ans; elle avait eu la patience de toutes les femmes de sa condition. Je louai une petite chambre rue Saint-Jacques, au fond d'une cour presque à l'angle de la rue Soufflot. Comme mes travaux étaient situés sur la place du Panthéon, je prenais tous mes repas à la maison; notre bonheur était complet.» L'arrivée des conjointes prélude à l'installation définitive dans la ville (…à l'exception de Martin Nadaud). Les filières auvergnates tendent à intégrer plus rapidement les «pays» dans la ville. En effet, les nouveaux venus s'installent souvent dans la partie occidentale du faubourg Saint-Antoine près de la rue de Lappe. Ils passent quelques mois auprès d'un compatriote pour apprendre le métier et quelquefois… le français. La communauté leur procure également une aide ou un crédit pour s'installer. Le mouvement associatif se développe et un journal paraît, *L'Auvergnat de Paris*. Les amicales regroupent les originaires des mêmes arrondissements, cantons ou communes.

Au delà des réseaux familiaux et communautaires, la profession favorise l'intégration. La formation artisanale ou industrielle reçue à la campagne prépare à l'intégration dans un milieu urbain. «A défaut de «pays», le provincial monté à Paris se frotte dans les ateliers à des compagnons qui ont des habitudes professionnelles analogues aux siennes, même s'ils ne sont pas de la même province. Il trouve donc sur son lieu de travail une somme de dépaysement et d'analogie favorable à l'intégration urbaine» (Jeanne Gaillard). Yves Lequin observe que parmi les jeunes mariés non natifs des villes de la région lyonnaise, l'ascendance paysanne est majoritaire mais n'atteint jamais la moitié de l'effectif. A Givors ou à Saint-Etienne, ils sont encore moins nombreux. Cela correspond à l'étroitesse de la zone de migration et à l'importance des migrations professionnelles entre les centres industriels petits et grands. A la fin du siècle, Jean-Claude Farcy fait la même remarque pour les villes de la banlieue ouvrière de Paris. Les migrants y viennent surtout de régions à tradition industrielle. A Puteaux par exemple, les régions d'origine que l'on retrouve le plus souvent sont la Haute Normandie dont émigrent les ouvriers du textile, le Nord dont 7,8% des nouveaux venus sont issus (taux record pour la banlieue parisienne), la Lorraine annexée (13%).

Les métiers sont plus ou moins ouverts aux arrivants. La «fabrique parisienne» constitue un milieu relativement accueillant. Les Parisiens d'origine y représentent un tiers vers le milieu des années 1850, ce qui correspond au chiffre de l'ensemble de la ville. Cependant, certaines spécialités sont plus fermées que d'autres comme la bijouterie en vrai ou en faux. La diversité des métiers à l'intérieur de la fabrique (fabricants de portefeuille, de parapluie, de nécessaires, de fleurs artificielles, sertisseurs, etc.) offre un large éventail de qualification et une possibilité de glissement d'une spécialité à une autre (sertisseur ou monteur sur bague à bijoutier en faux, etc.) Par ailleurs, les métiers sans qualification particulière ou dédaignés par la population ouvrière indigène sont offerts aux migrants. Dans le quartier de Javel à Paris par exemple se sont installés des boyaudiers et des ateliers de chimie. La liste électorale de 1871 révèle un gros contingent d'Alsaciens (21,2%) dont 10% se définissent sans qualification (journaliers) et qui vraisemblablement ne parlent pas français (Jeanne Gaillard). A l'inverse, d'autres activités sont totalement exclusives et fermées aux arrivants. C'est le cas des «portefaix» de Marseille (ancêtres des dockers) qui pour 90% sont nés à Marseille au début du Second Empire, vivent entre eux et constituent ce que William H. Sewell appelle un «métier fermé».

Le cas des verriers de Carmaux étudiés par Joan Scott est particulier : leur grande qualification professionnelle les empêche de s'intégrer dans un milieu urbain. Jusqu'en 1883 - date de l'invention d'un nouveau procédé de fabrication «en continu» - la mobilité est inhérente au métier de souffleur. La famille du souffleur Péguignot en offre un exemple typique. Elle est recensée pour la première fois à Carmaux en 1876. Péguignot et sa femme sont tous les deux nés dans le Jura et y ont eu leurs trois premiers enfants. Leur quatrième est né dans la Marne, le cinquième en Saône-et-Loire, le sixième en Haute-Marne, le suivant dans la Loire, un autre en Saône-et-Loire et le dernier à Carmaux… Rien d'étonnant à ce que les familles de verriers se sentent isolées dans la ville, ne parlant de plus pas le patois des paysans et des mineurs qui forment l'essentiel de la population. Après 1885, par contre, le travail de verrier change et la mobilité n'est plus favorable. La population se fixe dans la ville. En 1891, 50% des familles de verriers sont restées stables pendant cinq ans - ils n'étaient pas 20% dans ce cas au début des années 1880. La famille Péguignot changeait tous les trois ans de domicile; les aînés ont commencé comme leur père puis se sont installés. La troisième génération est parfaitement sédentaire et s'intègre complètement dans la ville de Carmaux.

Enfin, le peuplement indigène de la ville ou du quartier de destination compte dans le choix des migrants. Jean-Claude Farcy, évoquant les villes bourgeoises de la banlieue parisienne à la fin du siècle, en vient à penser «qu'elles sélectionnent d'une certaine façon leur immigration, en rapport à leur profil social moyen». Ainsi, à l'Est, Saint Mandé a un peuplement qui se rapproche des villes de l'Ouest «bourgeois», Neuilly ou Colombes, avec cependant plus de Bourguignons et de Franc-Comtois que de Normands et de Bretons. Le quartier ou la ville de banlieue agissent comme «médiateur» facilitant l'intégration des immigrants dans la ville.

Intégration et modification des comportements

Deux exemples vont nous servir pour évoquer les changements de comportement en ville : la mobilité résidentielle et l'évolution des goûts alimentaires.

La mobilité résidentielle

La mobilité apparait en effet comme une caractéristique de la vie urbaine. C'est peu surprenant lorsque l'on évoque la période des grands travaux. Dans le quartier des Arts-et-Métiers dans le IIIe arrondissement de Paris, sous le Second Empire, les listes électorales de 1865 indiquent, lors du percement de la rue Turbigo, 32,7% d'électeurs inscrits ayant déménagé au cours de l'année. Cependant la pratique des déménagements est beaucoup plus répandue et dépasse très largement la seule période des mutations urbaines. D'après la même source pour 1892 (les conditions d'inscription ont cependant changé), Alain Faure estime à 17,8% les électeurs parisiens absents un an après. Gérard Jacquemet remarque que la mobilité des Bellevillois augmente dès 1889-1890 et s'accélère à partir de 1900.

Quelles sont les destinations de ces déplacements? Sous le Second Empire comme à la fin du siècle, les déménagements se font dans un espace restreint. Les inscrits expulsés de leurs habitations en 1865 se déplacent vers les rues voisines épargnées par les travaux ou s'établissent dans les arrondissements tout proches, le 10e, au nord du boulevard Saint-Martin, ou vers le IIe ou le IXe arrondissements. Très peu d'habitants de ce quartier central de Paris s'installent dans les quartiers périphériques de la rive droite (Belleville en particulier) ou rive gauche. A la fin du siècle, Alain Faure constate la même chose au sujet des déplacements des habitants de la rue Nationale dans le 13e arrondissement (quartier de la Gare). Les inscrits sur la liste électorale de l'arrondissement, en 1896, ont été suivis pendant dix ans : 11% d'entre eux sont restés sur place sans changer d'adresse; 23,4% ont déménagé en restant dans les limites de l'arrondissement; 17,6% ont quitté l'arrondissement à un moment ou à un autre et y sont revenus; enfin 48% ont quitté définitivement le quartier. 89% des domiciliés rue Nationale ont donc déménagé pendant cette décennie. Un tiers a dû changer trois fois et plus de domicile. Cet exemple met en valeur le lien particulier des habitants à l'espace urbain : «il ne prend pas la forme d'un attachement à une maison, aux quatre murs d'un logement mais se marque par la fidélité sinon à une rue, du moins à un ensemble de rues, à un petit coin de ville dont les frontières vite atteintes délimitent ce que les habitants eux-mêmes appellent leur *quartier*» (Alain Faure). La mobilité résidentielle est due à l'offre d'emplois. Dans le centre de Paris, le maintien de la petite industrie conduit à celui de la main-d'œuvre. En 1865, 71% des habitants du quartier des Arts-et-Métiers qui ont déménagé dans le reste de l'arrondissement sont des ouvriers. Pour 53% d'entre eux, ils travaillent dans les métiers de la Fabrique d'articles de Paris et de la bijouterie. A la fin du siècle, le lien entre résidence et emploi reste considérable. De ce fait, se créent des zones de «mobilité» particulièrement forte qui correspondent à des quartiers d'activités artisanales et industrielles où l'ouvrier qualifié peut monnayer son savoir-faire. Dans Paris, c'est sur la rive droite, les quartiers situés à l'Est d'une ligne allant de La Chapelle au bassin de l'Arsenal. Gérard Jacquemet démontre le rôle de relais de ces quartiers des nouveaux X^e et XIe arrondissements, Roquette, Popincourt, faubourg du Temple et Saint-Antoine. En 1872, 45,8% des Bellevillois sont nés à Paris; en 1891, 50%. Les Bellevillois sont donc de «vrais Parisiens» venus du quart Nord-Est de la capitale. Le mouvement inverse existe également de Belleville vers les quartiers centraux. Sur 204 conscrits recensés en 1877, 39,7% seulement y sont restés, 39,5% sont dans le reste de Paris et en particulier dans le XIe arrondissement (14,5% en banlieue, 4,9% en province et 0,4% à l'étranger). L'étude sur la rue Nationale montre que la «stabilité» la plus grande concerne les ouvriers d'usine travaillant à la raffinerie de sucre Say et les journaliers se louant à la tâche comme manutentionnaire à la gare de Paris-Orléans, c'est-à-dire les ouvriers les moins qualifiés ou les plus âgés.

La banlieue représente une autre destination des déménagements. Certains arrondissements parisiens semblent déverser leur population vers la banlieue proche. 24,4% de ceux qui quittent le XVe s'y installent. Les Bellevillois du XXe arrondissement vont à Bagnolet et à Montreuil, ceux du XIXe à Pantin et au Pré-Saint-Gervais. Les ouvriers de La Villette viennent pour 69% d'entre eux de Pantin et d'Aubervilliers, les deux communes les plus proches. La proximité du lieu de travail n'est pas la seule raison : il y a une véritable «osmose» entre les deux espaces urbains. Même paysage, activités industrielles identiques ou complémentaires. On passe les fortifications sans avoir vraiment l'impression de changer de monde. Par contre, ceux qui partent des quartiers centraux de Paris s'exilent vers des quartiers périphériques sans franchir les limites de la ville. 8% seulement des ouvriers qui quittent le quartier du Gros-Caillou à la fin du siècle, déménagent en banlieue. Cependant, quand le même ouvrier venu du centre s'exile, il semble n'y avoir aucun choix préférentiel pour son installation en banlieue : «Devenir banlieusard c'est se déraciner réellement, s'affranchir des relations de proximité réglant les déplacements au sein de la ville-mère» (Alain Faure). Les bijoutiers du IIIᵉ arrondissement qui ont résisté à la transformation urbaine jusqu'aux années 1880 en restant sur place, pour un cinquième d'entre eux habitent en banlieue en 1911. Ils viennent dans le centre de Paris de toute la banlieue (45 communes) et souvent de très loin.

La mobilité résidentielle la plus forte concerne les milieux populaires. Cependant le mouvement est suivi par les commerçants. A Belleville, les 24 boutiques de la rue Etienne-Dolet ont connu entre 1878 et 1900, 115 occupants. Chaque boutiquier est resté en moyenne quatre ou cinq années. De grandes différences existent d'un commerce à l'autre. En 1911, il n'y a que 17% des commerçants qui habitaient une douzaine d'années plus tôt dans l'arrondissement. La stabilité n'est le fait que d'une minorité.

Enfin l'analyse que l'on a vue sur la liste électorale de 1891 montre une certaine mobilité dans les quartiers neufs de l'Ouest, Passy et plaine Monceau (peut-être à cause du montant élevé des loyers?). Le déplacement des populations bourgeoises des quartiers centraux de Paris est déjà notable à la fin du Second Empire. Du quartier des Arts-et-Métiers, les employés, les rentiers et surtout les propriétaires s'établissent dans les nouveaux quartiers de l'Ouest, le VIIIᵉ en particulier. L'aire de migration semble dans ce cas beaucoup plus vaste puisqu'elle concerne l'ensemble de la ville. Le regroupement dans les quartiers neufs de l'Ouest des populations bourgeoises donne une dimension spatiale à la ségrégation sociale.

Les changements de comportement alimentaire

Jeanne Gaillard évoque le «dépaysement alimentaire» que vit le nouvel arrivé à Paris. La ville apparaît en effet comme le lieu des «nourritures offertes» par opposition à la campagne où «l'on serre» les aliments. Le manque de confort et l'inadaptation des logements obligent au recours à une alimentation déjà en partie préparée ou cuite. L'offre est considérable. Des marchands ambulants vendent dans la rue des pommes, des beignets, du bouillon gras, des saucisses, etc. Des marchands de vin ou des gargotes proposent de se nourrir sur place. Ils offrent encore au milieu du siècle une soupe à manger à la cuillère (la sienne ou celle que le restaurateur prête), avec «un petit morceau de bouilli» à consommer sur du pain. La salle et la cuisine sont souvent confondues. Le menu correspond encore au maintien des pratiques alimentaires provinciales. La catégorie supérieure du prêt-à-manger est le «bouillon». Il se rapproche de ce que sera le «prix-fixe», car il propose un menu et plusieurs services : un potage, trois plats au choix, un dessert, pain et vin compris (J.P. Aron). La mode du «prix-fixe» date du milieu des années 1850. Il faut ajouter toutes les boutiques où l'on peut consommer sur place comme les crèmeries ou certains épiciers également «regrattiers» qui vendent des plats de «seconde main». Les fruitiers vendent «au petit tas» des fruits et des légumes dans de petites échoppes ou dans des portes cochères.

Tous ces modes de distribution alimentaire concourent à modifier les comportements. Le pain reste la base de l'alimentation car il sert à épaissir la soupe - la pomme de terre est encore peu consommée. La quantité par individu correspond à peu près à 500 gr par jour. Certaines catégories de travailleurs en consomment beaucoup plus (jusqu'à 2 kg par jour pour les facteurs de piano) ; les employés beaucoup moins. La consommation de la viande (essentiellement sous forme de rôti et de bouilli ou encore de charcuterie) et celle du vin progressent en même temps que l'augmentation de la population. La consommation d'alcool - difficile à apprécier - ne semble pas être plus considérable qu'à la même époque dans les campagnes. Il n'y a donc pas de «révolution», mais bien plutôt une «diversification» alimentaire. L'abondance de l'offre permet le choix de produits de meilleure qualité - en particulier pour les vins. En période de cherté des grains - donc du pain - les Parisiens consomment plus de viande et de légumes. Vers la fin du XIXe siècle, l'évolution va se poursuivre dans ce sens : moindre consommation de pain et de viande; à la place, plus de légumes et de denrées plus inhabituelles comme le sucre, les primeurs, les pâtisseries.

Le renouveau de la crise urbaine

Le modèle haussmannien ne suffit pas à résoudre les problèmes des grandes villes à la fin du XIXe siècle. Il reste trois difficultés majeures : le nombre trop réduit de logements à loyers peu élevés, l'insuffisance des réseaux de transports en commun et le développement non maîtrisé des banlieues.

Des logements populaires trop peu nombreux

Les recensements de 1896 et de 1911 permettent de connaître les conditions de logement et la composition du parc immobilier. En 1911, les petits logements de une à deux pièces représentent 53,8% des logements parisiens et 34,3% des habitations en banlieue. Pourtant depuis 1896, les logements d'une seule pièce ont plus diminué à Paris (33%) qu'en banlieue (9%). A l'inverse, le nombre de grands logements (trois ou quatre pièces) augmente rapidement dans les communes au delà des fortifications (le taux d'accroissement est de 73% et 89% contre 33% seulement pour les deux pièces). A Paris, le rythme est moins rapide (+ 27% pour les trois pièces ; + 29% pour les deux et quatre pièces). En banlieue, on constate la forte progression des ménages composés de trois ou quatre personnes, bien supérieure à celle des personnes seules ou des ménages à deux individus. Dans Paris, les personnes seules ou les ménages de deux ou trois personnes sont sur-représentés. Il est difficile d'apprécier exactement dans son ensemble le marché immobilier. Cependant une indication essentielle est donnée : l'occupation des logements. La sur-occupation semble très importante. Selon la définition du recensement, les logements où les habitants disposent de «moins d'une demi-pièce par personne» sont jugés «surpeuplés» et «de moins d'une pièce et d'une demi-pièce par personne», «insuffisants». En 1896, 52,3% des logements banlieusards et 51,2% des parisiens sont sur-occupés. En 1911, la crise est loin d'être résorbée même si dans Paris, la situation semble s'améliorer. Dans le plupart des arrondissements, les personnes vivant dans des logements surpeuplés sont presque deux fois moins nombreuses qu'en 1901. Les «insuffisamment logés» ont également diminué partout sauf dans le XIIIe arrondissement, le XIXe et le XXe (61% de mal logés dans le XIXe; 58% dans le XXe; 57% dans le XIIIe). En banlieue, la situation reste encore très tendue : 45,3 % des habitants des maisons ordinaires, des hôtels et des garnis sont encore dans des logements surpeuplés ou insuffisants, avec une différence considérable selon les communes (Aubervilliers 65% d'habitants mal logés; Saint Ouen 62%; Gentilly 59%; Saint Denis 58%; Ivry 54%).

La raison de l'entassement est la cherté des loyers. L'enquête effectuée par la commission des Contributions directes sur l'évolution des loyers depuis 1900 montre une aggravation de la situation au début du siècle : de 1890 à 1900 la hausse varie de 1 à 15% et ne touche que 53 quartiers de Paris; de 1900 à 1910, la hausse atteint tous les quartiers de Paris dans des proportions très élevées avec une progression d'autant plus forte que le loyer est plus bas. Ainsi, les loyers à 250 F augmentent de 19,1%, ceux de 250 à 500 F de 15,8%; au dessus de 500 F une hausse nettement moins forte de 8%... La crise s'aggrave rapidement : la hausse de 1910 à 1911 dépasse dans certains quartiers celle de 1900 à 1910 et touche les quartiers populaires avec une certaine inégalité. Les quartiers bellevillois par exemple ne sont touchés que dans des proportions de 20 à 22%; on atteint des augmentations de 48% pour des logements inférieurs à 250 F au Petit-Montrouge ou à Javel. En banlieue, il est plus difficile de faire une évaluation d'ensemble des montants des loyers. J.P. Brunet indique à Saint-Denis qu'entre 1890 et 1910 les loyers annuels sont passés de 60 F à 130 F pour un logement d'une pièce; de 200 à 300 F pour deux pièces et de 250 à 400 F pour trois pièces. La hausse s'explique essentiellement par une diminution des vacances. Il y en avait 42 571 en 1899 et 10 795 en 1911. Dans 60% des cas, il s'agit de logement dont le loyer est inférieur à 500 F.

L'offre reste en effet insuffisante. Le ralentissement de la construction dans le département de la Seine entre 1880 et 1914 est «compensé» par une augmentation du nombre de logements au delà des fortifications (Christian Topalov). Le parc immobilier passe en banlieue de 117 366 logements en 1872 à 419 784 en 1911. Cependant, la croissance de la population est importante. Entre 1881 et 1891, l'accroissement de la population du département de la Seine située en dehors de la capitale s'est élevé à 48%, puis 49% de 1891 à 1901 et 62% enfin de 1901 à 1911. Le mouvement de population est plus rapide que l'accroissement de la construction. Dans Paris même, on se rappelle que Michel Lescure a montré que la régression de la construction dans les années 1880 a surtout concerné la construction à bon marché. La situation est d'autant plus grave que cette insuffisance remonte à une époque antérieure. La carte de la sous-satisfaction des besoins en logements correspond à celle que l'on connaît pour le premier XIXᵉ siècle : l'Est et le Sud de Paris restent en déficit. Les constructions nouvelles de l'époque haussmanniennes sont inadaptées aux besoins de la population : plus d'un tiers s'adresse à la clientèle restreinte des Parisiens pouvant consacrer plus de 500 F à leur loyer. Entre 1879 et 1881, la part des logements modestes régresse de 61,9% à 60,9%.

A l'occasion de l'Exposition Universelle de 1889, se tient à Paris un congrès international des habitations ouvrières. Celui-ci va être l'occasion de débats sur les bienfaits d'une amélioration des conditions d'habitat et de propositions de mesures en faveur des «habitations à bon marché». Georges Picot et Jules Siegfried (alors député-maire du Havre) défendent le principe de maisons individuelles rendues accessibles aux ouvriers et d'immeubles à appartements conçus en sorte que chaque famille puisse sauvegarder son intimité. Chaque logement doit comprendre deux chambres, une cuisine, des wc, un «cabinet à ordures». Un évier est prévu dans la cuisine, mais l'arrivée d'eau est sur le palier. La Société Française des Habitations à Bon Marché est fondée le 2 février 1890 à l'initiative de Jules Siegfried. Georges Picot situe parfaitement la démarche : «Au milieu de toutes les questions sociales si douloureuses, si obscures, la seule qui offre aujourd'hui une solution certaine, sans aucun péril du socialisme, c'est la question de l'amélioration des logements» (cité par R.H.Guerrand). La loi Jules Siegfried est votée le 30 août 1894 et inaugure de fait l'intervention de l'Etat en matière de logement social. Elle crée les sociétés d'habitations à bon marché, mais ne propose aucune autre forme d'incitation que l'exemption fiscale (complète pour les portes et fenêtres; trois ans pour l'impôt foncier). Elle préconise la constitution de comités départementaux destinés à encourager la construction. Les compagnies de construction devraient trouver auprès d'organismes spécifiques des sources de crédit. Ceux-ci sont des bureaux de Bienfaisance, des hôpitaux, la Caisse des Dépôts et Consignations, les Caisses d'Epargne. La volonté des promoteurs de la loi d'éviter le plus possible l'intervention de l'Etat a conduit à des mesures incitatives qui ont eu peu d'effet sur les organismes de crédit. Au début du XXe siècle, les lois de 1906 et de 1908 laissent encore à des organismes privés la charge de la construction - sociétés anonymes ou coopératives. La loi Bonnevay de 1912 est votée sous la pression d'un courant municipal qui veut étendre le compétence des pouvoirs locaux en matière de logement social : elle encourage la construction locative et crée les offices publics d'HBM. En 1914, l'office municipal de Paris est fondé.

Avant la première Guerre Mondiale, le bilan de cette législation paraît très maigre : 4 000 HBM locatives construites dans le département de la Seine, dont 369 en banlieue. A Belleville, la ville de Paris a cédé trois terrains à des sociétés désireuses de construire des HBM. Les réalisations sont de deux types : les maisons individuelles et les immeubles locatifs. Au n°3 de la rue du Télégraphe, la *Société de Logements Economiques pour Familles Nombreuses* attribue des appartements locatifs à des familles ayant plus de trois ou quatre enfants. En 1911, 160 familles y habitent avec plus de 503 enfants. Le mouvement des HBM n'a cependant, en aucune manière, apporté de solution à la crise du logement.

Une autre direction législative est donnée à la réforme du logement social : la lutte contre l'insalubrité. Le débat n'est pas nouveau, mais les découvertes de Pasteur donnent une dimension nouvelle à l'investigation sanitaire. En 1893, «un casier sanitaire» des maisons est institué. En 1904, la loi sur les permis de construire pour les villes de plus de 20 000 habitants intègre toutes les prescriptions faites à partir de l'enquête des casiers. La réglementation reste cependant encore peu appliquée.

Les réseaux de transport

Jusqu'en 1890, développement du trafic et insuffisance du réseau

Le développement des transports en commun est considérable dans la seconde moitié du siècle. En 1891, la capitale et sa banlieue disposent de 718 Km de lignes (omnibus-tramways, voies ferrées, bateaux-omnibus), alors qu'en 1855 le réseau des seuls omnibus n'atteignait pas 345 Km. Le nombre de voyageurs transportés s'est accru, lui, beaucoup plus rapidement, à un rythme même supérieur à celui de l'accroissement de la population. En 1860, les omnibus, seuls moyens de transport pour les Parisiens, transportent quarante millions de voyageurs. Trente ans plus tard, le trafic a décuplé : 340 millions de voyageurs sont transportés par les véhicules des différents réseaux. L'usage des transports en commun s'est donc développé et diversifié. En 1860, les Parisiens empruntent en moyenne cinquante fois par an les voitures de la Compagnie Générale des Omnibus; en 1890, le nombre moyen des parcours par habitant s'élève à 155.

Ces données ne doivent pas masquer les insuffisances et les inégalités engendrées par la politique des transports. Sous le Second Empire, l'autorité préfectorale, pour éviter l'exploitation anarchique des réseaux par onze compagnies d'omnibus, signe une convention avec la seule Compagnie Générale des Omnibus, en 1855. Il se crée ainsi une tradition d'accord par le biais de conventions avec une seule compagnie de transport qui exerce de fait un monopole. L'autorité publique s'empêche ainsi de modifier les conditions d'aménagement et d'exploitation dans l'intervalle entre deux conventions. Le critère de rentabilité de l'entreprise privée est le seul qui soit pris en considération en dehors des pressions exercées à échéance des conventions par les autorités de tutelle. De ce fait, aucun plan d'ensemble ou de prévisions d'avenir : la politique des transports est conçue en fonction des besoins déjà existants et aucune politique tarifaire n'est adoptée.

Les conventions successives qui vont être signées pour l'exploitation des omnibus puis des tramways vont de ce fait renforcer les déséquilibres du réseau et la concentration des lignes dans le centre. L'accord (renouvelé en 1860) prévoit en effet la réduction du nombre de lignes d'omnibus à 25, la suppression des lignes concurrentielles et prévoit des radiales en direction des quartiers périphériques qui seront par la suite prolongées jusqu'aux fortifications lors de l'annexion de la petite banlieue. La CGO en profite pour étendre ses compétences à la banlieue en créant «des messageries des environs de Paris» reliant les communes à la capitale (12 lignes). En 1867, un nouveau moyen de transport est mis à la disposition des Parisiens : le bateau à vapeur

159

qui dessert un parcours de trois sections, Charenton-Pont national, Pont National-viaduc d'Auteuil et Port Royal-Suresnes. Le réseau d'omnibus extrêmement dense en centre-ville, là où l'exploitation est à coup sûr rentable, devient beaucoup plus lâche au delà des grands boulevards, voire aux abords des fortifications. Les anciennes communes de la petite banlieue ne sont desservies que par une ligne chacune. Même les arrondissements limitrophes des quartiers centraux, comme le XIe ou le Xe, sont très mal desservis. Le réseau délaisse les arrondissements bourgeois de l'Ouest parce que les familles ont des voitures particulières et l'Est populaire.

Lors de l'aménagement des tramways (tirés par des chevaux), la CGO conserve son monopole dans Paris, mais ce sont deux autres compagnies qui exploitent les lignes dans l'arrondissement de Saint-Denis dans le Nord et dans celui de Sceaux dans le Sud. Le tracé des lignes, imposé à la CGO, vise à rééquilibrer la desserte. Les premières lignes concédées empruntent les boulevards extérieurs : les lignes TD Etoile-La Villette et la ligne TE La Villette-Place du Trône traversent les quartiers populaires. Par la suite la rocade est poursuivie sur la rive gauche. De nouvelles lignes obliques et radiales sont destinées à la desserte de quartiers intermédiaires ou périphériques jusque là encore mal desservis. Le système est complété par deux grandes lignes transversales : une Nord-Sud de Montrouge à la Gare de l'Est en passant par le boulevard Saint-Michel et le boulevard de Sébastopol et une Est-Ouest de la Bastille au quai d'Orsay le long de la rive gauche. En banlieue les pouvoirs publics concèdent vingt lignes, mais il y a fort peu d'innovations dans les tracés. Les lignes sont pratiquement toutes des radiales et doublent celles des omnibus, de telle sorte que les mêmes défauts se retrouvent : au sud Malakoff, Montrouge, Gentilly ne sont pas desservies; à l'est, Bagnolet et Les Lilas.

De plus, les prix restent excessifs pour un usage quotidien des transports. Avant 1870, on paye trente centimes pour un trajet en première classe et quinze centimes à l'impériale dans les omnibus. En conséquence, les lignes sont peu utilisées et donc peu rentables dans les quartiers périphériques et en banlieue... La fréquentation des lignes est surtout celle d'employés travaillant à Paris, domiciliés dans la banlieue proche, le plus souvent à l'ouest. Les échanges quotidiens de main-d'œuvre ouvrière entre la banlieue et Paris par tramways sont très faibles et ne se développent que lorsqu'il n'y a pas d'autres moyens de transports. Malgré un nombre de lignes de tramways plus élevé après 1873, le trafic sur le réseau des compagnies Nord et Sud représente la moitié de celui de la CGO dans Paris même. Et encore ce chiffre n'est atteint que grâce aux sections des lignes comprises à l'intérieur des fortifications. Entre 1880 et 1885, alors que le trafic de la CGO progresse (de 82 à 84 millions de voyageurs), il diminue sur le réseau Sud (ce qui va d'ailleurs provoquer la faillite de la compagnie).

La situation est d'autant plus tendue dans les quartiers périphériques et les communes de banlieue que jusque dans les années 1870, les compagnies de chemin de fer ne s'intéressent absolument pas aux relations de proximité. La ligne du Paris-Orléans traverse la banlieue Sud sans s'arrêter. Le premier arrêt n'est ouvert qu'en 1860 à Vitry. Deux exceptions cependant : les lignes Ouest vers Versailles, Maisons-Laffitte et Saint-Germain, et «la petite ceinture». Dans le premier cas, la présence de centres urbains relativement importants en bout de ligne et le développement d'une banlieue résidentielle, permettent une exploitation rentable. Dans le second, le succès est dû à la localisation en marge de l'espace urbain nouvellement construit ou rénové. Pourtant, le train de «petite ceinture», dont la construction s'étale de 1852 à 1856, était exclusivement prévu pour le transbordement de marchandises d'une gare à l'autre. Très vite, la ligne d'Auteuil exploitée par la compagnie du chemin de fer de Saint-Germain ouvre sept gares aux voyageurs. Le succès est immédiat puisque la ligne aboutit gare Saint-Lazare au quartier des affaires. En 1877, la fréquence des trains est portée à deux par heure. Les diverses compagnies s'accordent pour une politique tarifaire : à partir de 1883, les tarifs spéciaux ouvriers entrent en vigueur. Le billet coûte 30 centimes aller et retour quel que soit le trajet effectué. Cependant ce tarif n'est valable que pour les deux premiers trains du matin et ceux du soir. La «petite ceinture» permet ainsi un courant d'échange de population entre les différents secteurs de la capitale. Les autres compagnies de chemin de fer adoptent la même stratégie : abonnements hebdomadaires, billets ouvriers à tarif réduit dans les années 1880. Devant le succès de cette politique, les pouvoirs publics autorisent le CGO à établir des services spéciaux du matin à prix réduits sur les lignes La Chapelle-Square Monge et Montrouge-Gare de l'Est.

L'insuffisance des réseaux de transport en commun et leur prix élevé font que l'on continue à se déplacer à pied dans la ville et à vouloir rester près de son lieu de travail. Pour cette raison, le mouvement de décongestion du vieux centre-ville est freiné. Les fortes densités de population ont seulement gagné les quartiers limitrophes du centre, en particulier sur la rive droite. A la périphérie, le même phénomène se produit : la population s'établit à proximité des centres industriels de part et d'autre des fortifications, dans Paris même ou en banlieue. De ce fait, les densités en banlieue sont extrêmement diverses (106 habitants à l'hectare à Clichy; 15 à Arcueil-Cachan à la fin des années 1880). Le réseau, de plus, renforce le déséquilibre entre la rive droite et la rive gauche qui est bien une constante de l'histoire parisienne.

Les Expositions Universelles de 1889 puis de 1900 vont servir de révélateur et permettre d'atteindre le monopole de la CGO. L'Etat se substitue à la Ville pour accorder des concessions à d'autres compagnies et des lignes destinées à rééquilibrer le réseau et à développer les premières lignes d'intérêt local (par exemple la ligne Rosny-La Maltournée accordée à la compagnie du chemin de fer nogentais). En 1902, le réseau représente 1 140 km (omnibus et tramways). Mais les nouvelles concessions sont accordées au fur et à mesure des propositions des entrepreneurs et sans plan d'ensemble. Certaines lignes ont des parcours aberrants faits pour éviter de concurrencer la CGO. A la même occasion, les premiers kilomètres du Métropolitain sont inaugurés. Une loi de 1898 déclare d'utilité publique les six premières lignes du métro.

Cependant, la prolifération des lignes de tramways, dont quelques-unes sont électrifiées, permet un considérable développement du trafic. Entre 1891 et 1901, celui-ci augmente de 80%, puis poursuit cette progression alors que le développement du réseau dont l'extension correspondait aux besoins de l'Exposition est très ralenti. Les déplacements quotidiens sont favorisés par la baisse des tarifs et la pratique plus courante des billets ouvriers sur les tramways du matin. Dans Paris, les tarifs de la CGO sont maintenus à 30 centimes en 1ère classe et 15 centimes en seconde quel que soit le trajet, alors que les tarifs sur les lignes de pénétration exploitées par d'autres compagnies, ne dépassent pas 15 et 10 centimes! La progression du trafic concerne essentiellement les lignes intercommunales et celles qui permettent les déplacements de la banlieue vers Paris. L'électrification permet en effet d'effectuer des trajets entre les communes de la proche banlieue et le centre de Paris en un temps acceptable pour des trajets quotidiens (Vanves est relié à Saint-Germain-des-Prés en 30 minutes; le trajet équivalent aurait été fait en 1h 20 par traction animale) et à un coût supportable. La régie des concessions accordées en tout sens depuis 1897 conduit cependant à une incohérence totale : «Paris et sa banlieue sont sillonnés par une extraordinaire multiplicité de véhicules de toutes sortes à vapeur, à air comprimé, à chevaux, trollet, à accumulateurs et à plots dans un enchevêtrement de lignes.» Il faut donc réorganiser les transports parisiens.

C'est le but de la convention de 1910 qui revient à assurer à chaque mode de traction une fonction spécifique dans la desserte urbaine : l'autobus est prévu pour les petits parcours, le tramway électrique pour les relations entre zone suburbaine et Paris mais également pour les petits trajets intercommunaux, le métro pour les longs parcours circulaires ou transversaux. Cette répartition des fonctions revient à éviter les concurrences entre les quatre grands groupes financiers (la Compagnie Générale de Traction pour le métro;

la Thomson-Houston-CGO; la C.G.P.T. pour le réseau Nord et la T.D.P.S. pour le Sud) qui se partagent l'essentiel des services de transport en commun. La mise en exploitation du métro se fait très rapidement : en 1905, 31 km de voie sont mis en service; 70 en 1910 et 87 en 1914. Le trafic banlieue se développe avec l'augmentation des échanges. L'opération devient rentable pour les compagnies de chemin de fer. Pour Jacques Payen, une étape essentielle est franchie à la veille de la guerre de 1914 : la politique des transports n'est plus seulement une réponse à un besoin mais un moyen de développement de l'espace urbain, en partie entre les mains des collectivités locales.

Le développement des banlieues

Les travaux de rénovation urbaine de la seconde moitié du siècle ont avant tout concerné les centres-villes ou tenté de diriger le peuplement dans les limites administratives - quelquefois élargies - de commune, comme on l'a vu. Cependant, ces opérations ne prévoient pas la croissance urbaine importante qui se fait au delà de la ville, dans la banlieue. Celle-ci se développe dans un premier temps comme un élément de l'extension urbaine de la grande ville. A Paris, après 1860, les communes de l'ex-«petite banlieue» poursuivent leur peuplement et le mouvement de densification urbaine. Le rattachement de La Guillotière permet à Lyon de profiter de la croissance démographique considérable de la rive gauche du Rhône alors que de 1861 à 1872, les quartiers traditionnels connaissent une période de relative stagnation. La Guillotière est seule à supporter la croissance et accélère son propre développement : en dix ans, elle double presque sa population. Dans les décennies suivantes, le mouvement d'urbanisation gagne les communes limitrophes situées au delà des limites administratives. Jean-Claude Farcy rappelle que l'augmentation assez faible des communes de la banlieue parisienne jusqu'au milieu des années 1870 est suivie dans le dernier quart du siècle d'une progression rapide qui, pour les années 1880 et 1890, est supérieure à celle de la capitale (2,5 à 3% par an soit le triple de la croissance de la capitale). Au recensement de 1891, la banlieue parisienne représente 700 000 personnes. Le développement de la banlieue lyonnaise s'accélère après 1876 en même temps que la poursuite de la densification de La Guillotière devenue les IIIe et VIe arrondissements. Dans les premières années du XXe siècle, le rythme de croissance de Villeurbanne l'emporte même sur celui de La Guillotière. Dans le contexte de décélération de l'agglomération lyonnaise, c'est la banlieue qui prend le relais : La Guillotière et les nouveaux quartiers de la rive gauche ne suffisent plus à combler les déficits des arrondissements centraux. La croissance de la banlieue nantaise suit une chronologie à peu près similaire : Chantenay passe de 5 000 à 9 000 habitants entre 1851 et 1861, puis de 13 800 à 19 640 de 1891 à 1901. C'est pendant cette période, à la fin du XIXe siècle, alors que plus aucune annexion n'est faite, que le paysage et le tissu urbain en banlieue se fixent. L'urbanisation se fait selon des processus variés, dans la continuité des quartiers proches de la grande ville ou en rupture avec eux autour de centres industriels ou de formes nouvelles de lotissement et d'aménagement.

Cependant, l'analyse des monographies de communes de banlieue conduit à nuancer cette impression d'ensemble. Il y a, en effet, une très grande variété des rythmes de passage du bourg rural à la commune urbaine, puis d'urbanisation. Dans la région parisienne, seules les communes des banlieues Ouest, Sud et Est participent au mouvement. Il se constitue une proche banlieue presque continue surtout à l'ouest. Puis le mouvement gagne la presqu'île de Gennevilliers et au sud-est la vallée de la Marne. Par contre, le mouvement ne suit pas vers le nord-est et le sud. Près de Lyon, Villeurbanne triple sa population de 1872 à 1911 en suivant un rythme inégal : un taux record de croissance entre 1876 et 1881 (+79%) et une progression qui reste rapide par la suite (41,4% de 1881 à 1886 et 45% de 1896 à 1901, 25,8% de 1906 à 1911). En 15 ans la population a doublé après l'avoir fait une première fois en 20 ans de 1876 à 1896. Or Villeurbanne l'emporte très nettement sur les autres communes suburbaines. L'ensemble Oullins-Pierre Bénite vers le sud, connaît le même démarrage soudain (+39,2%) de 1876 à 1881, puis un léger recul dans l'intervalle intercensitaire suivant et une reprise plus lente. En 1911, le rythme élevé (+15,7% par rapport à 1906) reste bien inférieur à celui de Villeurbanne. Plus loin vers le sud-est, le décollage de Vénissieux et de Saint-Fons est plus tardif et ne date que de la dernière décennie du XIXe siècle. La population y a cependant doublé de 1886 à 1911. Dans la banlieue parisienne, les villes de la première couronne ont une progression rapide dès le Second Empire, surtout à l'ouest, et entraînent une partie des communes de la deuxième couronne dans la boucle de Gennevilliers. Asnières voit sa population quintupler : «Grâce à son château et au canotage sur la Seine, la commune devient l'un des hauts lieux de la Fête impériale» (Ph.Vigier); Suresnes voit la sienne tripler. Pendant la même période pour des raisons différentes Puteaux et Courbevoie connaissent aussi une forte croissance. La récupération des drames du siège de Paris, dont la banlieue Ouest a beaucoup souffert, diffère légèrement la reprise démographique. Cependant l'élan des années 1880 entraîne les communes restées jusque là à la traîne : Nanterre double sa population entre 1886 et 1891. Au recensement de 1891, les villes les plus importantes sont situées dans la première couronne de Boulogne au sud (32 210 habitants) à Saint-Denis au nord (50 552 habitants) en passant par

Neuilly, Levallois, Clichy et Saint-Ouen. Dans la deuxième, Puteaux, Courbevoie, Asnières, Colombes sont moins peuplées entre 17 000 et 20 000 habitants. Nanterre reste encore un gros bourg rural et n'a 10 348 habitants qu'en comptant les pensionnaires de la Maison Départementale. A l'est de Paris, ce sont de nouveau, les communes les plus proches de la capitale qui sont le plus peuplées (Aubervilliers, Vincennes, Pantin, Montreuil, etc.). Aucune ne dépasse les 25 000 habitants en 1891. Plus à l'est peu de communes atteignent le seuil urbain. Dans la vallée de la Marne et celle de la Seine, à l'exception de Saint-Maur, les communes comptent moins de 10 000 habitants. Enfin, la banlieue Sud est composée de villes de taille moyenne. Seule Ivry dépasse 20 000 habitants.

Quels sont les facteurs de développement de la banlieue ? Banlieue «noire», banlieue «cayenne», banlieue «mon amour...», chacune de ces expressions correspond à une réalité des rôles affectés à la banlieue (Alain Faure).

L'installation d'industries paraît un élément essentiel. On se souvient des tentatives sous le Second Empire pour exclure la grande industrie - et l'industrie polluante - de la ville. L'expansion démographique de la banlieue Ouest, à la fin du siècle, correspond au renouveau industriel. Les activités nouvelles, industries électriques, chimiques, automobiles s'installent à Puteaux, Suresnes, Asnières et Courbevoie, et mettent à profit la tradition locale d'industrie mécanique, dispersée en petits ateliers. D'autres activités industrielles, en plein déclin, comme la blanchisserie, libèrent une main-d'œuvre capable de s'adapter. A Sèvres, par exemple, entre 1840 et 1850, les vignerons se sont convertis à la blanchisserie; leurs descendants abandonnent celle-ci dans les années 1890 pour les industries mécaniques (Danièle Smith). A Issy-les-Moulineaux, s'installe entre 1887 et 1890 une «seconde génération» d'usines qu'Alain Becchia considère comme solides, une briqueterie, une brasserie et des entreprises d'industrie électrique et chimique. Dans la banlieue Est, Annie Fourcaut évoque l'émergence de «pôles industriels» à Ivry avec une industrie mécanique, électrique et métallurgique; à Gentilly et au Kremlin-Bicêtre avec des établissements mécanisés de blanchisserie et de travail du cuir; à Vitry avec des entreprises de chimie. Villeurbanne dans la banlieue de Lyon, entre 1866 et 1891, attire à elle les industries et leur main-d'œuvre. Il s'agit essentiellement des activités liées à la Fabrique : en 1891, alors que la ville compte 6,2% des ouvriers du Grand-Lyon, elle abrite 20,6% de ceux qui travaillent la soie. Villeurbanne est devenue «une simple circonscription extra muros de la rive gauche où s'inscrit désormais le destin économique de la ville» (Yves Lequin). En effet, les activités de la Fabrique se répartissent de façon continue des Brotteaux de Lyon - le VIᵉ arrondissement - aux Charpennes de Villeurbanne, pratiquement sans interruption. Au début du

XXe siècle la ville poursuit «sa marche à l'Est» en renforçant sa vocation soyeuse. Dans le Sud, les banlieues ont une évolution différente : elles paraissent directement projetées de l'agriculture à une activité industrielle moderne. Le recensement de 1891 révèle une concentration importante d'industries de pointe. Alors que ces communes n'entrent que pour 5% dans la population de l'agglomération, elles comptent 20,8% des ouvriers de la métallurgie (Oullins et La Mulotière, à elles deux, 19,8%) et 47,6% de ceux des entreprises chimiques concentrés à Saint-Fons et à Vénissieux (44,4%). En 1911, dans ces quatre communes profondément transformées par l'industrie, il y a 67 ouvriers sur 100 nouveaux mariés. Pour l'ensemble de la banlieue méridionale, c'est 62 pour 100, alors que les ouvriers n'étaient que 37 en 1851. A Saint-Fons, les jeunes époux se disent simplement «ouvriers d'usine». Dans certains cas, cependant, l'industrie semble dissuader le peuplement, lorsqu'il s'agit d'activité trop polluante (on peut évoquer l'opposition des populations de Choisy-le-Roi et d'Alfort-Ville au maintien d'une usine de poudrette...) ou qui exige trop de place comme la blanchisserie.

D'autres facteurs interviennent donc comme la fonction résidentielle. Les «cités bourgeoises» évoquées par Jean-Claude Farcy, pour le recensement de 1891, sont des communes souvent proches de la capitale, dans lesquelles les lotissements datent du milieu du siècle ou d'une période même antérieure (à Neuilly, le lotissement de Sablonville date de 1824; celui de Saint-James et du Parc de 1826 et 1848). Dans la banlieue Ouest, ce sont les communes de Neuilly, Asnières, Boulogne, Levallois, Courbevoie ou Colombes; à l'est, les communes situées près du bois de Vincennes et de la Marne, Saint-Mandé, Saint-Maurice, Saint-Maur (la part des propriétaires dans la population est comprise entre 16 et 22%, alors que la moyenne générale est de 8%), Vincennes, Fontenay-sous-Bois. L'offre immobilière entraîne la croissance démographique.

A Asnières qui semble avoir une croissance de «ville-champignon», les rentiers, domestiques et non-actifs représentent 61% de la population totale. Les employés habitent dans les mêmes communes que les «propriétaires et rentiers» : les cartes de leur répartition dans l'espace de la banlieue parisienne sont très proches l'une de l'autre. Des lotissements destinés à des classes moyennes sont construits ailleurs, comme à Issy-les-Moulineaux sous la pression du banquier Naud. La distinction est souvent difficile à faire entre banlieue bourgeoise et banlieue de villégiature. Celles-ci sont quelquefois plus éloignées (mais bien reliées par les transports comme Maisons-Laffitte). Elles se développent grâce à des lotissements souvent menés par les propriétaires de domaine et qui visent à la construction de villas et de résidences de plaisance. Dans la vallée de la Marne, cette politique d'aménagement interdit l'installation d'établissements industriels, comme au Perreux où se lotit le

IMPORTANCE DES RENTIERS ET PROPRIÉTAIRES EN 1891
EN BANLIEUE PARISIENNE

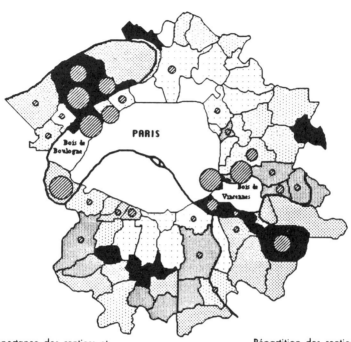

Importance des rentiers et
propriétaires par commune

	Moins de 2,5 %
	de 2,5 à 4,9 %
	de 5 à 7,4 %
	de 7,5 à 9,9 %
	de 10 à 12,4 %
	de 12,5 à 14,9 %
	15 % et plus

(Seine-banlieue : 8,25 %)

Répartition des rentiers et
propriétaires par commune

	1 %
	2 %
	3 %
	4 %
	5 % et plus

Jean-Claude FARCY, «Banlieue en 1891 : les enseignements d'un recensement
exemplaire», *Les premiers banlieusards,* sous la direction d'Alain Faure,
Editions Créaphis, Collection Rencontres à Royaumont, 1991, p. 35.

IMPORTANCE DES EMPLOYÉS EN 1891 EN BANLIEUE PARISIENNE

Importance de l'ensemble des employés par commune

☐	Moins de 5 %
	de 5 à 9 %
	de 10 à 14 %
	de 15 à 19 %
	de 20 à 24 %
■	25 % et plus

(Seine-banlieue : 16,6 %)

Importance des employés de bureau par commune

⊘	De 2,5 à 4 %
⊘	de 5 à 7,4 %
⊘	de 7,5 à 9 %
⊘	10 % et plus

(Seine-banlieue : 5,64 %)

Jean-Claude FARCY, «Banlieue en 1891 : les enseignements d'un recensement exemplaire», *Les premiers banlieusards,* sous la direction d'Alain Faure, Editions Créaphis, Collection Rencontres à Royaumont, 1991, p. 38.

Parc du Château à partir de la fin du Second Empire, ou à Saint-Maur où les cinq propriétaires qui possèdent la commune veulent «réserver leur domaine à la construction de villas et de chalets de plaisance». Ailleurs, la spéculation agit pour transformer les villes en «banlieue-dortoir». Le propriétaire foncier est le seul responsable et prend en charge les frais du premier établissement, puis loue les logements. Il se développe ainsi des voies privées qui deviendront plus tard des voies publiques. Ces opérations peu importantes permettent au propriétaire de gagner sur la différence entre le prix du terrain agricole et celui du terrain à bâtir. Patrick Gervaise décrit ce processus qui conduit à la création des «passages» à Levallois-Perret, à «l'ombre des fortif». Les terrains sont achetés par des «lotisseurs» entre 1845 et 1854, puis revendus «à la demande» en lots inégaux selon toutes les modalités possibles de crédit ou de location-vente. Les «passages» étant trop étroits (4 m de large pour le passage Trébert et le passage Saint-Charles ou 7 m pour quelques autres) pour être livrés à la circulation publique, sont considérés comme des voies privées. Les lotisseurs n'aménagent pas les voies comme prévu et ce n'est qu'en 1868, sur injonction de la municipalité, que les «passages» sont pavés. Passage Trébert, les choses traînent encore plus car les acquéreurs ne sont pas propriétaires de la rue... L'eau «croupit dans des mares infectes mais manque aux besoins quotidiens». Des bornes-fontaines ne seront installées par la municipalité, rue de Metz et route de la Révolte, que lorsque ces rues seront classées et en 1883 seulement une bouche de lavage par passage. Les maisons sont construites avec des matériaux dont une partie vient de la récupération du chantier du boulevard Malesherbes, des moellons tendres ou des pans de bois. Les parcelles sont remplies au maximum de bâtiments en fond de cour, d'appentis. L'état des taudis est encore dégradé par le manque d'entretien et l'activité des habitants qui sont souvent des chiffonniers. Les passages de Levallois-Perret, c'est la «Zone». Ailleurs, le même type de spéculation peut conduire à un habitat moins insalubre : à Ivry ou Vitry, se construisent entre 1880 et 1914 des immeubles de deux ou trois étages aux logements petits et peu confortables. Au début du XXe siècle des lotissements de petits pavillons s'établissent à côté.

L'importance du peuplement de l'agglomération a également l'effet plus surprenant de maintenir des actifs agricoles. Sous le Second Empire, la ceinture maraîchère et florale de Paris se développe. Très vite, dans la banlieue Ouest, les activités de maraîchage se déplacent des centres situés aux limites de Paris vers la boucle de Gennevilliers ou au delà. A l'Est les maraîchers et les horticulteurs sont plus nombreux dans les communes proches de Paris, d'Arcueil au Sud à Bobigny au Nord, en passant par les communes de la vallée de la Marne et dès que l'on quitte la première couronne à Villejuif, Vitry, Bagneux. Vers la fin du siècle, on constate un éloignement des maraîchers et la quasi-disparition des nourrisseurs de la proche banlieue. Dans les communes de la vallée de la Marne, ils sont quelquefois remplacés par des horticulteurs.

Dernier facteur de peuplement en banlieue, les transports. Il existe bien un lien entre le développement démographique et celui des réseaux de communication. L'ouverture d'une station de chemin de fer de la ligne de Maisons-Laffitte à Houilles, en 1869, transforme la commune de bourg rural en ville de banlieue en quelques années. Au contraire, la longue stagnation de Nanterre est due au fait que ce n'est qu'en 1880, que la Compagnie de l'Ouest décide l'ouverture d'une gare de marchandises sur la ligne du Paris-Saint-Germain. Cependant d'autres exemples montrent que le «modèle» n'est pas si efficace. La première station de chemin de fer est ouverte en 1834 à Puteaux, or l'expansion démographique se fera vingt ans plus tard. Issy-les-Moulineaux connaît une croissance démographique similaire à celle d'autres communes de la banlieue Ouest et pourtant elle n'obtient l'ouverture d'une gare qu'en 1890. Le développement de la commune a donc été antérieur. Une analyse des mouvements pendulaires est également intéressante. De Houilles en 1870, un tiers de la population se déplace vers la capitale pour aller travailler. Le chiffre augmente légèrement puis se stabilise à la fin du siècle. En 1906, on retrouve le même niveau à Montrouge : 2/3 de la population active d'un quartier du Nord-Est travaillent ailleurs dans la commune; 1/3 se déplace vers Paris. A Puteaux, à Aubervilliers et à Ivry, en 1911, une part beaucoup plus faible de la population active se déplace vers Paris ou vers les autres communes du département : 83% des habitants de Puteaux y trouvent un emploi, 72,3% de ceux d'Aubervilliers, 76,4% de ceux d'Ivry. La localisation à proximité du lieu d'emploi reste une motivation importante.

Le développement urbain à la fin du siècle est tel qu'il «vide» les campagnes. L'afflux reste considérable même si le rythme de croissance est moins rapide qu'à d'autres périodes du XIXe siècle. A la veille de la guerre de 1914, la ville moderne des années 1880 ne convient plus. Les principes de l'haussmannisation sont inadaptés au développement massif d'une agglomération et aux insuffisances du logement social et des transports.

Conclusion

A la fin du XIXᵉ siècle, les villes en France rassemblent une part importante de la population nationale. La progression de la population urbaine est continue depuis 1846. Sans être majoritaire, celle-ci profite des apports démographiques nouveaux venus des campagnes et de l'étranger.

La croissance démographique a entraîné des modifications profondes de la morphologie urbaine. Dans certains cas, c'est l'éclatement lié à l'extension en périphérie des villes souvent dans l'enceinte des fortifications élargies; ailleurs c'est la surdensification du centre où les fonctions diverses s'ajoutent les unes aux autres. Les formes urbaines survivantes de l'Ancien Régime sont obsolètes. Vers le milieu du siècle, des transformations importantes interviennent : Lille, Paris et Lyon annexent une partie de leur banlieue proche; des percées éventrent les centres-villes et des perspectives qui permettent le développement de la construction et l'aménagement de quartiers neufs, sont ouvertes. Les réflexions sur la crise urbaine ont constitué un vaste réservoir d'idées dans lequel l'autorité publique a largement puisé. Le «modèle haussmannien» est imité pour l'efficacité de ses procédures et ses résultats. Bien qu'il n'ait jamais été situé au niveau d'une réflexion théorique, il constitue un exemple largement diffusé à tous les niveaux de l'échelle urbaine.

L'apport de population nouvelle amplifie la place des villes comme référence culturelle. Depuis les années 1880, le choix du départ pour la ville semble être celui de la modernité. Pourtant, le poids des campagnes reste encore considérable. Même au début du XXᵉ siècle, les Français se disent plus ruraux qu'urbains. Le développement des jardins ouvriers dans les limites toutes proches des grandes villes, est un exemple, parmi beaucoup d'autres de cette confusion. En plein cœur des villes industrielles, là où la concurrence avec le bâti est souvent très forte, se crée une «banlieue verte» de jardins, gérés par des associations ou par la Ligue du Coin de Terre. Dans l'univers surpeuplé de ces communes ouvrières, le jardin représente à la fois «l'arrière-goût» du pays natal pour le nouvel immigré et une occasion d'intégration à la ville par tout le réseau de sociabilité et d'entraide qu'il représente. Le modèle urbain n'apparaît pas à la fin du siècle, mais plonge ses racines dans une tradition plus ancienne d'intégration et d'acculturation des ruraux, déjà bien visible avant 1848. La lenteur de la croissance des villes en est une cause, ainsi que la structure urbaine elle-même. Les petites villes et les villes moyennes constituent des relais efficaces. Les villes fixent, ainsi, la modernité, selon un processus qui n'est pas forcément nouveau à la fin du siècle.

La société urbaine se modifie de la même manière. La ville apparaît bien, tout au long du siècle comme lieu de richesse et de pauvreté et les transformations économiques ne font qu'accentuer les écarts entre les plus riches et les plus pauvres. Cependant la bipolarisation n'existe pas. Les études sur la répartition des fortunes aux déclarations de succession montrent la résurgence constante des fortunes intermédiaires. Tout au long du siècle, la société urbaine reste ternaire. En 1890, à Lille, les classes moyennes possèdent 27% des biens déclarés; 31% à la veille de la guerre de 1914. Le même phénomène s'observe à Amiens ou à Paris et dans des villes peu industrialisées comme Toulouse. Les catégories moyennes, situées aux franges de la bourgeoisie et du monde populaire urbain, confortent donc leur position. La nouveauté réside dans leur renouvellement au cours du siècle. Au boutiquier et au maître d'atelier représentatifs de cette petite bourgeoisie urbaine sous la Monarchie de Juillet, s'ajoutent les «couches nouvelles», cadres d'entreprise, fonctionnaires, employés de commerce, etc. L'artisanat recule devant la boutique. La confusion entre les deux fonctions tend, en effet, à s'estomper. A ce niveau moyen de la hiérarchie sociale, les mouvements sont particulièrement considérables. Le petit commerce apparaît comme une catégorie de «passage». Les bénéfices qu'il procure, servent à doter des fils et des filles promis à d'autres destins. Dans ce domaine comme dans beaucoup d'autres, l'urbanisation ne représente pas une rupture radicale dans la France du XIXᵉ siècle.

Deuxième partie :

Initiation à la recherche

L'intérêt pour l'histoire urbaine s'est considérablement développé en France dans les années 1970. Le contexte est en effet à la réflexion sur la ville. La reconstruction et l'explosion urbaine de la période de l'après-guerre sont achevées. L'heure est au bilan et à la contestation souvent vigoureuse des choix urbanistiques. Les grands ensembles sont invivables. De vastes programmes d'aménagement sont des échecs, comme l'opération de «ville à la campagne» du Val-Fourré à Mantes-la-Jolie. Les villes nouvelles marquent le pas. On en vient à des gestes symboliques comme la démolition d'une «barre» à la Courneuve près de Paris en 1986 ou d'une «tour» aux Minguettes près de Lyon en 1989.

La crise urbaine contemporaine attire l'attention des chercheurs en sciences humaines de différentes disciplines, géographes, sociologues, urbanistes. C'est l'époque des grandes enquêtes sur les modes de vie dans les ZUP. Le Ministère de l'Equipement et les collectivités locales lancent des projets de ré-aménagement urbain. La dimension historique de la ville ne peut plus être évacuée. Les questions posées aux historiens concernent la formation de la ville contemporaine, mais aussi les origines des pratiques qu'elle engendre. Le concept de ce que les Anglais appellent «urbanity» - le fait de vivre en ville, doit être défini. C'est dans cet esprit que paraît en 1970 un numéro spécial des *Annales,* consacré au thème «Histoire et urbanisation», qui rassemble surtout des travaux d'histoire sociale.

Cependant, l'intérêt renouvelé pour l'histoire urbaine ne donne pas lieu en France à l'émergence d'une véritable «école» de recherche comme il en existe ailleurs. En Grande-Bretagne, le *Urban History Group* rassemble des chercheurs autour de H.J. Dyos (1921-1978) - qui fut le premier titulaire de la chaire d'histoire urbaine à l'Université de Leicester -, puis d'A. Sutcliffe et D. Fraser. A la suite des travaux de J.H. Dyos (en particulier, *Victorian Suburb : a Study of the Growth of Camberwell* paru en 1961), ceux-ci portent leurs intérêts vers des sujets extrêmement divers (logement, construction, culture, criminalité, etc.) dont le point commun est la ville. Des revues comme la *Urban History Newsletter* puis le *Urban History Yearbook*, des publications régulières comme *The pursuit of urban History* après la disparition de J.H. Dyos, maintiennent le contact entre les équipes et définissent les objectifs des recherches à venir. La tendance actuelle est sensiblement différente : à la conception globalisante de l'histoire urbaine que défendait H.J. Dyos, succède une recherche plus morcellée. L'ouverture de la recherche historique reste grande mais la finalité a changé : la ville à définir en tant qu'expression spatiale et sociale complexe n'obsède plus la réflexion. Les jeunes chercheurs se dirigent vers une étude des mobilités, des ségrégations sociales, des logements, des investissements publics, etc., en contact avec d'autres sciences sociales dans une plus grande interdisciplinarité. L'existence d'institutions et de «lieux» de rencontre permet donc un renouvellement de l'historiographie que nous pouvons suivre... de loin. Il est d'ailleurs remarquable que ce foisonnement d'études sur la ville mêle des productions britannique et américaine. Les directions actuelles de la recherche urbaine de part et d'autre de l'Atlantique sont nées de la critique adressée à la fois à l'anthologie de H.J. Dyos, *The Study of Urban History*, et à la *New Urban History* américaine, comme le rapporte Th. Hersberg définissant «The Future of Urban History» dans *The pursuit of Urban History*.

La situation française est plus complexe. La recherche en histoire urbaine reste très dispersée : peu de liens institutionnels entre les chercheurs; des enquêtes menées en ordre dispersé pour des contrats lancés par le Ministère de l'Equipement, la Direction de l'Architecture ou des collectivités locales, plus souvent réalisés par des architectes ou des urbanistes que par des historiens (devenus d'ailleurs beaucoup moins nombreux dans les années 1980); les effets des stratègies individuelles de carrière et le morcellement de sujets de thèses d'état, de troisième cycle, etc. C'est toutefois pendant cette période (fin des années 1970 - début des années 1980) que paraissent la plupart des volumes des histoires des villes, dans la collection *Univers de la France* chez Privat, et *L'Histoire de la France urbaine*, tome IV, dirigé par Maurice Agulhon.

En fait, les travaux sur les villes contemporaines sont peu nombreux. Une production historique, dont les thèmes ont été renouvelés, a surtout concerné les villes à l'Epoque Moderne. Parmi de très nombreux ouvrages, *Amiens, capitale provinciale. Etude de la société urbaine au XVIIᵉ siècle* de Pierre Deyon (1967), *Lyon et les Lyonnais au XVIIIᵉ siècle* de Maurice Garden (1970), *Genèse d'une ville moderne, Caen au XVIIIᵉ siècle* de Jean-Claude Perrot (1975); des études à dominante démographique, *La population de Meulan du XVII au XIXᵉ siècle (vers 1600-1870), étude de démographie historique* de Marcel Lachiver (1969), *Rouen aux XVII et XVIIIᵉ siècles. Les mutations d'un espace social* de Jean-Pierre Bardet (1983), etc. L'importance des travaux et des recherches en Histoire Moderne a conduit à l'essai de définition «d'une nouvelle histoire des villes». C'est la problématique d'un article paru dans les *Annales E.S.C.* en 1977, à l'issue d'une table ronde réunissant Jean-Pierre Bardet, Jean Bouvier, Jean-Claude Perrot, Daniel Roche et Marcel Roncayolo, en majorité des modernistes... La production française en histoire urbaine a donc essentiellement concerné l'Ancien Régime. Le développement de Paris au XIXe siècle a cependant suscité deux remarquables thèses, celle de Jeanne Gaillard, *Paris, la ville, 1852-1870* (1977) et celle de Gérard Jacquemet, *Belleville au XIXe siècle, du faubourg à la ville* (édition posthume 1984). La disparition de ces deux historiens de la ville a entravé le développement de l'histoire urbaine contemporaine. Des recherches cependant reprennent. Une grande partie d'entre elles sont menées dans des centres de recherche dans les provinces à Lyon (au centre Pierre Léon), à Bordeaux, à Marseille, à Strasbourg, ou par des équipes qui se sont d'abord intéressées à une forme d'urbanisation spécifique, la banlieue.

Quelques remarques sur l'histoire urbaine

Avant de poursuivre sur les éléments de la production historique urbaine et ses méthodes, il convient de faire deux remarques : la première concerne la chronologie du phénomène urbain, la seconde la définition de l'objet de recherche. L'histoire des villes contemporaines fait référence implicitement, en l'occurence, à la production historique britannique et aux travaux en Histoire Moderne.

La périodisation

En Grande-Bretagne, une rupture sépare nettement les périodes pré-industrielle et post-industrielle. L'industrialisation se fait rapidement et entraîne la formation de villes modernes. «La différence des expériences historiques des villes françaises et britanniques» entraîne une divergence d'intérêts dans la recherche (François Bédarida). La transition entre «ville ancienne» et «ville moderne» est beaucoup plus floue en France. Le processus d'industrialisation est plus lent, concernant divers secteurs de production. Il n'est pas forcément, en France, synonyme - surtout au début du XIXe siècle - de croissance urbaine. Il peut occuper dans l'espace des formes variées depuis l'établissement industriel isolé à la campagne jusqu'à l'ouvroir familial ou l'atelier en ville. De plus, le développement des villes ne dépend pas seulement de l'industrie. Il peut être lié à d'autres secteurs d'activité comme les services. La ville «pré-industrielle» survit longtemps au XIXe siècle, de même que la ville proprement «industrielle» comme Saint-Etienne ou Roubaix se développe.

Peut-être plus aiguë que le problème de la périodisation se pose celui de la définition de l'objet de la recherche. Les auteurs d'un article publié par la revue *XXᵉ Siècle* en juillet-septembre 1990, dans un esprit polémique pour relancer la réflexion, expliquent la production plus importante de l'histoire des villes pour la Période Moderne par la simplicité du «modèle» qui «reste celui de la *bonne ville,* ceinte de ses remparts, analysée dans ses rapports avec le *plat pays*». En comparaison, l'objet de la recherche à l'époque contemporaine paraît beaucoup plus difficile à cerner : «A partir de la Révolution industrielle, la trame se brouille (…). L'unité de temps et de lieu qui donne sa cohérence à l'objet d'étude, manque pour les villes contemporaines aux contours plus flous, à la trame chronologique plus éclatée.» La ville contemporaine plus complexe, aux formes plus diffuses, échapperait donc à ceux qui veulent la connaître : «d'où la plus grande difficulté à saisir Belleville au XIXᵉ siècle que Montaillou de 1294 à 1324».

Les directions de recherche

Le genre «histoire urbaine» n'existe donc pas en tant que tel, en France, pour l'époque contemporaine. Les travaux sur l'histoire des villes au XIXᵉ siècle ont suivi d'autres «entrées» pratiquées par la recherche historique. Celles-ci sont, au moins, au nombre de trois : l'étude monographique; l'approche thématique; enfin, l'observation à partir de l'espace urbain. Ces distinctions ont été faites pour faciliter la compréhension mais, en pratique, les différentes démarches se recoupent souvent…

La monographie

Pour les raisons que l'on a vues plus haut, peu de chercheurs français ont consacré des monographies à des grandes villes au XIXᵉ siècle. La thèse de Jeanne Gaillard sur Paris est presque unique. Les travaux récents sur les villes grandes ou petites, ont été souvent menés par des universitaires américains, John Merriman sur Limoges, Elinor Accampo sur Saint-Chamond, Michael P. Hanagan sur le Chambon-Feugerolles, etc. On constate pour la production historique française une diversité d'échelle : Gérard Jacquemet a travaillé sur une partie de Paris, Belleville, qui correspond cependant à deux arrondissements; des travaux ont été consacrés à des communes de banlieue, Jean-Paul Brunet s'est intéressé à Saint-Denis, Jean Lojkine et Nathalie Viet-Depaule à

Ivry, pour une période plus tardive Annie Fourcaut à Bobigny, des mémoires de maîtrise ont été faits dans différentes universités parisiennes et en province. Le cadre de la monographie peut donc varier : quartier, arrondissement, commune, etc.

La production relativement abondante des vingt dernières années correspond à une renaissance du genre. En 1933, Lucien Febvre définissait l'histoire locale comme «une question d'histoire générale posée aux témoignages que fournit un champ d'expérience restreint». Les travaux menés par des équipes de sociologues ou d'ethnologues sur des villages comme Plozévet étudié par Edgar Morin et André Burguière ou Chanzeaux par Lawrence Wylie, ont renouvelé l'intérêt de la monographie comme méthode d'approche des processus complexes de transformation sociale. Maurice Garden justifie ainsi l'observation à l'échelle du «quartier, nouvel objet de l'histoire» : «Retrouver les sources et les témoignages de la richesse des voisinages et de la sociabilité dans le micro-espace urbain est la seule manière d'essayer de percevoir la continuité de la ville comme forme originale et permanente.» La monographie permet en effet de réaliser une sorte de «micro-histoire totale», de «céder à l'ambition totalisante» comme l'évoque Annie Fourcaut, «de saisir le réel (…) à travers une hiérarchie de connaissances emboîtées : étude du milieu local, démographie, vie économique et sociale, politique, culture et mentalités, le tout à partir de dépouillements si possible exhaustifs». Le souci de «l'histoire totale» n'est cependant pas… unique dans la démarche des auteurs. Le plus souvent, le choix de la monographie répond à une nécessité : elle paraît être le meilleur moyen de répondre à certaines questions posées par l'observation des villes. Parmi elles, le phénomène de la croissance urbaine. Les mémoires de maîtrise sur les communes de banlieue sont caractéristiques de cette démarche, comme l'indiquent souvent les sous-titres : «du monde rural à la banlieue», «du village à la cité ouvrière». La croissance est alors analysée sous ses aspects démographiques (d'où la tentative que l'on retrouve souvent de préciser le «seuil de l'urbain») et morphologiques. Autre question posée : le politique, non seulement les choix locaux de gestion municipale, mais aussi l'implantation des partis dans le but de mieux comprendre les mécanismes nationaux. Dernière question fréquente : «la recherche du local», l'étude des cultures, des réseaux, des fêtes et manifestations. En ce qui concerne les monographies de communes de banlieue, le propos des auteurs est bien souvent de partir à la recherche d'une spécificité «culturelle» par rapport à la grande ville. Enfin, le choix de la monographie peut être lié à la conservation des archives : élections municipales, résultats électoraux, délibérations des conseils municipaux, etc., pour les communes; documents de l'Enregistrement et de la conscription, listes électorales, rapports de police pour les quartiers de Paris…

L'étude monographique comporte néanmoins des limites que soulignent différents auteurs. Annie Fourcaut s'interroge sur le «paradoxe apparent» de «l'étude monographique d'un objet historique - la banlieue parisienne - qui s'est constitué en dépassant les découpages communaux». Dans la revue *XXe Siècle,* les auteurs s'interrogent sur la nécessité d'une «étape préalable» à la synthèse. Maurice Garden, qui propose plusieurs entrées à l'analyse du quartier (paysages, institutions, pratiques sociales et culturelles), souligne le caractère mouvant des limites de celui-ci : un quartier à géométrie variable dans un ensemble urbain beaucoup plus vaste.

Etudes thématiques

Les villes sont plus souvent abordées de façon indirecte dans des travaux d'histoire démographique, économique ou sociale. La ville n'est pas directement l'objet de l'étude, bien qu'elle n'en soit jamais absente.

Les études démographiques occupent une place particulièrement importantes dans la mesure où, dans le risque d'éclatement que court l'historiographie de la ville en France, elles recentrent le propos sur l'un des éléments essentiels de la croissance des villes : leur peuplement. Mouvement de population, analyses des naissances, des décès, des migrations, etc. L'ouvrage de Pierre Guillaume, *La population de Bordeaux au XIXe siècle,* publié en 1972, constitue une référence. Des travaux plus récents se préoccupent plus directement des problèmes de migration et de mobilité, dans le cadre de grande ville (J.L. Pinol, *Les mobilités de la grande ville, Lyon (fin XIXe-début XXe siècles)* ou des relations entre ville et banlieue. Elles élargissent ainsi le champ de l'histoire démographique à l'analyse des origines géographiques, sociales et religieuses des migrants. Les études sur la morbidité urbaine et les épidémies appartiennent au même ensemble et s'ouvrent à l'analyse des pratiques de la population en ville.

Second domaine d'investigation : les structures économiques et sociales des villes. De très nombreux travaux portent sur les catégories socio-professionnelles urbaines, sur «les bourgeoisies» (*Les bourgeois de Paris au XIXe siècle* d'Adeline Daumard, *Les bourgeois de Rouen, une élite urbaine au XIXe siècle* de J.P. Chaline), les ouvriers (*Les ouvriers de la région Lyonnaise,* d'Yves Lequin, *Les mineurs de Carmaux* de Rolande Trempé...) les classes moyennes. Les définitions des ensembles ne sont pas toujours les mêmes d'un auteur à un autre. Ce domaine d'investigation se poursuit par l'étude de la répartition des richesses et du capital. Les recherches actuelles portent sur des catégories plus imprécises, situées quelquefois aux marges de groupes sociaux plus clairement définis, comme les étudiants ou les employés. La recherche s'intéresse également aux activités d'échange et de production des villes et aux relations qu'elles entretiennent avec leur région. Troisième champ d'observation, les politiques urbaines. Le problème de l'intervention publique - et de son efficacité - sur la ville redevient à la mode. L'intérêt se porte aujourd'hui sur les politiques urbaines, les choix d'aménagement, en matière de logement, de santé publique, de transport, etc. Les analyses portent alors sur les budgets communaux (Jean-Paul Brunet), les délibérations de conseils généraux et municipaux, ou sur les décisions prises dans un domaine précis (*La conquête de l'eau* de Jean-Pierre Goubert).

L'étude des pratiques urbaines constitue un autre domaine rendu plus dynamique par les travaux d'ethnologie urbaine. Les chercheurs s'intéressent aux relations de voisinage, aux fêtes, aux célébrations communes, mais aussi aux éléments de la vie quotidienne, l'usage de l'eau, «des lieux», etc. L'analyse des pratiques fait également référence au discours sur les représentations de la ville (image d'un quartier ou d'une rue) ou d'une partie de sa population.

Enfin dernier thème, l'analyse de la morphologie urbaine. On ne peut dire, en l'occurence, que la ville soit absente de cette réflexion, mais c'est en tant que forme spatiale qu'elle occupe toute la place. Cette démarche a été souvent laissée par les historiens aux historiens de l'art, aux architectes ou aux urbanistes.

Les auteurs ne la considèrent pas comme un cadre inerte et sans vie, même si l'étude spécifique du cadre urbain est quasiment absente ou si à l'inverse, l'analyse de la morphologie fait peu de cas des données économiques, sociales et démographiques. Selon François Bédarida, les réflexions contemporaines sur l'histoire urbaine fournissent des «clés» efficaces pour nouer «l'intrigue» sur la ville : d'une part l'analyse des relations entre classes sociales et organisation de l'espace urbain; d'autre part, celle de l'appropriation de l'espace par le citadin. C'est donc par le biais de l'histoire thématique sur ou à propos de la ville que l'on revient à sa spécificité.

L'espace urbain

Les travaux qui abordent la ville par ce biais sont encore peu nombreux. Ils marquent un renouvellement de la démarche en prenant en compte les expériences des géographes et des sociologues. Bernard Lepetit évoque à ce propos «la réintroduction de la dimension spatiale des phénomènes, tant dans la ville que dans les zones dominées ou animées par elle». Pour autant, il dénonce l'approche proprement «écologique» de la ville : la société urbaine n'est pas une «simple bille dans une boite». La ville n'est donc pas un milieu ou un environnement, «mais l'expression de pratiques et de relations sociales».

La difficulté de l'étude réside d'abord dans le choix du niveau de l'observation. Certains chercheurs ont opté pour le «micro-espace». Patrick Gervaise étudie les «passages» à Levallois-Perret ou l'équipe du Groupe de géographie sociale de l'Ecole des Hautes Etudes en Sciences Sociales, animée par Michel Coste et Marcel Roncayolo, suit l'évolution des immeubles à Issy-les-Moulineaux. Le quartier paraît être un «territoire médian» permettant à la fois de tenir compte de la variété des expériences individuelles, de l'effet «unificateur» de la grande ville et des étapes de la fabrication de la ville ou de sa rénovation (*XXe siècle*). D'autres auteurs optent pour une échelle communale ou un regroupement de communes opéré dans une perspective comparatiste, comme Jean-Paul Brunet comparant la gestion municipale de Saint-Denis à celle d'autres villes de la banlieue parisienne. Enfin, des croisements de niveaux d'observation sont faits en fonction du propos de l'analyse. Il convient alors de «construire une échelle originale de raisonnement» (*XXe siècle),* comme le fait Alain Faure étudiant «l'invention des banlieusards» en regroupant de part et d'autre des fortifications des arrondissements parisiens et des communes de banlieue.

Les interrogations portent sur le bâti et la morphologie, les politiques décisionnelles, les habitants, les pratiques urbaines, les rythmes chronologiques spécifiques, etc. Le renouvellement réside en fait ailleurs, dans la volonté «de ne pas se situer à l'un ou l'autre des niveaux ainsi définis», mais «de se concentrer sur les diverses articulations» (Bernard Lepetit) : relation entre rapports sociaux et espaces et temps ou entre l'espace produit et sa pratique. L'histoire de l'«habité», par exemple, revient à saisir les pratiques d'usage du bâti et leurs représentations. Les discours officiels ou médicaux sont recoupés par d'autres sources, inventaire après décès, documents de l'Enregistrement pour connaître la structure des logements, la distribution des parties communes. Autre exemple, le marché foncier observé pour ses effets sur l'organisation de l'espace urbain. Il ne s'agit pas de découvrir des sources inexploitées, mais de créer des occasions nouvelles de recoupement et de croisement.

La diversité des approches en histoire urbaine est grande et les champs d'observation restent encore très ouverts. Le débat méthodologique est relancé par des publications et des colloques récents. L'intérêt pour l'histoire urbaine à la fin des années 1980, permet le renouvellement des thèmes de recherche et des problématiques.

Bibliographie indicative sur l'historiographie de la ville

Louis Bergeron, Marcel Roncayolo, «De la ville pré-industrielle à la ville industrielle, essai sur l'historiographie française», *Quaderni Storici,* Septembre-décembre 1974, p. 827 - 876

Rémi Baudouin, Alain Faure, Annie Fourcaut, Martine Morel, Danièle Voldman, «Ecrire une histoire contemporaine de l'urbain», *XXᵉ siècle, revue d'histoire,* Juillet-septembre 1990, p.97-105

François Bédarida, «The french approach to urban history, an assessment of recent methodological trends», *The Pursuit of Urban History,* D. Fraser and A. Sutcliffe ed., Londres, 1983, p. 395-406

Sabine Chalvon-Demersay et Elisabeth Claverie, «Anthropologie urbaine, une discipline nouvelle», *Universalia,* 1985 et *Encyclopedia universalis*

Serge Chassagne, «L'histoire des villes: une opération de rénovation historiographique?», *Villes et campagnes,* Lyon, PUL, 1977

Maurice Garden, «Le quartier, nouvel objet de l'histoire?», *Economie et Humanisme,* Septembre-octobre 1981, p. 51-59

Maurice Garden et Yves Lequin, *Habiter la ville,* Lyon, PUL, 1985, voir l'introduction

Annie Fourcaut, «Les historiens et la monographie, l'exemple de la banlieue parisienne», *Politix,* Octobre-décembre 1989, p.30-34

Bernard Lepetit, «Histoire urbaine et espace», *Espace Géographique,* n°1, 1980, p. 43-54

Bernard Lepetit, *Les villes dans la France moderne,* Albin Michel, 1988, voir l'avant-propos

Daniel Roche, «Urban History in France : achievements, tendencies and objectives», *Urban History Yearbook,* 1980, p. 12-22

Bibliographie

La bibliographie qui est présentée ici propose des orientations qui peuvent être conseillées pour une bonne connaissance du sujet. On peut se reporter aux bibliographies souvent récentes et détaillées qui accompagnent la plupart de ces ouvrages.

Avant d'aborder les travaux sur l'urbanisation de la France, il convient de rappeler l'intérêt des ouvrages généraux d'histoire économique et sociale. Parmi eux:

F. Braudel et E. Labrousse dir., *Histoire économique et sociale de la France*, tomes 3 et 4

F. Caron, *Histoire économique de la France, XIXe, XXe siècle*, Armand Colin, 1981

Y. Lequin dir., *Histoire des français, XIXe et XXe siècle*, 1983

J. Vidalenc, *La société française de 1815 à 1848*, tome 2, *Le peuple des villes et des bourgs*, Marcel Rivière, 1970

également :

Ch. Charle, *Histoire sociale de la France au XIXe siècle*, 1991

A. Dewerpe, *Le Monde du Travail en France, 1800-1850*, Armand Colin, 1989

Ne pas oublier les ouvrages de la *Nouvelle Histoire de la France comtemporaine*, tomes 6 à 12

Ouvrages généraux sur le fait urbain en France

G. Duby dir., *Histoire de la France urbaine*, en particulier tome 4, *La ville de l'âge industriel* sous la direction de M. Agulhon, Seuil 1983. Le tome précédent, sous la direction d'E. Le Roy-Ladurie, *La ville classique*, comporte des renseignements sur le début du XIXe siècle, Seuil, 1981

G. Dupeux, *Atlas historique de l'urbanisation de la France, 1811-1975*, Editions du CNRS, 1981

B. Lepetit, *Les villes dans la France moderne 1740-1840*, Albin Michel, 1988

J. Merriman, *French cities in the 19th century*, New York, 1985

A noter le livre ancien mais toujours intéressant de P. Meuriot, *Des agglomérations dans l'Europe contemporaine*, Belin, 1897

J.L. Pinol, *Le monde des villes au XIXe siècle*, Hachette, 1991

L'histoire des villes

Ouvrages sur Paris:

On se reportera à la collection *Nouvelle histoire de Paris*, diffusion Hachette; en particulier P. Lavedan, *Histoire de l'urbanisme à Paris*, 1975; R. Héron de Villefosse, *Les solennités, fêtes et réjouissances parisiennes;* G. de Bertier de Sauvigny, *La Restauration;* Ph. Vigier, *Paris sous la monarchie de Juillet*, 1991; L. Girard, *La Deuxième République et le Second Empire*, 1981.

J. Gaillard, *Paris, la ville, 1852-1870*, Champion, 1977

G. Jacquemet, *Belleville au XIXe siècle, du faubourg à la ville*, Ed. EHESS, 1984

Ouvrages sur les autres villes:

Les éditions Privat à Toulouse ont publié l'histoire de la plupart des grandes villes françaises. Parmi elle: A. Latreille dir., *Histoire de Lyon et du lyonnais;* F. Lebrun dir., *Histoire d'Angers;* M. Mollat dir., *Histoire de Rouen;* L. Trénard dir., *Histoire de Lille;* Ph. Wolff dir., *Histoire de Toulouse*, etc.

Chez d'autres éditeurs:

Ch. Higounet, *Bordeaux*, Bordeaux, 1962; M. Vovelle, *Aix-en-Provence*, Edisud; M. Culot dir., *Marseille, la passion des contrastes*, Mardaga, 1991

Quelques ouvrages plus précis:

M. Agulhon, *Une ville au temps du socialisme utopique, Toulon de 1815 à 1851*, 1970

J.P. Brunet, *Saint-Denis, la ville rouge, 1890-1939*, 1980

J.P. Brunet, *Un demi-siècle de gestion municipale à Saint-Denis, la Rouge, 1880-1939*, Cujas, 1981

Ch. Devillers et B. Huet, *Le Creusot, naissance et développement d'une ville industrielle 1782-1914*, Seyssel, Champvallon, 1981

A. Faure dir., *Les premiers banlieusards*, Créaphis, 1991

S. Fiette, «Une petite ville lorraine au milieu du XIXe siècle : Phalsbourg», *Revue d'histoire économique et sociale*, Fev. 1974, n°4

J. Merriman, *Limoges, la ville rouge, portrait d'une ville révolutionnaire*, Belin, 1990

L. Murard, P. Zylberman, «L'Haleine des faubourgs», *Recherches*, n° 29, Fontenay-sous-Bois, 1978

«Les crises de la banlieue aux XIXe et XXe siècles. Emploi et résidence», *Villes en parallèle*, n°10-11, Juillet-octobre 1986.

Ph. Vigier, «Pour une histoire de la banlieue : quelques jalons et suggestions concernant l'Ouest parisien au siècle dernier», *Histoire sociale, sensibilités collectives et mentalités : mélanges Robert Mandrou*, PUF, 1985, p. 383-397

Dans les thèses d'histoire régionale, on peut consulter ce qui concerne les villes; entre autres :

P. Lévêque, *Une société provinciale, la Bourgogne sous la Monarchie de Juillet*, EHESS, 1983

La production de la ville

Certains ouvrages généraux d'histoire de l'architecture ou de l'urbanisme contiennent également des renseignements sur la France :

P. Bairoch, *De Jéricho à Mexico, Villes et économie dans l'histoire*, Gallimard, 1985

L. Benevolo, *Aux sources de l'urbanisme moderne*, Horizons de France, 1972

L. Benevolo, *Histoire de la ville*, Parenthèses, Roquevaire, 1983

L. Benevolo, *Histoire de l'architecture moderne*, tomes 1 et 2, Dunod, 1987 (bien que le titre soit sur l'architecture, beaucoup de choses sur l'urbanisme)

F. Choay, *L'urbanisme, utopies et réalités*, Le Seuil, 1979

S. Giedion, *Espaces, temps, architecture*, Bruxelles, La Connaissance, 1968

P. Lavedan, *Histoire de l'urbanisme*, tome 3, 1952

L. Mumford, *La cité à travers l'histoire*, 1964

M. Ragon, *Histoire de l'architecture et de l'urbanisme modernes*, Casterman, 1991

Il en existe beaucoup d'autres sur le même sujet.

Avec des exemples plus précis:

M. Garden et Y. Lequin dir., *Construire la ville, XVIIIe et XIXe siècle*, Presses Universitaires de Lyon, 1983

M. Garden et Y. Lequin dir., *Habiter la ville*, PUL, 1985

J.P. Poussou et P. Loupès dir., *Les petites villes en France du Moyen-Age à nos jours*, Presses universitaires de Bordeaux, 1987

D. Pumain, *La dynamique des villes*

Les transformations des villes au XIXe siècle

Sur l'aspect démographique :

Ph. Ariès, *Histoire des populations françaises*, 1971

J. Armengaud, *La population française au XIXe siècle*, QSJ n°1420, 1976

J. Dupâquier dir., *Histoire de la population française*, tome 3, PUF, 1988

M. Frey, «Du mariage et du concubinage dans les classes populaires à Paris (1846-1847)», *Annales E.S.C.*, Juillet-Août 1978, p. 803-829

J.C. Gégot, *La population française aux XIXe et XXe siècles*, Ophrys, 1989

- des exemples provinciaux :

P.Guillaume, *La population de Bordeaux au XIXe siècle*, 1972

A. Prost, «Mariage, jeunesse et société à Orléans en 1911» *Annales E.S.C.*, n°4, 1978, p. 672-701

- la croissance urbaine:

G. Dupeux, «La croissance urbaine en France au XIXe siècle», *Revue d'Histoire Economique et Sociale,* 1974, p. 173 à 189

B. Lepetit, J.F. Royer, «La croissance et la taille des villes, contribution à l'étude de l'urbanisation de la France au XIXe siècle», *Annales E.S.C.,* Septembre-décembre 1980

Y. Tugault, «Croissance urbaine et peuplement», *Population,* n° spécial, Juin 1974, p. 207 à 238

Y. Tugault, «Fécondité et urbanisation», *Cahier de l'INED,* n°74, 1975

- mobilité et migration :

O. Benoit-Guilbot dir., «Changer de région, changer de métier, changer de quartier», *Recherches en région parisienne,* Paris-X, 1982

L. Chevalier, *La formation de la population parisienne,* 1950

L. Chevalier, *Les Parisiens,* Hachette, 1971

«Hommage à Jeanne Gaillard», *Bulletin du Centre d'Histoire de la France Contemporaine,* n° 7, 1986 (voir en particulier, J.C. Farcy, «De la province à la Région Parisienne», p. 141 à 157, et A. Faure, «Une génération de Parisiens à l'épreuve de la ville», p. 157 à 175)

«Peuplements en banlieue», *Villes en parallèle,* n°15 et 16, Juin 1990

J.L. Pinol, *Les Mobilités de la grande ville, Lyon (fin XIXe-deb. XXe),* Presses de la Fondation Nationale des Sciences Politiques, 1991

«Provinciaux et province à Paris», *Ethnologie Française,* Avril-Juin 1980

F. Raison-Jourde, *La colonie auvergnate à Paris au XIXe siècle,* 1976

P.A. Rosental, «Peurs et statistiques : l'exode rural est-il un mythe?», *Quaderni Storici,* Déc. 1991

- sur les maladies:

P. Bourdelais et J.Y. Raulot, *Une peur bleue, histoire du choléra en France, 1832-1854,* Payot, 1987

L. Chevalier dir., *Le choléra. La première épidémie du XIXe siècle,* Bibliothèque de la Révolution de 1848, La Roche-sur-Yon, 1958

A.P. Leca, *Et le choléra s'abattit sur Paris,* Paris, 1982

Sur les autres mécanismes généraux :

P. Aydalot, L. Bergeron, M. Roncayolo, *Industrialisation et croissance urbaine dans la France du XIXᵉ siècle*, Paris, 1982

J.P. Bardet, G. Désert, *Le bâtiment, enquête d'histoire économique, XIVᵉ - XIXᵉ siècle*, 1971

E. Canfora-Argandano et R.H. Guerrand, *La répartition de la population, les conditions de logement des classes ouvrières à Paris au XIXᵉ siècle*, CSU, 1976

J. des Cars et P. Pinon, *Paris-Haussmann, le pari d'Haussmann*, Picard, 1991

A. Daumard, *Maisons et propriétaires parisiens au XIXᵉ siècle, 1809-1880*, Cujas, 1965

L. Girard, *La politique des travaux publics sous le Second Empire*, 1951

R.H. Guerrand, *Propriétaires et locataires, les origines du logement social en France*, Quintette, 1987

R.H. Guerrand, *Cent ans d'habitat social, une utopie réaliste*, Albin Michel, 1989

M. Halbwachs, *Les expropriations et le prix des terrains à Paris, 1860-1900*, Paris, 1909

B. Lepetit, *Chemins et voies d'eau, réseaux de transport et organisation de l'espace*, EHESS, 1984 (porte sur la période précédant le chemin de fer)

B. Lepetit et J. Hoock, *La ville et l'innovation*, EHESS, 1987

M. Lescure, *Les sociétés immobilières en France au XIXᵉ siècle. Contribution à l'histoire de la mise en valeur du sol urbain en économie capitaliste*, Pub. de la Sorbonne, 1980

M. Lescure, *Les banques, l'Etat et le marché immobilier en France à l'époque contemporaine 1820-1940*, EHESS, 1982

M. Lescure, *Immobilier et bâtiment en France*, Hatier, 1983

J. Payen dir., *Analyse historique des transports en commun dans la Région Parisienne, 1855-1939*, CDHT, 1977

D. Pumain, «Chemin de fer et croissance urbaine en France au XIXᵉ siècle», *Annales de Géographie*, 1982, p. 529-549

Ch. Topalov, *Le logement en France, histoire d'une marchandise impossible*, Presses de la Fondation Nationale des Sciences Politiques, 1987

Sur les changements de morphologie et d espace urbains :

L. Bergeron dir., *Paris, genèse d'un paysage*, Picard, 1989

D. Bertin, «La rue Impériale à Lyon», *La ville en projet*, Champvallon, Seyssel, 1989

F. Boudon, «Tissu urbain et architecture», *Annales E.S.C.*, Juillet-Août 1976

Fl. Bourillon, «Rénovation urbaine et plus-values immobilières : les Arts-et-Métiers de 1850 à 1880», *Etudes et Documents*, tome III, 1991

J.P. Brunet, «Constitution d'un espace urbain : Paris et sa banlieue de la fin du XIXᵉ siècle à 1940», *Annales E.S.C.*, Mai-Juin 1985

J.P. Burdy, *Le soleil noir. Un quartier de Saint-Etienne, 1840-1940*, Lyon, 1989

J.P. Burdy, «Les quartiers ouvriers et la ville industrielle en France (XIXᵉ-déb. XXᵉ siècle)», *Historiens et géographes*, n° 335, Février-mars 1992

F. Choay, «Haussmann et le système des espaces verts parisiens», *La Revue de l'art*, 1975

M. Darin, «Les percées urbaines au XIXᵉ siècle», *Annales E.S.C.*, Mars-avril 1988, p. 471-503

A. Daumard, *Maisons de Paris et propriétaires parisiens 1809-1880*, Cujas, 1965

A. Daumard, «L'avenue de l'Opéra de ses origines à la guerre de 1914», *Bulletin de la société de l'histoire de Paris et de l'Ile de France*, 1967-1969, p. 157-195

M. Lacave, «Stratégies d'expropriation et haussmannisation, l'exemple de Montpellier», *Annales E.S.C.*, 1980

«La ville fragmentée, le lotissement d'hier et d'aujourd'hui», *Villes en parallèle*, n°14, Juin 1989

M. Leblan, «Notes sur une étape dans la genèse d'un espace industriel: la construction des «forts» roubaisiens dans la première moitié du XIXᵉ siècle», *Revue du Nord*, Janvier-février 1981

F. Loyer, *Paris XIXᵉ siècle, l'immeuble et la rue*, Hazan, 1987

J. Merriman, *The margins of city life. Exploration of the french urban Frontier 1815-1851*, Oxford, Oxford University Press, 1991

L. Murard et P. Zylberman, «Le petit travailleur infatigable ou le prolétaire régénéré, Villes-usines, habitat et intimités au XIXᵉ siècle», *Recherches* n° 25, Fontenay-sous-Bois, 1976

B. Rouleau, *Villages et faubourgs de l'ancien Paris, histoire d'un espace urbain*, Seuil, 1985

O. Zunz, «Etude d'un processus d'urbanisation, le quartier du Gros-Caillou à Paris», *Annales E.S.C.*, n° 4, 1970, p. 1024-1065

Sur quelques réalisations particulières:

A. Beltran, «Du luxe au coeur du système. Electricité et société dans la Région Parisienne, 1880-1939», *Annales E.S.C.*, Septembre-octobre 1989, p. 1113-1136

A. Beltran et P. Carré, *La Fée et la servante, la société française face à l'électricité, XIXe-XXe siècle*, Belin, 1991

C. Bertho-Lavenir, *Télégraphes et téléphones, de Valmy au micro-processeur*, Livre de poche, 1981

Hittorf, un architecte du XIXe siècle (cat. exposition Carnavalet, 1986)

J.P. Goubert, *La conquête de l'eau. L'avènement de la santé à l'âge industriel*, Lafont, 1986

R.H. Guerrand, «La bataille du tout-à-l'égout», *L'Histoire*, n° 53

R.H. Guerrand, *Les Lieux, histoire des commodités*, La Découverte, 1985

R.H. Guerrand, *L'aventure du métropolitain*, La Découverte, 1989

P. Ory, *Les expositions universelles de Paris*, Ramsay, 1982

P. Ory, *L'exposition universelle*, Complexe, 1989

M. Ragon, *L'architecture des gares*, Denoël, 1984

Le temps des gares (cat. exposition du Centre de Création Industrielle, centre Georges Pompidou), 1978

Viollet-le-Duc (cat. exposition Grand Palais, 1880)

Les sociétés urbaines

Sur la bourgeoisie et la répartition des fortunes :

L. Bergeron, *Les capitalistes en France, 1780-1914*, Gallimard-Julliard, 1978

J.P. Chaline, *Les bourgeois de Rouen, une élite urbaine au XIXe siècle*, 1982

J.P. Chaline, «Qu'est-ce qu'un bourgeois?, *L'Histoire*, n° 121, Avril 1989

F. Codaccioni, *De l'inégalité sociale dans une grande ville industrielle, le drame de Lille de 1850 à 1914*, Lille, 1976

J.C. Caron, *Générations romantiques. Les étudiants de Paris et le quartier latin, 1851-1914*, Armand Colin, 1991

Ch. Charle, *Les hauts fonctionnaires en France au XIXe siècle*, Gallimard-Julliard, 1980

A. Daumard, dir., *Les fortunes françaises au XIXe siècle, Enquête sur la répartition et la composition des capitaux privés à Paris, Lyon, Lille, Bordeaux et Toulouse d'après l'enregistrement des déclarations de succession*, Mouton, 1973

A. Daumard, *Les bourgeois de Paris au XIXe siècle*, Flammarion, 1970

A. Daumard, *Les bourgeois et la bourgeoisie en France*, Aubier, 1987

P. Léon, *Géographie de la fortune et des structures sociales à Lyon au XIXe siècle*, 1974

M. Perrot, *Le mode de vie des familles bourgeoises, 1873-1953*, Presses de la Fondation Nationale des Sciences Politiques, 1982

R.G. Saisselin, *Les bourgeois et le bibelot*, Albin Michel, 1990

Sur les classes moyennes:

H.G. Haupt et Ph.Vigier, «L'atelier et la boutique, études sur la petite bourgeoisie au XIXe siècle», *Mouvement Social*, n° 108, Juillet-septembre 1979

X.E. Lejeune, *Calicot, enquête de Michel et Philippe Lejeune*, Montalba, 1984

F. Parent-Lardeur, *Les demoiselles de magasin*, Editions Ouvrières, 1970

A. Martin-Fugier, *La place des bonnes. La domesticité féminine à Paris en 1900*, Grasset, 1979

Sur les ouvriers:

E. Accampo, *Industrialisation and working class family, Saint-Chamond*, Ann Harbour University Press, 1984

F. Démier, «Les ouvriers de Rouen parlent à un économiste en Juillet 1848», *Mouvement Social*, Avril-juin 1982, p. 3 à 33

R. Gossez, *Les ouvriers de Paris*, Bibliothèque de la Révolution de 1848, 1968

Y. Lequin, *Les ouvriers de la région lyonnaise*, 1977

S. Magri et Ch. Topalov, *Villes ouvrières 1900-1950*, 1990

M. Nadaud, *Mémoires de Léonard, ancien garçon maçon*, réédité par M. Agulhon, Hachette, 1976

«Ouvriers dans la ville», *Mouvement social*, n° 118, 1982

P. Pierrard, *La vie ouvrière à Lille sous le Second Empire*, 1965

W.H. Sewell, «La classe ouvrière à Marseille sous la Seconde république : structure sociale et comportement politique», *Mouvement Social*, n° 76, 1971.

R. Trempé, *Les mineurs de Carmaux, 1848-1914*, Editions Ouvrières, 1971

L.R. Villermé, *Tableau de l'état physique et moral des ouvriers employés dans les manufactures...*, édité par J.P. Chaline et F. Démier, ADI, 1989

Sur les exclus :

A. Corbin, *Les filles de noce. Misère sexuelle et prostitution aux XIXe et XXe siècles*, Aubier, 1978

M. Perrot, «les Apaches», *Les marginaux et exclus de l'histoire*, 10/18, 1979

Le rôle économique des villes

Peu d'ouvrages spécifiques. Des renseignements se trouvent dans des ouvrages généraux.

H. Bonin, *La région Rhône-Alpes et l'argent, 1830-1992*, 1992

J.P. Chaline, «La banque à Rouen au XIXe siècle», *Revue d'histoire économique et sociale*, 1974, n° 3

J. Collot, «Nancy, métropole financière de la Lorraine», *Annales de l'Est*, 1970, n° 1

Cultures et pratiques urbaines

Représentations et symbolique de la ville:

L. Chevalier, *Classes laborieuses, classes dangereuses à Paris pendant la première moitié du XIXe siècle*, Paris 1958

A. Corbin, *Le miasme et la jonquille. L'odorat et l'imaginaire social*, Aubier, 1982

P. Nora dir., *Les lieux de mémoire*, Gallimard, 1984

La ville, lieu de culture :

M. Albert, *les théâtres de boulevards, 1789-1848*, Slatkine, 1969

C. Bellanger, J. Godechot et alli, *Histoire générale de la presse française*, PUF, 1969

F. Mayeur, *Histoire générale de l'éducation en France*, tome III, 1981

A. Prost, *L'enseignement en France, 1800-1967*, Colin, 1968

L'évolution des pratiques et de la sociabilité :

M. Agulhon, *Le cercle dans la France bourgeoise, étude d'une mutation de sociabilité*, Armand Colin, 1977

Ph. Ariès et G. Duby éd., *Histoire de la vie privée*, tome IV dirigé par Michelle Perrot, Seuil,1987

J.P.Aron, *Le mangeur du XIXe siècle*, Robert Lafont, 1973

A. Faure, *Paris, Carême-Prenant*, 1978

H.M. de Langle, *Le petit monde des cafés et débits parisiens au XIXe siècle*, PUF, 1990

D. Nourisson, *Le buveur du XIXe siècle*, Albin Michel, 1990

F. Parent, «Les cabinets de lecture dans Paris : pratiques culturelles et espace social sous la Restauration», *Annales E.S.C.*, Septembre-octobre 1979, p. 1016-1038

Les engagements politiques

J. Gaillard, *Communes de province, commune de Paris*, Flammarion, 1971

J. Rougerie, *Le procès des communards*, Archives, 1964

J. Rougerie, *Paris libre 1871*, Seuil, 1971

Ph. Vigier, *La vie quotidienne en province et à Paris pendant les journées de 1848*, Hachette, 1982

et religieux des citadins :

G. Cholvy et Y.M. Hilaire, *Histoire religieuse de la France contemporaine*, tomes 1 et 2, Privat, 1986

J. Le Goff et R. Rémond éd., *Histoire de la France religieuse*, tome III dirigé par Ph. Joutard, 1991

E. Poulat, «La découverte de la ville par le catholicisme contemporain», *Annales E.S.C.*, Novembre-décembre 1970

Criminalité et police :

M. Perrot, «Les enfants de la Petite Roquette», *L'Histoire*, n°100, Mai 1987

Ph. Vigier dir., *Maintien de l'ordre et police, en France et en Europe au XIXe siècle*, Créaphis, 1987

Ph. Vigier, *Le maintien de l'ordre public en Europe*, Créaphis, 1989

H. Zehr, *Crime and the developement of modern society, patterns of Criminality in XIXth century Germany and France*, Londres, 1976

Des revues spécialisées:

Il n'y a pas de revues spécialisées sur l'histoire urbaine du XIXe siècle. Il faut donc se reporter aux grandes revues d'histoire, les *Annales E.S.C.*, *Histoire, Economie et Société*, *Le Mouvement Social*, la *Revue d'Histoire Moderne et Contemporaine*, la *Revue historique*, *XXe siècle revue d'histoire*, *Annales de démographie historique*, etc.; aux publications de centres de recherche universitaire et de régions, *Annales de Bourgogne*, *Annales de l'Est*, *Revue du Nord*, etc. ; aux revues d'autres sciences humaines qui s'intéressent à la ville, *Ethnologie Française*, *Terrain les carnets du patrimoine ethnologique*, *L'Espace géographique*, *Annales de Géographie*, *Population*, etc. ; enfin aux revues qui embrassent l'ensemble du sort de la ville contemporaine aux XIXe et XXe siècles, *Urbi*, *Les Annales de la Recherche Urbaine*.

Guides pour la recherche:

On ne précisera, ici, que quelques ouvrages imprimés. De nombreux articles méthodologiques ont été publiés par les revues indiquées plus haut; des chapitres indiquant les démarches des auteurs se trouvent dans les thèses d'histoire urbaine.

A. Fourcault dir., *Un siècle de banlieue parisienne*, L'Harmattan, 1988

R.H. Guerrand, *Le logement populaire en France, 1800-1960*, EBA Ecole Nationale des Beaux-Arts, Paris 1979

J. Pronteau, *Les numérotages des maisons de Paris du XVe siècle à nos jours*, Paris, 1966

B. Rouleau, *Le tracé des rues de Paris, formation, typologie, fonctions*, 1983

Table des matières

LOUIS-JEAN
avenue d'Embrun, 05003 GAP cedex
Tél. : 92.53.17.00
Dépôt légal : 440 - juin 1992
Imprimé en France